ALFRED C...

THÉATRE COMPL...

II

Petites Folles • • • • •

La Bourse ou la Vie

La Veine • • • • • • •

Arthème **FAYARD**
ÉDITEUR
18-20, Rue du Saint-Gothard
PARIS

ALFRED CAPUS

THÉATRE COMPLET

THÉATRE COMPLET
d'Alfred CAPUS

I. — Brignol et sa Fille. — Rosine. — Les Maris de Léontine.

II. — Petites Folles. — La Bourse ou la Vie. — La Veine.

SOUS PRESSE

III. — Mariage Bourgeois. — La petite Fonctionnaire. — Les deux Écoles.

Copyright 1910 by Arthème Fayard.

ALFRED CAPUS

THÉATRE COMPLET

II

Petites Folles
La Bourse ou la Vie
La Veine

PARIS
ARTHÈME FAYARD, ÉDITEUR
Rue du Saint-Gothard, 18-20

Il a été tiré à part :

CINQ EXEMPLAIRES NUMÉROTÉS SUR PAPIER DU JAPON

ET

VINGT EXEMPLAIRES NUMÉROTÉS SUR PAPIER

DE HOLLANDE.

PETITES FOLLES

COMÉDIE EN TROIS ACTES

Représentée pour la première fois au théâtre des Nouveautés
le 3 octobre 1897.

PERSONNAGES

MM.

BRIDEL, 35 ans. . . . . Germain.
DENOIZEAU, 30 ans . . . . Tarride.
LEVERQUIN, 36 ans . . . . Colombey.
EDMOND TOURY, 30 ans . . . . Dubosc.
DE HUPONT, 28 ans. . . . . Simon.
VARINOIS, 60 ans. . . . . Jupay.
DOCTEUR BLUCHE . . . . Lauret.
BOIRÉ . . . . Guerchet.
CRÉMYER . . . . Lebrey.
LIVERDON. . . . . Royer.

Mmes

LUCIENNE, 26 ans . . . . Marcelle Lender.
MADAME VARINOIS, 52 ans. . . . . . Macé-Montrouge.
ESTELLE, 21 ans . . . . Jane Demarsy.
MADAME LEMOUTIER, 30 ans. . . . . de Miramont.
LOUISETTE, 20 ans. . . . . Dalwig.
Première Dame . . . . Marcelle.
Deuxième Dame . . . . Devaly.
Une Bonne. . . . . Melzer.

A Paris, de nos jours.

PETITES FOLLES

ACTE PREMIER

Chez madame Varinois. — Boudoir très élégant.

SCÈNE PREMIÈRE

BRIDEL, LUCIENNE, MADAME VARINOIS.

MADAME VARINOIS, *à Bridel.*
Et c'est tout ce que vous trouvez à dire quand on insulte votre belle-mère et votre femme?

BRIDEL, *haussant les épaules.*
On ne vous a pas insultées.

LUCIENNE.
Vraiment? Vous trouvez que ce monsieur n'a pas insulté ma mère?

MADAME VARINOIS.
Il m'a appelée « toquée ».

BRIDEL.
Ce n'est pas une insulte.

MADAME VARINOIS.
Et qu'est-ce que c'est, je vous prie?

BRIDEL.

C'est une réflexion. D'ailleurs, moi, je l'ai appelé « goujat ». Ça, c'est une insulte.

MADAME VARINOIS.

Il vous a jeté sa carte au visage.

BRIDEL.

Je ne l'ai pas ramassée et je lui ai répondu : « Monsieur, je n'ai pas besoin de votre carte. » — Alors, comme je faisais le geste de me précipiter sur lui, on nous a séparés. Nous sommes sortis de l'exposition, et je ne vois pas ce que vous avez à me reprocher, ni l'une ni l'autre.

MADAME VARINOIS.

Il y a des choses que vous ne comprendrez jamais.

BRIDEL.

Et selon vous, qu'aurais-je dû faire?

MADAME VARINOIS.

Puisque ce monsieur vous donnait sa carte, vous auriez dû lui donner la vôtre.

BRIDEL.

Après?

MADAME VARINOIS.

Après, vous auriez constitué des témoins qui auraient arrangé l'affaire; mais vous auriez eu la satisfaction de vous dire que vous vous conduisiez en homme du monde.

LUCIENNE.

C'était pourtant bien simple.

MADAME VARINOIS.

Vous ne vous êtes jamais battu, je parie?

BRIDEL.

Pardon... Une fois...

LUCIENNE.

Mais non !

BRIDEL.

Dans un café.

MADAME VARINOIS.

Ce n'est pas se battre, c'est se colleter. Vous n'avez jamais eu de duel ?

BRIDEL.

Non... ou, du moins, je ne me rappelle pas.

LUCIENNE, avec un air de mépris.

Charmante plaisanterie, vraiment !

MADAME VARINOIS, le toisant.

En effet, vous ne paraissez pas très batailleur. Quand je pense que monsieur Varinois lui-même a eu un duel dans les premiers temps de notre mariage !

BRIDEL, incrédule.

Mon beau-père s'est battu ? Cela m'étonne bien.

MADAME VARINOIS.

Je ne vous dis pas qu'il s'est battu... Je vous dis qu'il a eu un duel.

BRIDEL.

A cause de vous ?

MADAME VARINOIS.

Oui, monsieur, à cause de moi. Nous sommes allés acheter ensemble une paire d'épées, qui est là dans le hall... On ne s'en est pas servi, parce que l'affaire s'est arrangée sur le terrain.

BRIDEL.

Oui, monsieur Varinois a fait des excuses.

MADAME VARINOIS.

Lui ? Jamais ! Ce sont ses témoins.

SCÈNE II

Les Mêmes, VARINOIS, *entrant, un journal à la main.*

VARINOIS.

Bonne promenade, mes enfants ?

MADAME VARINOIS.

N'est-ce pas, Auguste, que tu as eu un duel ?

VARINOIS.

Parfaitement. Il y a de cela environ vingt-cinq ans. J'étais allé avec Eudoxie à une exposition de peinture...

BRIDEL.

Tiens ! comme nous.

VARINOIS.

Nous nous trouvions devant une femme nue, — je la vois encore d'ici, — c'était la première femme nue, à droite, en entrant. Eudoxie s'est disputée avec un monsieur qui l'empêchait de voir. Le monsieur l'a appelée « toquée » !

BRIDEL.

Déjà !

MADAME VARINOIS.

C'est ce qui prouve que les hommes étaient aussi grossiers il y a vingt ans qu'aujourd'hui, mais ils étaient peut-être moins... *(Regardant Bridel.)* timides.

LUCIENNE.

Enfin, ne parlons plus de cette histoire-là.

MADAME VARINOIS.

Qui ne se renouvellera pas. Ton mari met trop de mauvaise grâce à nous accompagner pour que je le lui demande encore.

BRIDEL.

Permettez... Je vous ai dit que mes occupations ne me laissent pas le temps d'aller me promener dans les magasins, ni dans les expositions.

MADAME VARINOIS.

Vous n'êtes pas très artiste ?

BRIDEL.

Je suis fabricant de prod its chimiques ; je vends les couleurs dont les artistes se servent.

MADAME VARINOIS, *lui tendant la main.*

Allons, mon gendre, sans rancune... Vous savez que vous dînez ce soir à la maison ?

BRIDEL.

On n'oublie pas ces choses-là, belle-maman.

MADAME VARINOIS.

D'ailleurs, vous avez tout le temps de mettre votre frac. Le dîner est pour huit heures et demie.

VARINOIS.

Huit heures et demie !

MADAME VARINOIS.

Vous savez qu'on dîne très tard, aujourd'hui.

VARINOIS.

C'est commode pour les personnes qui vont au théâtre.

MADAME VARINOIS.

Les gens comme il faut n'arrivent jamais au spectacle avant dix heures et demie.

BRIDEL.

Et ils disent que le premier acte n'est pas bon.

VARINOIS, *à sa femme.*

Tu tiens beaucoup, chère amie, à ce que je me mette en habit noir ?

MADAME VARINOIS.
Depuis quand dîne-t-on en veston ?

VARINOIS.
Moi, je dîne en veston depuis une quarantaine d'années.

MADAME VARINOIS.
C'est une habitude qu'il faut perdre, et vous aussi, mon gendre.

BRIDEL.
Et qui sont vos invités, belle-maman, sans indiscrétion ?

MADAME VARINOIS.
Quelques intimes, seulement. Le neveu de mon mari, Edgard Denoizeau. *(A Bridel.)* Il ne vous plaît pas, notre neveu, Edgard Denoizeau ?

BRIDEL.
Au contraire.. Je le trouve charmant, un peu fatigué, peut-être... Il a tort de rester toutes les nuits au cercle jusqu'à trois heures du matin.

VARINOIS.
Son médecin lui a dit que le jour où il se coucherait plus tôt, il serait perdu.

BRIDEL.
Ah !... Qui est-ce, son médecin ?

VARINOIS.
C'est celui du cercle.

MADAME VARINOIS.
Le docteur Bluche, qui dîne également avec nous.

BRIDEL, *à madame Varinois.*
Et ensuite ?

MADAME VARINOIS.
Estelle et son mari.

BRIDEL
La famille...

MADAME VARINOIS.

Monsieur Edmond Toury.

BRIDEL, *faisant la grimace.*

Ce boursier ? Hum !

MADAME VARINOIS.

Monsieur Toury n'est pas un boursier. C'est un gentleman qui s'occupe d'opérations de bourse.

BRIDEL.

Et qui vous fait jouer.

MADAME VARINOIS.

J'ai gagné trente mille francs, l'année dernière. Vous n'aimez pas monsieur Toury, je vois ?

BRIDEL.

Pas du tout, oh ! mais là, pas du tout !

MADAME VARINOIS.

Voilà qui est fâcheux... Nous avons encore monsieur de Hupont...

BRIDEL.

Un gommeux !

MADAME VARINOIS.

Un jeune homme des plus distingués... membre de trois clubs... Et c'est tout. Maintenant, mon gendre, que vous êtes renseigné, je vais enlever mon chapeau et faire un brin de toilette.

(*Elle sonne. Paraît Louisette, tête baissée, air triste.*)

LOUISETTE.

Madame ?

MADAME VARINOIS.

Il n'est pas venu de visite en mon absence ?

LOUISETTE.

Non, madame.

MADAME VARINOIS.

Toujours triste, mon enfant ?

LOUISETTE.

Toujours, Madame.

MADAME VARINOIS.

Vous ne vous consolez pas ?

LOUISETTE.

Lentement, bien lentement, et encore grâce aux bontés de Madame.

MADAME VARINOIS.

Ah ! les chagrins d'amour !... Ne regrettez rien, Louisette... Vous êtes bien heureuse d'avoir des chagrins d'amour... Venez m'aider à m'habiller...

(Elle sort avec Louisette.)

SCÈNE III

BRIDEL, VARINOIS, LUCIENNE.

(Varinois, dans un fauteuil, lit son journal.)

LUCIENNE.

Moi aussi, je vais m'habiller.

BRIDEL, à Lucienne, qui fait mine de se retirer.

Tu pars ?

LUCIENNE.

Je vais changer de robe pour dîner.

(Elle fait quelques pas.)

BRIDEL.

Lucienne !

LUCIENNE.

Quoi ?

BRIDEL.

Lucienne, tu n'es plus la même avec moi depuis quelque temps.

LUCIENNE.

Quelle est cette plaisanterie ? Et en quoi suis-je changée, s'il vous plaît ?

BRIDEL.

Ce sont des riens, un je ne sais quoi... des nuances...

LUCIENNE.

Vous ne pourriez pas me citer un détail un peu plus précis?

BRIDEL.

Oh! je reconnais que je n'ai rien de bien grave à te reprocher. Nous n'avons pas plus de disputes qu'autrefois... Pour un esprit superficiel, comme ta mère par exemple, notre ménage est aussi uni que par le passé. Eh bien! non, ce n'est pas vrai... nous ne faisons plus un bon ménage. Nous n'en faisons pas encore un mauvais, mais nous n'en faisons plus un bon!

LUCIENNE.

Tu es fou, mon pauvre ami. Que veux-tu que je réponde à de pareils enfantillages?

BRIDEL.

Est-ce que tu t'ennuies?

LUCIENNE.

Mais pas du tout.

BRIDEL.

Veux-tu faire un voyage? Je suis obligé de partir bientôt pour les affaires de la maison. Je vais visiter une carrière à Saint-Sébastien... Veux-tu venir avec moi, à Saint-Sébastien?

LUCIENNE.

Merci. Le printemps est plus agréable à Paris que n'importe où.

BRIDEL.

Je te ferai voir une course de taureaux. Veux-tu voir une course de taureaux?

LUCIENNE.

Je n'aime pas les courses et je n'aime pas les taureaux.

BRIDEL.

Quel plaisir peux-tu avoir à te promener toute la journée avec ta mère ?

LUCIENNE.

Tu ne peux presque jamais m'accompagner. Avec qui veux-tu que je me promène ?... Trouve-moi quelqu'un... Oh ! tu finis par être agaçant, je t'assure. Ce n'est pas moi qui change, c'est toi. Tu deviens nerveux, tu deviens inquiet. Si ça continue, ton caractère finira par s'aigrir et la vie sera insupportable... Et quand je pense que tu me fais cette scène-là parce que maman t'a prié de te mettre en habit noir pour dîner.

BRIDEL.

Il est absurde de mettre un habit pour dîner chez sa belle-mère !... Et encore l'habit, ça me serait bien égal... C'est la société qu'on reçoit.

LUCIENNE.

Elle est très gaie... Et puis, maman reçoit qui lui plaît : ça ne me regarde pas, ni toi non plus.
(Elle sort.)

BRIDEL, *à part, avec des gestes saccadés.*

Nous verrons... nous verrons... nous verrons...
(Se tournant vers Varinois qui sommeille.) Beau-père ?

VARINOIS.

Qu'y a-t-il, mon ami ?

BRIDEL.

N'aviez-vous pas fait jadis le projet de vous retirer à la campagne avec madame Varinois ?

VARINOIS.

Ce serait mon rêve, mon ami, ce serait mon rêve... Une propriété au bord de l'eau... la pêche à la ligne... Pourquoi ai-je travaillé pendant trente ans, douze heures par jour ? C'est pour pouvoir pêcher à la ligne quand je serai vieux... Mais ma femme ne veut pas.

BRIDEL.

Vous devriez l'y forcer, que diable ! Vous êtes le maître.

VARINOIS.

Ce n'est pas dans ma nature. D'ailleurs, j'aurais beau l'y forcer, elle ne voudrait pas tout de même.

BRIDEL.

Mais...

VARINOIS.

J'ai essayé de tous les raisonnements, mon ami... j'ai même prié le vieux médecin de la famille de lui recommander la campagne pour sa santé... Elle ne veut rien entendre... *(Apercevant madame Varinois qui revient.)* Tenez, vous allez voir.

SCÈNE IV

BRIDEL, VARINOIS, MADAME VARINOIS.

MADAME VARINOIS.

Que dites-vous là, tous les deux ?

BRIDEL.

Nous parlons du printemps... du printemps qui commence... des fleurs... des premières feuilles... du plaisir qu'on aurait d'être dans une belle propriété...

VARINOIS.

Il y en a justement une à vendre, dans les annonces de mon journal... Quatre heures de Paris seulement, à deux kilomètres d'une gare... chasse et pêche... Veux-tu que nous allions la visiter ?

MADAME VARINOIS.

Encore!... Je vous ai déjà répondu à ce sujet. La campagne me tuerait, et vous aussi.

VARINOIS.

Pourtant, le docteur...

MADAME VARINOIS.

Il est très routinier, notre vieux docteur. Je consulterai celui d'Edgard. *(Regardant Bridel.)* Vous n'avez pas l'air content, Adolphe?

BRIDEL.

Eh bien! non, madame, je ne suis pas content.

MADAME VARINOIS.

En vérité!... Et peut-on savoir la cause de cette mauvaise humeur?

BRIDEL.

Oui, madame, et je vais vous la dire. Je ne suis même pas fâché de la dire devant votre mari... Eh bien! je trouve que vous recevez depuis quelque temps une société de gommeux, de boursiers, d'hommes du monde, si vous préférez, qui me porte sur les nerfs.

MADAME VARINOIS.

Quel dommage!

BRIDEL.

Ces messieurs font en outre la cour à vos deux filles avec un cynisme dont je m'étonne que vous ne vous aperceviez pas... C'est même pour ça qu'ils viennent chez vous... Vous les retrouvez au théâtre, dans les expositions et dans d'autres endroits plus ou moins convenables.

MADAME VARINOIS.

Monsieur!

BRIDEL.

Ils vous racontent des histoires scandaleuses

qui vous font pâmer et ils disent devant vous et devant ma femme de véritables obscénités.

MADAME VARINOIS.

Des obscé !... Voilà des façons de parler !

BRIDEL.

Devant vous, cela me serait égal...

VARINOIS.

Oh ! à moi aussi.

BRIDEL.

Quant à Lucienne, c'est une autre affaire. Si je tenais à ce qu'elle entendît des indécences, je les lui dirais moi-même. J'en connais. Mais ce n'est généralement pas pour cela qu'une jeune femme va chez sa mère. Ma parole d'honneur, je ne sais pas ce qui vous prend depuis quelques mois !...

VARINOIS.

C'est depuis qu'elle s'est mise à lire des romans.

MADAME VARINOIS.

Mon gendre, vous êtes fou... et non seulement vous êtes fou, mais vous êtes très imprudent ! Si vous empêchez Lucienne de prendre les récréations les plus innocentes...

BRIDEL.

Ah !

MADAME VARINOIS.

Et de chercher à se distraire comme toutes les femmes de son âge le font aujourd'hui...

BRIDEL.

En vivant au milieu de jeunes gens qui lui débitent des énormités !

MADAME VARINOIS.

Chaque époque a ses exigences... Alors, je ne réponds plus de ce qui arrivera. Lucienne est la plus gentille femme de la terre. Je vous conseille donc d'avoir confiance en elle et de ne pas la tracasser. Je ne voudrais pas qu'elle fût malheureuse comme je l'ai été.

VARINOIS, *étonné*.

Tu as été malheureuse?

MADAME VARINOIS.

Vous ne vous en êtes jamais aperçu, naturellement.

VARINOIS.

En effet.

MADAME VARINOIS.

J'ai mené une existence d'une platitude sinistre, à tenir des écritures et des comptes de ménage. Qu'ai-je fait de toute ma jeunesse?

VARINOIS.

Tu as fait deux filles.

MADAME VARINOIS.

Quand me suis-je amusée, seulement une heure?

VARINOIS.

Tu n'as pas un tempérament à t'amuser.

MADAME VARINOIS.

Qu'en savez-vous? Avez-vous la prétention de connaître mon tempérament?

VARINOIS.

Permets...

MADAME VARINOIS.

Vous, vous vous êtes amusé; mais moi...

VARINOIS.

Qu'as-tu à me reprocher, je te prie?... N'ai-je pas un bon caractère?

MADAME VARINOIS.

Qu'est-ce que ça a d'amusant, un bon caractère? Vous n'êtes pas méchant: il n'aurait plus manqué que ça!

VARINOIS.

Je suis très gai.

MADAME VARINOIS.

Vous?

VARINOIS.

Mais oui.

MADAME VARINOIS.

Avec les autres, peut-être, mais pas avec moi.

VARINOIS.

Tu oublies...

MADAME VARINOIS.

Depuis notre nuit de noces, vous ne m'avez pas fait rire une seule fois.

LOUISETTE entre en annonçant:

M. Denoizeau.

SCÈNE V

Les Mêmes, DENOIZEAU, *habit noir, cravate blanche..., un bouquet à la main et un petit paquet de livres.*

DENOIZEAU, *présentant le bouquet à madame Varinois.*

Ma chère tante... Mon oncle...

BRIDEL.

Bonjour, gamin.

MADAME VARINOIS, *prenant le bouquet.*

Merci, mon cher Edgard... Vous arrivez le premier.

DENOIZEAU.

Vous savez quel plaisir j'ai à causer avec vous.

VARINOIS.

Je vais m'habiller pendant que tu bavardes avec ta tante.

BRIDEL.
Et moi aussi.
(*Il sort avec Varinois.*)

SCÈNE VI

DENOIZEAU, MADAME VARINOIS.

MADAME VARINOIS.
Ce bon docteur n'est pas avec vous?

DENOIZEAU.
Il viendra tout à l'heure. Je l'ai laissé au cercle.

MADAME VARINOIS.
C'est l'heure de sa consultation?

DENOIZEAU.
Non, c'est l'heure où il joue ses consultations au baccara.

MADAME VARINOIS.
Maintenant, Edgard, racontez-moi des histoires... Mettez-moi au courant... Dites-moi les potins.

DENOIZEAU.
En fait d'histoire, il m'en est arrivé une... Oh! mais une!...

MADAME VARINOIS.
Vous m'intriguez... Parlez vite.

DENOIZEAU.
C'est qu'elle est un peu risquée.

MADAME VARINOIS.
Tant mieux!

DENOIZEAU.
Non, au fait, je ne peux pas vous dire...

MADAME VARINOIS.

Edgard, je vous en prie.

DENOIZEAU.

Vous y tenez?

MADAME VARINOIS.

Oui, oui... Contez-moi vos petites fredaines, Edgard... Eh! nous autres, vieilles femmes, ne sommes-nous pas les confidentes naturelles des jeunes gens?

DENOIZEAU, *s'asseyant.*

Alors, voici. Vous vous rappelez combien j'aimais Antonia...?

MADAME VARINOIS.

Eh bien! vous ne l'aimez plus, Antonia?

DENOIZEAU.

Si, je l'aime encore, mais je romps avec elle.

MADAME VARINOIS.

Ah! bah!... Voilà un événement! Et à la suite de quoi?

DENOIZEAU.

Antonia me trompait.

MADAME VARINOIS.

Ce n'est pas bien grave.

DENOIZEAU.

En effet, ce n'aurait pas été grave, si elle ne m'avait trompé que pour le plaisir ou même pour de l'argent. Mais j'ai fini par m'apercevoir de cette singularité qu'elle ne me trompait que pour m'être désagréable.

MADAME VARINOIS.

Étrange, en effet.

DENOIZEAU.

Elle affecte de choisir mes camarades de club,

des gens avec qui je me rencontre plusieurs fois par jour.

MADAME VARINOIS.

Alors, vous avez rompu?

DENOIZEAU.

Oui. Figurez-vous que cette nuit, à trois heures du matin, j'ai l'idée d'aller lui dire un petit bonjour. J'étais complètement décavé et d'assez mauvaise humeur. J'ouvre la porte, mon bougeoir à la main. Tout à coup, une ombre se précipite vers moi, éteint ma bougie et disparaît par la porte entr'ouverte.

MADAME VARINOIS.

Vous n'avez pas pu distinguer ses traits?

DENOIZEAU.

Non, mais ce doit être un de mes amis, car, en partant il m'a serré la main dans l'obscurité.

MADAME VARINOIS.

Ah!

DENOIZEAU.

Ce n'est pas tout... Je rallume ma bougie. Soudain, un second monsieur, sortant de l'appartement d'Antonia, se glisse entre moi et le mur, et, en passant, souffle la bougie encore une fois. Cette fois-ci, je perds patience et d'un violent coup de poing, je lui enfonce son chapeau jusqu'au milieu du visage.

MADAME VARINOIS.

Ce n'était pas le moyen de le reconnaître.

DENOIZEAU.

Je le pousse dans l'escalier... Enfin, je pénètre chez Antonia...

MADAME VARINOIS.

Il n'y avait plus personne?

DENOIZEAU.

Il n'y avait que les restes d'un souper. Madame 'enait de souper, avec deux de mes collègues u club, probablement. Elle n'a pas voulu me es nommer. Elle a bien fait, car je leur aurais nvoyé des témoins.

MADAME VARINOIS.

Bien !

DENOIZEAU.

Et savez-vous ce qu'elle a répondu à mes eproches, Antonia? Elle a répondu : « Ah ça! est-ce que vous deviendriez jaloux, par hasard? » J'étais furieux.

MADAME VARINOIS.

Vous ne l'avez pas battue?

DENOIZEAU.

Tiens! je n'y ai pas pensé.

MADAME VARINOIS.

Et vous êtes parti?

DENOIZEAU.

Non... Comme j'étais très fatigué, je me suis couché, et ce matin, à midi, en me levant, j'ai rompu avec Antonia... rompu définitivement. Je veux me consacrer désormais à la vie de famille... *(Il lui baise la main.)* Il n'y a encore que cela de vrai.

MADAME VARINOIS.

Vous êtes un bon garçon, Edgard. Et vous m'avez rendu un service que je n'oublierai jamais. Vous avez mis de la gaieté dans ma maison, qui était bien morne; vous y avez introduit un air de fête... des jeunes gens... de l'animation...

DENOIZEAU.

Je me suis promis de faire de votre salon un des plus amusants de Paris, peu à peu... Il faut le temps. — Demain, dans l'après-midi, je vous amènerai madame Lemoutier... je lui ai parlé de vous. Elle brûle de faire votre connaissance.

MADAME VARINOIS.

Madame Lemoutier?

DENOIZEAU.

C'est une petite femme divorcée, qui a un salon littéraire. Elle est charmante.

MADAME VARINOIS.

Merci, mon cher enfant, merci.

DENOIZEAU.

Je dois vous prévenir que sa conduite n'est pas absolument irréprochable.

MADAME VARINOIS.

Qu'importe! Mon rêve, voyez-vous, maintenant que je n'ai plus l'âge de mener la vie active, serait d'avoir autour de moi une société de gens élégants qui n'auraient rien à faire toute la journée que de parler d'amour et de s'habiller à la dernière mode.

DENOIZEAU.

Nous en trouverons.

MADAME VARINOIS.

L'être que j'admire le plus au monde, mon cher Edgard, est ce fameux baron d'Encolure que je ne connais pas même de vue; cet homme si célèbre par ses conquêtes, ses duels, ses aventures, et qui passe pour avoir été l'amant de la plupart des femmes du second Empire!...

DENOIZEAU.

Ainsi, vous seriez contente de dîner avec le baron d'Encolure?

MADAME VARINOIS.

Ah !...

DENOIZEAU.

Eh bien ! le baron viendra dîner ici, chez vous, samedi.

MADAME VARINOIS.

Ah ! mon Dieu ! *(Sévèrement.)* J'espère que vous ne me feriez pas une plaisanterie pareille ?

DENOIZEAU.

Pour qui me prenez-vous ? Le baron est de mes relations, de mes amis, oserai-je dire... J'ai été une fois témoin contre lui dans un duel. Nous nous sommes liés à cette occasion. Il y a longtemps que je le travaillais pour l'attirer ici... Je voulais vous faire cette surprise ; mais il est si occupé, si demandé !... C'est effrayant... Enfin, cette après-midi, tout à l'heure, il me l'a promis formellement...

MADAME VARINOIS, *serrant la main de Denoizeau avec effusion.*

Alors, vous venez de le voir ?

DENOIZEAU.

Rue de Sèze... Il sortait de l'exposition de peinture. Le baron adore les arts, comme vous ne l'ignorez pas, et tous les sports en général.

MADAME VARINOIS.

Il sortait de l'exposition ! J'y suis allée aussi avec ma fille...

DENOIZEAU.

Je l'ai donc accosté... il semblait furieux, faisait des moulinets avec sa canne. — « Qu'avez-vous, baron ? lui ai-je dit, mauvaise peinture ? — Il s'agit bien de peinture, me répond-il ; je viens d'être insulté par un insolent ! »

MADAME VARINOIS.

Hein ?

DENOIZEAU.

« Un... je ne sais qui, ajouta-t-il... qui m'a appelé goujat! moi, d'Encolure! »

MADAME VARINOIS, à part.

Ah! Seigneur Dieu!

DENOIZEAU.

Qu'avez-vous?

MADAME VARINOIS, fébrile.

Continuez, continuez...

DENOIZEAU.

« Je lui ai jeté ma carte au visage, — c'est toujours le baron qui parle, — mais le drôle s'est échappé. Si jamais je le retrouve!... »

MADAME VARINOIS.

Ah! mon ami!...

DENOIZEAU, regardant madame Varinois qui s'est laissée tomber sur un fauteuil.

Mais, qu'avez-vous donc?

MADAME VARINOIS.

Ah! mon ami, quelle histoire!

DENOIZEAU.

Qu'y a-t-il?

MADAME VARINOIS.

C'est mon gendre qui a appelé le baron « goujat »!

DENOIZEAU.

Qui ça?... Bridel? Est-ce possible?...

MADAME VARINOIS.

C'est l'affreuse vérité! Le baron, — pouvais-je soupçonner que c'était le baron? — m'empêchait de voir un tableau. Je l'ai un peu bousculé, machinalement... Il m'a appelée « toquée »!

DENOIZEAU, *protestant.*

Oh! Vous devez avoir mal entendu... Jamais le baron n'a traité ainsi une femme, surtout une femme chez qui il doit dîner le samedi suivant.

MADAME VARINOIS.

Il ne le savait pas encore.

DENOIZEAU.

Je vous affirme que vous vous êtes trompée. Jamais le baron...
(Il fait des gestes de dénégation.)

MADAME VARINOIS.

Oui, vous avez raison... J'ai dû me tromper. Au fait, pourquoi m'aurait-il appelée « toquée » ? Mais ce qui n'est que trop exact, mon ami, c'est que mon gendre, lui, l'a appelé « goujat » !

DENOIZEAU.

Ça, c'est grave.

MADAME VARINOIS.

Et que le baron lui a lancé sa carte à la figure.

DENOIZEAU.

Bridel ne lui a pas remis la sienne, en échange ?... D'habitude, entre gens du monde...

MADAME VARINOIS.

Est-ce que Bridel est un homme du monde ?

DENOIZEAU.

Avant tout, il faut trouver un prétexte pour décommander le baron...

MADAME VARINOIS.

Jamais !

DENOIZEAU.

Mais, ma pauvre tante, il vous reconnaîtra, il reconnaîtra Bridel. Ce serait un scandale abominable.

MADAME VARINOIS.

Arrangez l'affaire d'ici là, d'une manière ou d'une autre!

DENOIZEAU.

Ce n'est pas commode. Le baron est très susceptible.

MADAME VARINOIS.

Allez le trouver... Avouez-lui tout.

DENOIZEAU.

Il exigera au moins des excuses...

MADAME VARINOIS.

Je lui en ferai.

DENOIZEAU.

Pas de vous... de votre gendre.

MADAME VARINOIS.

Mon gendre lui fera des excuses, je vous en réponds... Nous lui en ferons tous.

DENOIZEAU.

Et si Bridel s'y refuse?

MADAME VARINOIS

Je l'y forcerai... je vous jure que je l'y forcerai...

DENOIZEAU.

C'est que le baron lui enverrait immédiatement ses témoins.

MADAME VARINOIS.

Devant cette perspective, mon gendre n'hésitera pas... *(Réfléchissant.)* S'il allait se battre, pourtant?

DENOIZEAU.

Ce serait très chic.

MADAME VARINOIS.

Croyez-vous que si le baron blessait mon

gendre légèrement, à la main par exemple, il viendrait tout de même dîner samedi prochain ?

DENOIZEAU.

A plus forte raison. Il y mettrait même de la coquetterie.

MADAME VARINOIS.

Mais nous n'en arriverons pas à cette extrémité... Pas un mot de ceci devant monsieur Bridel. Je me charge de le prévenir tout doucement, quand ce sera nécessaire. J'entends quelqu'un de nos invités... Parlons d'autre chose... M'avez-vous apporté les derniers romans parus ?

DENOIZEAU, *allant prendre le paquet qu'il a placé précédemment sur une table.*

Les voici. *(Il ouvre le paquet.) Le Feu au Cœur...*

MADAME VARINOIS.

C'est beau ! Et l'autre ?

DENOIZEAU.

Plus que Vierge !

MADAME VARINOIS.

C'est délicieux !

DENOIZEAU.

On ne parle que de ça dans les salons.

LOUISETTE, annonçant.

Monsieur Edmond Toury !

SCÈNE VII

Les Mêmes, EDMOND, *habit noir et cravate blanche,* LOUISETTE.

EDMOND, *entrant, introduit par Louisette.*

Mes hommages, madame... Bonjour, Denoizeau.. *(Se retournant vers Louisette.)* Vous êtes toujours satisfaite de ma jeune protégée, chère madame?

MADAME VARINOIS.

J'en suis très contente. Un peu distraite, peut-être... *(Louisette baisse les yeux.)* Oui, oui... je comprends... le chagrin...

EDMOND, à *Denoizeau.*

Admettez-vous cela qu'on promette le mariage à cette jolie fille et qu'un beau jour on la plante là?

DENOIZEAU.

C'est une honte!

EDMOND.

Tu te consoleras, petite Louisette.

LOUISETTE, *le regardant.*

Je suis déjà à moitié consolée, monsieur Edmond.

(Elle sort.)

EDMOND, à part.

Cette petite me regarde avec des yeux!...

SCÈNE VIII

Les Mêmes, *moins* LOUISETTE.

EDMOND.

Elle est gentille, n'est-ce pas, Denoizeau?

DENOIZEAU.

Tout à fait... D'où la connaissez-vous donc?

EDMOND.

Elle était femme de chambre chez une dame que...

DENOIZEAU.

Ah bon!...

MADAME VARINOIS.

Eh bien! la Bourse?...

EDMOND.

Nous avons monté.

MADAME VARINOIS.

Que vous disais-je? M'avez-vous acheté du Hongrois?

EDMOND.

A fond.

MADAME VARINOIS.

Et du Turc? *(Signe d'Edmond.)* Par exemple, vous me liquiderez mes Italiens... Je ne crois pas à l'Italien en ce moment-ci...

EDMOND.

Heu!

MADAME VARINOIS, *catégorique.*

Je n'y crois pas... Vous ne vous êtes jamais repenti d'avoir suivi mes conseils?

EDMOND.

Le fait est que vous avez un flair de la spéculation...

MADAME VARINOIS.

J'ai le sens de la Bourse. Quand une valeur va monter, j'ai une espèce de frisson qui me prévient...

EDMOND.

Je ne connais qu'un homme qui ait autant de flair que vous.

MADAME VARINOIS.

Et qui donc?

EDMOND.

Un poète.

MADAME VARINOIS.

Pour demain, voici ce qu'il faut acheter. J'ai préparé une liste... je vais vous la chercher.

(Elle sort.)

SCÈNE IX

EDMOND, DENOIZEAU

EDMOND.

Très bonne femme... maison excellente... cuisine délicieuse... tout enfin !...

DENOIZEAU.

N'est-ce pas?... Moi, c'est ici que je me refais de mes fatigues... Un garçon, à trente-cinq ans, commence à avoir besoin de mener de temps en temps la vie de famille.

EDMOND.

C'est mon avis. Par malheur, tout le monde n'a pas une famille comme la vôtre.

DENOIZEAU.

Ça !

EDMOND.

Madame Varinois surtout a une largeur de vues... une indulgence... Ah ! la bourgeoisie est moins arriérée qu'on ne croit. Votre père à vous était notaire, n'est-ce pas, Denoizeau?

DENOIZEAU.

Non, il était droguiste. Il avait étudié, en effet, pour être notaire... mais, au moment d'acheter une étude, il a réfléchi... et il s'est marié avec la fille d'un des plus riches droguistes de Paris, la propre sœur de Varinois...

EDMOND.

Ça ne vous a jamais tenté, la droguerie ?

DENOIZEAU.

Non. Moi, je n'aurais pu faire aucun métier. Je

suis d'une nature trop active pour m'astreindre à un travail quelconque.

EDMOND.

Vous ne jouez jamais à la Bourse?

DENOIZEAU.

Ça ne me dit rien, j'aime mieux le baccara.

EDMOND.

Vous avez tort.

DENOIZEAU.

Alors, vraiment, elle gagne beaucoup d'argent, ma bonne tante ?

EDMOND.

Ma parole !... Elle a gagné trente ou quarante mille francs cette année, rien qu'en s'amusant.

DENOIZEAU.

C'est une femme pour laquelle j'ai énormément d'estime.

EDMOND.

Moi aussi. Cependant, je préfère ses filles.

DENOIZEAU.

Il est certain qu'au point de vue un peu spécial où vous vous placez, ses filles sont plus avantageuses... Vous leur faites la cour à toutes les deux.

EDMOND.

Oh! non, j'ai hésité longtemps... mais j'ai fini par me décider pour madame Bridel.

DENOIZEAU.

Pour Lucienne? Tiens !... Pourquoi ?

EDMOND.

Elle est plus sentimentale, plus romanesque que sa sœur... Sa sœur est trop gaie... Moi, je sais très bien parler aux femmes sentimentales; je ne sais pas du tout parler aux femmes gaies.

DENOIZEAU.

Chacun a sa spécialité.

EDMOND.

N'est-ce pas?

DENOIZEAU.

Je ne voudrais pas vous décourager, cher ami, mais vous en seriez pour vos frais, que ça ne me surprendrait pas....

EDMOND.

Vous n'êtes pas rassurant.

DENOIZEAU.

C'est un pressentiment que j'ai... Je ne crois pas, en général, beaucoup à la vertu des femmes... A propos, j'ai rompu avec Antonia.

EDMOND.

Mes compliments!

DENOIZEAU.

Mais ces deux petites femmes-là, Lucienne et Estelle, me paraissent manquer, chacune dans son genre, de cette... chaleur, de cette... enfin de ce je ne sais quoi qui fait que les femmes trompent leurs maris.

EDMOND.

Vous êtes pessimiste, Denoizeau.

DENOIZEAU.

Je connais la vie. Et d'ailleurs, je ne dis pas cela pour vous décourager.

EDMOND.

Vous n'y parviendriez pas.

(Entre Lucienne.)

SCÈNE X

Les Mêmes, LUCIENNE.

LUCIENNE.

Messieurs... Bonjour, vous... Maman n'est pas avec vous?

DENOIZEAU.

Elle va revenir... Et cet excellent Bridel?

LUCIENNE.

Il est en haut; il s'habille.

(Denoizeau se met à couper les pages des livres qu'il a apportés tout à l'heure. Lucienne et Edmond vont causer à l'autre bout de la scène.)

EDMOND.

Que vous êtes jolie, ce soir, madame, délicieusement jolie!...

LUCIENNE.

Ne me dites donc pas de banalités.

EDMOND.

Vous avez raison... Jolie n'est pas le mot. Vous êtes inquiétante.

LUCIENNE, *montrant Denoizeau.*

Faites attention.

EDMOND.

Oh! rien à craindre. Il pense à Antonia. *(Lucienne va s'asseoir sur un petit canapé, à gauche. Edmond se place derrière, légèrement penché.)* Ah! Lucienne, Lucienne, quand pourrai-je vous parler de mon amour ailleurs que dans un salon... quand? Dites-moi quand?

LUCIENNE.

Je n'en sais rien. Jamais, peut-être...

EDMOND.

Ne prononcez pas un mot pareil, Lucienne... Songez que voilà deux mois que je vous adore !...

LUCIENNE.

Qu'est-ce que deux mois?... Quelques heures, quelques instants...

EDMOND.

Des heures interminables, lorsqu'on aime...

LUCIENNE.

Pensiez-vous, par hasard, que j'allais accepter un rendez-vous, sous prétexte que vous m'aimiez?

EDMOND.

Oh! non, certes... Vous ai-je demandé une chose aussi vulgaire?

LUCIENNE.

C'est que, mon ami, je ne suis pas de ces femmes pour qui l'amour n'est qu'une distraction légère...

EDMOND.

Nous avons exactement la même manière de voir...

LUCIENNE.

Si j'aimais un jour, j'aimerais avec une passion sans bornes et sans frein... Et si je me décidais à oublier mes devoirs, ce serait fini : jamais plus je ne me les rappellerais...

EDMOND.

Ne sentez-vous pas, Lucienne, que c'est justement un de ces amours-là que vous m'avez inspiré ?...

LUCIENNE.

Soyez prudent, je vous en prie...

EDMOND.

Je ne le peux pas, Lucienne. Quand je pense que je ne vous ai encore embrassée qu'une fois

sur l'épaule, il me prend des fureurs sauvages ?...
Vous serez à moi, Lucienne! Je vous défie de
n'être pas à moi! *(A part.)* Ce serait une femme
gaie, je ne pourrais pas lui dire tout ça!
(Entre Estelle, en riant, suivie d'Albert.)

SCÈNE XI

Les Mêmes, ESTELLE, ALBERT.

ESTELLE, *un peu essoufflée, à Albert.*

Ah! je suis arrivée avant vous... Nous avons
parié qui de nous deux aurait le plus vite monté
l'escalier... J'ai gagné.

ALBERT.

J'ai perdu exprès. *(A Lucienne.)* Chère madame...
(Il serre la main d'Edmond, puis de Denoizeau qui s'est levé.)

ESTELLE.

Bonjour... Qu'est-ce que vous coupez là, Edgard?

DENOIZEAU.

Des romans... Je les coupe, mais je ne les lirai
pas.

LUCIENNE.

Quels romans?... Voyons?...
(Elle s'approche de la table où était Denoizeau. Edmond la suit. — Estelle et Albert restent ensemble, un peu à droite.)

ALBERT, *à Estelle.*

Je vous ai attendue une heure et demie devant
Saint-Germain-l'Auxerrois... Pourquoi n'êtes-vous
pas venue?

ESTELLE.

Croyez-vous que je n'aie que ça à faire!

ALBERT.

Hier, je vous avais attendue également une

heure et demie, rue de Castiglione, et vous n'êtes pas venue davantage.

ESTELLE.

Je vous ai expliqué... Et d'ailleurs, je n'ai pas besoin de vous donner d'explications, mon cher... Vous êtes étonnant ! Me prenez-vous pour une cocotte ? J'ai un mari.

ALBERT.

Ce n'est pas une excuse.

ESTELLE.

Et mardi dernier, est-ce que je l'ai manqué, notre rendez-vous ?

ALBERT.

Nous sommes restés dix minutes ensemble chez un pâtissier. Nous avons mangé chacun un baba... Ça ne peut pas être considéré comme un rendez-vous d'amour...

ESTELLE.

Vous ne m'en avez pas moins dit des énormités, pendant ces dix minutes. Vous avez eu l'aplomb de me proposer... Non ! ça, mon cher... Vous êtes bien gentil, mais c'est un peu trop tôt.

EDMOND.

Je vous ai proposé de venir boire un verre de malaga chez moi... Quand viendrez-vous boire un verre de malaga chez moi ?

ESTELLE.

Dites donc, nous ne sommes pas chez le pâtissier, ici.

ALBERT.

Vous vous moquez de moi, voilà la vérité... Vous vous moquez de moi depuis un bon trimestre !

ESTELLE.

Si c'est votre opinion, mon cher, vous n'avez qu'à vous en aller.

ALBERT.

Suis-je bête d'être devenu amoureux de vous !

ESTELLE, *riant.*

Alors, c'est convenu... Vous partez?

ALBERT.

Estelle !

ESTELLE.

Quoi?

ALBERT.

Est-ce que je vous verrai demain ?

ESTELLE.

Au Louvre, du côté de la rue Saint-Honoré.

ALBERT.

A quelle heure ?

ESTELLE, *réfléchissant.*

Entre deux heures et quatre heures et demie... je passerai.

ALBERT.

J'aimerais mieux deux heures et quart, par exemple.

ESTELLE.

Eh bien ! c'est ça... deux heures et quart.

ALBERT.

Je vous adore !

LUCIENNE, *entre Denoizeau et Edmond.*

Vous n'aimez donc pas les romans?

DENOIZEAU.

Je n'ai pas le temps de lire.

ESTELLE, *se rapprochant avec Albert.*

Alors, vous ne connaissez pas le dernier roman de... Ah ! le voici justement... *(A Lucienne.)* C'est exquis, ma chère... Je l'ai lu aujourd'hui... Il y a un passage...

(Elle feuillette. Lucienne se penche vers elle. Les deux jeunes gens regardent par-dessus leurs épaules et forment avec Denoizeau un groupe autour de la table, les uns très près des autres. Ils tournent le dos à la porte d'entrée qui s'ouvre. Paraissent Bridel et Leverquin en habit noir et cravate blanche. Ils se tiennent par le bras.)

SCÈNE XII

Les Mêmes, BRIDEL, LEVERQUIN, puis MADAME VARINOIS.

BRIDEL, à *Leverquin, montrant le groupe.*

Ça, c'est ta femme, et ça, c'est la mienne. Or, que dirait un observateur superficiel en voyant ce groupe d'un côté et nous de l'autre ? Il dirait : « Voici deux petits ménages très unis et voilà deux invités. » C'est délicieux ! Ah ! ah !

(Les deux femmes se retournent.)

EDMOND, à *Bridel.*

Ça va bien, cher ami ?

ALBERT, à *Leverquin.*

Et cette santé ?

BRIDEL.

Vous faisiez la lecture... Ne vous dérangez pas.

(Entre madame Varinois, un papier à la main.)

MADAME VARINOIS, à *Edmond, lui remettant le papier.*

Voici... Achetez-moi ça demain.

EDMOND.

Deux cents ?

MADAME VARINOIS.

A n'importe quel cours. Je suis sûre de la hausse. *(A Denoizeau.)* Edgard ?

DENOIZEAU.

Ma tante ?

MADAME VARINOIS.

Vous allez me donner votre avis sur les meubles anglais que j'ai reçus hier...

DENOIZEAU.

Vous avez renouvelé le mobilier du grand hall ?

MADAME VARINOIS.

Entièrement. Tout vient de la première maison de Londres.

EDMOND.

Est-ce que nous pouvons voir aussi, chère madame ?

MADAME VARINOIS.

Venez tous. *(A Bridel, pendant que tout le monde passe dans le salon à droite.)* Mon gendre, un mot.

BRIDEL.

Je vous écoute.

MADAME VARINOIS.

Au cas où les circonstances nous forceraient à choisir, aimeriez-vous mieux recevoir un coup d'épée au travers du corps ou faire des excuses ?

BRIDEL, *stupéfait*.

Ce que j'aimerais mieux ?...

MADAME VARINOIS.

Vous aimeriez mieux faire des excuses ?... C'est bien ce que je pensais.

(Elle sort par la même porte que les invités.)

BRIDEL.

Voilà une question !

SCÈNE XIII

BRIDEL, LEVERQUIN.

LEVERQUIN.

Je crois que l'esprit de cette bonne madame Varinois, notre belle-mère, traverse une crise fâcheuse.

BRIDEL, *furieux*.

Elle est à battre, tout simplement.

LEVERQUIN.

Pourquoi diable aussi as-tu accepté de loger dans la même maison qu'elle? T'ai-je assez prévenu que tu faisais une sottise? Un gendre ne doit pas demeurer à l'étage au-dessus de sa belle-mère. C'est un axiome de droit, commun à tous les peuples civilisés.

BRIDEL.

Est-ce que je pouvais prévoir que madame Varinois allait se mettre à avoir un salon, à prendre un jour?...

LEVERQUIN.

A établir un escalier intérieur entre vos deux appartements?

BRIDEL.

A acheter des meubles anglais et à recevoir des jeunes gens qui feraient la cour à ma femme?

LEVERQUIN.

A ta femme et à la mienne. Il ne faut pas oublier la mienne.

BRIDEL.

Enfin, commences-tu à te rendre compte de la situation?

LEVERQUIN.

Je n'ai jamais eu d'illusions là-dessus.

BRIDEL.

Et qu'est-ce que tu vas faire?

LEVERQUIN.

Rien. Et toi?

BRIDEL.

Tu vas laisser ta femme se compromettre avec cet imbécile?

LEVERQUIN.

Comment veux-tu que je l'en empêche?

BRIDEL.

L'idée qu'Estelle pourrait te tromper ne te bouleverse pas?

LEVERQUIN.

Mais non. Je m'y suis habitué peu à peu ; je me suis entraîné, pour ainsi dire. Depuis mon mariage, je consacre quelques minutes chaque jour à cet exercice spirituel : je me recueille, je me familiarise avec l'image de l'adultère, et aujourd'hui, ma foi, aujourd'hui, je ne sais pas si le flagrant délit même serait capable de m'émouvoir.

BRIDEL.

Tu es révoltant. Alors, tu crois que ta femme a un amant?

LEVERQUIN.

Je ne dis pas cela.

BRIDEL.

Tu es sûr qu'elle n'en a pas?

LEVERQUIN.

Je n'en suis pas sûr du tout. Parfois, en la voyant rentrer à la maison à l'heure du dîner, je me dis : « Elle vient peut-être de chez de Hupont ou de chez un autre. » Parfois, au contraire, je pense : « Elle est coquette, mais elle n'a pas été trop mal élevée ; de Hupont l'amuse, mais cela n'ira jamais plus loin. » — Je suis dans l'incertitude... Voilà mon cas.

BRIDEL.

Tu n'as jamais suivi Estelle ?

LEVERQUIN.

Jamais ! Ah ! si... un jour... mais je croyais que c'était une autre femme...

BRIDEL.

Tu n'as jamais cherché à savoir la vérité, la vraie ?

LEVERQUIN.

Pour quoi faire ? Te l'avouerai-je ?... Eh bien ! cette incertitude continuelle où je suis ne m'est pas désagréable. J'y trouve des satisfactions, un certain agrément, un peu âcre, mais un agrément tout de même.

BRIDEL.

Ce n'est pas de la philosophie, ça : c'est du vice.

LEVERQUIN.

Le vice est une défense excellente contre la coquetterie des femmes.

BRIDEL, *baissant la voix.*

Tu la trompes, toi, hein ?

LEVERQUIN.

Estelle ?... Très rarement, ma parole !... Je ne fuis pas les occasions, je ne les recherche pas non plus. Tout cela ne nous empêche pas de faire à nous deux un ménage très suffisant. Je l'aime bien ; de son côté, je suis convaincu qu'elle a de la sympathie pour moi. Nous ne sommes séparés que par le mariage.

BRIDEL.

Tu es heureux d'avoir cette nature.

LEVERQUIN.

Tu es donc jaloux, toi?

BRIDEL.

Ce n'est pas de la jalousie, c'est de l'énervement. Pendant cinq ans, je n'ai pas songé une seconde qu'il y avait des maris trompés par leur femme. J'avais la foi. Un soir, en apercevant Lucienne et M. Toury qui échangeaient un coup d'œil, un simple coup d'œil, par-dessus l'épaule de ma belle-mère, la foi m'a quitté tout d'un coup.

LEVERQUIN.

Et elle n'est plus revenue?

BRIDEL.

Elle n'est plus revenue jamais. Je ne crois plus à la vertu de ma femme, je ne crois plus à la vertu de la tienne, je ne crois même plus à la vertu de leur mère.

LEVERQUIN.

Tu vas un peu loin.

BRIDEL.

Elle me le paiera, celle-là! Tout ce qui arrive est de sa faute.

LEVERQUIN.

Et depuis ce temps-là?

BRIDEL.

Depuis ce temps-là, je suis agacé, je suis inquiet. Je n'ai plus la tranquillité d'esprit nécessaire à un homme qui est dans le commerce. Tiens! il y a des moments où j'aimerais mieux que Lucienne me trompât une bonne fois et que ce fût fini.

LEVERQUIN.

Oh!

BRIDEL.

Chacun a son caractère. Moi, cette menace continuelle finira par me donner une maladie de nerfs. Je me sens trompé un peu tous les jours, morceau par morceau, en détail. Eh bien ! je préférerais l'être en bloc.

LEVERQUIN.

C'est un point de vue.

BRIDEL.

Au moins l'on sait où l'on va. C'est une situation connue, classée, régulière. Il n'y a plus de surprises. On adopte une solution ou une autre. On divorce ou on ferme les yeux, mais enfin, on se décide à quelque chose. Moi, je suis un individu qui a besoin de se décider et, avant qu'il soit deux jours, je prendrai une résolution.

LEVERQUIN.

Laquelle ?

BRIDEL.

Je me donne deux jours pour la trouver, mais je te jure que ça ne continuera pas comme ça !

SCÈNE XIV

Les Mêmes, LE DOCTEUR BLUCHE, MADAME VARINOIS, DENOIZEAU, VARINOIS, Tous.

(Ils entrent en causant et riant.)

LE DOCTEUR, *continuant de parler.*

... La campagne !... Vous retirer à la campagne ! Il me faudra donc toujours lutter avec ce préjugé ! Mais elle est mortelle pour les gens comme nous, la campagne ! Elle abrège nos jours dans la proportion de un pour cinq ! J'ai dix années de statistique qui le démontrent avec une clarté effrayante.

MADAME VARINOIS, à Bridel.

Que vous disais-je? *(A Bluche.)* Docteur, je vous présente monsieur Bridel, mon gendre, et monsieur Leverquin, mon autre gendre.

LE DOCTEUR.

Enchanté... *(Continuant.)* Et il y a à cela mille raisons. J'en cite une au hasard. A la campagne, vous êtes forcé de vous coucher de bonne heure. Or, c'est la nuit que l'on respire le mieux. Rien n'est donc malsain comme de se coucher tôt.

BRIDEL.

Pourtant, les poules...

LE DOCTEUR.

Les poules se couchent tôt, c'est exact, mais aussi qu'est-ce qu'elles vivent? Trois ou quatre ans à peine. Si c'est cela que vous cherchez...

MADAME VARINOIS.

Ah! ah!...

LOUISETTE, entrant.

Madame est servie.

MADAME VARINOIS.

Docteur, je prends votre bras.

(Edmond offre son bras à Lucienne, Albert à Estelle, et les deux couples rentrent dans la salle à manger en riant. Denoizeau les suit avec Varinois. Eclats de voix. Rires. Bousculade. Sortie très gaie. Bridel et Leverquin restent les derniers.)

BRIDEL, à Leverquin.

Est-ce là un intérieur pour un avoué et pour un fabricant de produits chimiques?

ACTE II

Un hall, meublé à la dernière mode. — Meubles anglais laqués blancs, chaises et fauteuils de formes variées. Un escalier au fond, donnant accès à l'appartement du dessus. La rampe de l'escalier tendue d'étoffe liberty. Le tout élégant avec un peu de mauvais goût.

SCÈNE PREMIÈRE

VARINOIS, DENOIZEAU, MADAME VARINOIS, Deux Dames, *en visite.*

(Au lever du rideau, les deux dames sont debout, comme pour prendre congé.)

MADAME VARINOIS.

Vous partez déjà?... Oh! restez encore un peu.

PREMIÈRE DAME.

Impossible, chère madame... Nous sommes attendues chez madame Chamberlot. C'est aussi son jour.

MADAME VARINOIS.

Ah! voilà qui est fâcheux... On ne peut pas avoir un jour à soi toute seule.

VARINOIS.

Il n'y en a pas assez... sept à peine.

MADAME VARINOIS.

Si vous aviez attendu quelques minutes de plus, vous auriez vu madame Lemoutier. Car madame Lemoutier va venir, n'est-ce pas, Denoizeau?

DENOIZEAU.

Elle me l'a dit formellement.

MADAME VARINOIS.

Quel dommage que vous partiez !

PREMIÈRE DAME.

A notre grand regret, croyez-le bien... Au revoir, chère amie, au revoir... et tous nos compliments, encore une fois, pour votre nouveau mobilier. C'est d'une élégance, d'une fraîcheur, tout à fait ce qui vous convient.

MADAME VARINOIS.

Trop aimable !... Je vous ai fait visiter mon cabinet de toilette ?

DEUXIÈME DAME.

Non, jamais.

MADAME VARINOIS.

Vous ne connaissez pas ma baignoire ?

PREMIÈRE DAME.

Non plus.

MADAME VARINOIS.

Une baignoire que j'ai fait venir de Londres... avec trois robinets.

PREMIÈRE DAME.

Pourquoi trois ?

MADAME VARINOIS.

Un robinet d'eau froide, un robinet d'eau chaude et un robinet d'eau tiède.

DEUXIÈME DAME.

C'est merveilleux !

MADAME VARINOIS.

Venez voir... vous en avez pour une minute.

PREMIÈRE DAME.

Avec plaisir.

MADAME VARINOIS, *à Denoizeau, bas.*
Et le baron ? Lui avez-vous parlé ?

DENOIZEAU, *même jeu.*
J'ai rendez-vous avec lui dans une heure au club et je reviendrai vous mettre au courant tout de suite.

MADAME VARINOIS, *même jeu.*
Je compte sur toute votre diplomatie, Edgard.

DENOIZEAU.
N'ayez pas peur...

MADAME VARINOIS, *aux deux dames, sortant.*
Je vous montre le chemin...

LES DEUX DAMES, *à Denoizeau et à Varinois.*
Cher monsieur... cher monsieur.

(*Elles sortent. — Dès qu'elles sont sorties, Varinois s'assoit sur un des fauteuils et croise les jambes. Madame Varinois revient brusquement.*)

MADAME VARINOIS.
Là ! Je vous y prends encore à vous asseoir sur mes fauteuils !

VARINOIS.
Pourtant, ma bonne amie, des sièges...

MADAME VARINOIS.
Il y a sièges et sièges... Ceux-là ne sont pas faits pour qu'on s'assoie dessus, et surtout aussi brutalement... Vous allez les casser.

VARINOIS, *se levant.*
Mais...

MADAME VARINOIS.
Si vous voulez vous asseoir, allez au café.
(*Elle sort.*)

DENOIZEAU.
Elle a raison... (*Il serre la main de Varinois.*) Je vous quitte, mon oncle... j'ai un rendez-vous.
(*Il sort.*)

SCÈNE II

BRIDEL, VARINOIS.

BRIDEL, *apparaissant en haut de l'escalier.*

Beau-père?

VARINOIS, *se retournant.*

Quoi?

BRIDEL.

Vous êtes seul?

VARINOIS.

Oui.

BRIDEL, *descendant.*

J'ai besoin d'avoir avec vous un bout de conversation.

VARINOIS.

Je vous écoute... *(Lui désignant le fauteuil de tout à l'heure.)* Asseyez-vous donc là dedans, ne vous gênez pas.

BRIDEL, *prenant un temps.*

Beau-père, j'ai beaucoup de sympathie pour vous...

VARINOIS.

De mon côté, mon ami...

BRIDEL.

Votre femme me porte sur les nerfs, mais cela ne m'empêche pas de vous rendre justice...

VARINOIS.

Parfaitement.

BRIDEL.

Vous ne prendrez donc pas ce que je vais vous dire en mauvaise part. Voici. Je me suis aperçu depuis quelques jours qu'en me logeant au-dessus de vous, je m'étais conduit comme un enfant.

VARINOIS.

Hum !

BRIDEL.

J'ai été de la dernière imprudence. Madame Varinois a bien des qualités, certainement, mais enfin, c'est ma belle-mère.

VARINOIS.

Il y a du vrai là dedans.

BRIDEL.

Or, venir demeurer dans la maison de sa belle-mère, n'est-ce pas tenter Dieu ?

VARINOIS.

Peut-être.

BRIDEL.

J'ai voulu faire cette expérience. Si elle avait réussi, ça aurait été très honorable pour moi. Mais il ne faut pas nous dissimuler qu'elle n'a pas réussi. Ce n'est pas ma faute...

VARINOIS.

Je le reconnais.

BRIDEL.

Je suis donc allé trouver le propriétaire et j'ai résilié mon bail.

VARINOIS.

Il y a consenti ?

BRIDEL.

Il a été charmant. Il a une belle-mère, lui aussi ; seulement, elle est à Bayonne. Il a tout de suite compris mon cas.

VARINOIS.

Et il ne vous a pas demandé d'indemnité ?

BRIDEL.

Il m'en a demandé une très forte, en ajoutant : « Ce n'est pas pour la somme en elle-même, c'est pour que cela vous serve de leçon. Ce n'est pas une indemnité, c'est une amende. » — Je vais donc déménager la semaine prochaine, beau-père; je vous l'annonce et je vous prie de l'annoncer de ma part à cette excellente madame Varinois.

VARINOIS.

Diable! voilà qui n'ira pas tout seul!

BRIDEL.

Je le regretterai.

VARINOIS.

Et Lucienne, que dit-elle ?

BRIDEL.

Je viens de lui en parler... Elle a haussé les épaules. — Je suis très mécontent de Lucienne, je ne vous le cache pas.

VARINOIS, *embarrassé.*

Il est clair que...

BRIDEL.

Oh! Je ne me plains pas à vous... Ce n'est pas vous qui avez élevé vos filles.

VARINOIS.

Elles ont été élevées ensemble par leur mère.

BRIDEL.

Elles ont été mal élevées ensemble. Enfin, c'est une éducation manquée, il n'y a pas à y revenir.

VARINOIS.

N'exagérons rien, mon ami. Je vous accorde qu'au premier abord, ma femme paraît un peu...
(Il cherche le mot.)

BRIDEL.

Toquée... Le monsieur d'hier avait raison et je regrette de l'avoir appelé goujat. S'il était ici, je lui ferais des excuses.

VARINOIS.

Va pour toquée, mais malgré les apparences, elle a beaucoup de bon sens.

BRIDEL.

Heu ! je ne dis pas...

VARINOIS.

Elle a peut-être donné à ses filles de mauvaises manières, mais les principes sont bons. Par conséquent, vous n'avez rien à craindre du côté de... Vous me comprenez.

BRIDEL.

J'aimerais à en être aussi convaincu que vous... (Prenant le bras de Varinois.) Voyons, beau-père, vous ne vous fâcherez pas si je vous pose une question un peu délicate ?

VARINOIS.

Allez ! allez !

BRIDEL.

Eh bien ! êtes-vous certain, mais là absolument certain, autant qu'on peut être absolument certain de ces choses-là, bien entendu, que madame Varinois ne vous a jamais ?...

VARINOIS.

Jamais quoi ?

BRIDEL.

Vous ne m'en voudrez pas, hein ?... Jamais trompé ?

VARINOIS.

Mais jamais, mon bon ami, jamais de sa vie.

BRIDEL.

Hum !

VARINOIS.

Elle n'y a pas songé une minute.

BRIDEL.

Vous me rassurez un peu, mais...

VARINOIS.

Elle vous dirait le contraire qu'il ne faudrait pas le croire.

BRIDEL.

Tant mieux, beau-père, tant mieux!

VARINOIS.

Ah! j'entends sa voix.

BRIDEL.

Je remonte... Dépêchez-vous!

(Bridel remonte par l'escalier. Paraît madame Varinois.)

SCÈNE III

MADAME VARINOIS, VARINOIS.

MADAME VARINOIS.

Vous êtes encore ici?

VARINOIS.

Oui... Je causais avec Adolphe.

MADAME VARINOIS.

Quel genre de bêtises vous disait-il?

VARINOIS.

Il a une idée.

MADAME VARINOIS.

Cela m'étonne... Et quelle est cette idée?

VARINOIS, *hésitant*.

L'appartement du dessus... l'appartement qu'il occupe...

MADAME VARINOIS.

Eh bien?

VARINOIS.

Il le trouve trop loin du centre des affaires... Il voudrait déménager.

MADAME VARINOIS, *suffoquée*.

Il voudrait déménager !

VARINOIS.

Il a même donné congé au propriétaire, et la semaine prochaine...

MADAME VARINOIS.

Ah ! çà, il perd la tête !

Voix de BRIDEL, *apparaissant en haut de l'escalier*.

Non, belle-maman, je ne perds pas la tête.

SCÈNE IV

Les Mêmes, BRIDEL.

MADAME VARINOIS.

Veuillez m'expliquer cette plaisanterie ?

BRIDEL, *descendant*.

Ce n'en est pas une. Rien n'est plus sérieux.

MADAME VARINOIS.

Vous prétendez me séparer de ma fille ?

BRIDEL.

Je ne prétends pas vous en séparer... Je prétends vous en éloigner, ce n'est pas la même chose. Vous serez toujours la bienvenue chez moi ; nous irons dîner chez vous de temps en temps. Je vous prierais seulement, ce jour-là, de n'inviter ni boursiers, ni sportsmen.

MADAME VARINOIS.

J'inviterai qui me plaira... Vous jouez gros jeu, mon gendre !

BRIDEL.

C'est la meilleure façon de gagner.

MADAME VARINOIS.

Apprenez que vous n'êtes de taille à mener ni une femme comme Lucienne, ni une femme comme moi.

BRIDEL, *toujours très calme.*

Vous vous calomniez, belle-maman. Je suis sûr que vous ne donnerez à votre fille que de bons conseils, et celui, entre autres, d'obéir à son mari comme vous avez toujours obéi au vôtre.

(Il montre Varinois.)

VARINOIS, *à part.*

Filons!

(Il sort.)

MADAME VARINOIS, *protestant.*

Moi, j'ai obéi à mon mari? Ah! ah!

BRIDEL.

Parfaitement. J'ai pris des renseignements sur vous.

MADAME VARINOIS.

Ah! ah!...

BRIDEL.

Vous êtes en ce moment-ci un peu détraquée...

MADAME VARINOIS.

Détraquée!

BRIDEL.

Par des fréquentations grotesques et par la lecture des romans... Mais cela passera. Votre bon sens naturel reprendra le dessus, car vous êtes au fond une personne très raisonnable et très pratique...

MADAME VARINOIS.

Monsieur!

BRIDEL.

...Une bourgeoise...

MADAME VARINOIS.

Monsieur!

BRIDEL.

... Fille et petite-fille de droguistes très honorables...

MADAME VARINOIS, *grinçant des dents.*

Oh ! cela va se gâter !...

BRIDEL.

... Bonne mère de famille... épouse fidèle... Enfin, vous êtes une honnête femme, et vous avez toujours été une honnête femme.

MADAME VARINOIS, *avec des gestes menaçants.*

Ah ! ne me poussez pas à bout !

BRIDEL, *mettant son chapeau.*

Je m'en vais donc faire un tour, en attendant que vous vous calmiez. Quand je reviendrai, vous aurez réfléchi et vous vous jetterez dans mes bras... Au revoir, belle-maman, au revoir.

MADAME VARINOIS, *sortant à gauche.*

Nous verrons bien !

BRIDEL.

Elle est suffoquée ! *(Il ouvre la porte de droite et rencontre Edmond que Louisette introduit.)* Monsieur...

(Il sort.)

EDMOND, *à part.*

Un peu froid, il me semble.

SCÈNE V

EDMOND, LOUISETTE.

EDMOND, *à Louisette.*

Ces dames sont là ?

LOUISETTE.

Oui, monsieur Edmond. *(Un silence, puis.)* Vous êtes donc bien amoureux de madame Bridel ?

EDMOND, *lui prenant le menton.*

De quoi nous mêlons-nous, ma petite Louisette?

LOUISETTE.

Oh! vous n'êtes pas obligé de me répondre.

EDMOND.

Ça t'intéresse donc que je sois ou que je ne sois pas amoureux de madame Bridel?

LOUISETTE.

Ça me fait de la peine.

EDMOND.

Eh!

LOUISETTE.

Oui, ça me chagrine de voir un garçon comme vous, un beau garçon comme vous, perdre son temps avec une dame qui ne l'aime pas et ne l'aimera jamais.

EDMOND.

Voilà une idée!

LOUISETTE.

Nous autres femmes, nous sentons ces choses-là.

EDMOND.

Mais tu n'en sais rien, ma pauvre enfant. Tu ne sais pas ce qui s'est passé hier entre madame Bridel et moi.

LOUISETTE, *prête à pleurer.*

Madame vous a cédé?... Oh!

EDMOND.

Mais non, mais non... Elle ne m'a pas cédé, malheureusement.

LOUISETTE, *les larmes aux yeux et sortant.*

Tous mes souhaits, monsieur Edmond.

EDMOND, *à part.*

Cette petite est amoureuse de moi..., c'est très ennuyeux.

(*Rentre madame Varinois.*)

SCÈNE VI

EDMOND, MADAME VARINOIS, puis LUCIENNE.

MADAME VARINOIS.

Bonjour, monsieur Toury.

LUCIENNE, *descendant l'escalier.*

Bonjour, maman.

MADAME VARINOIS.

Bonjour, ma fille. J'allais monter chez toi.

LUCIENNE.

A propos, tu as vu mon mari ?

MADAME VARINOIS.

Oui, je sais tout.

LUCIENNE.

Bonjour, monsieur Toury.

MADAME VARINOIS.

Voici la lettre que j'écris au propriétaire. Je lui dis que monsieur Bridel a changé d'avis et qu'il considère par conséquent le congé comme nul et non avenu.

LUCIENNE.

Parfaitement. D'ailleurs, je suis décidée à ne quitter cet appartement sous aucun prétexte.

MADAME VARINOIS.

Tu ne te dissimules pas que c'est la lutte avec ton mari ?

LUCIENNE.

Je n'en ai pas peur. M. Bridel a depuis quelque temps des manières insupportables.

MADAME VARINOIS.

Ah ! la lutte !... L'existence des femmes en est

une continuelle !... *(A Toury.)* Avez-vous le cours de la Bourse.

EDMOND.

Voici.

MADAME VARINOIS.

Très satisfaisant. *(A Lucienne.)* Je vais envoyer la lettre.

(Elle sort.)

SCÈNE VII

EDMOND, LUCIENNE.

EDMOND, *se rapprochant de Lucienne.*

Ah ! Lucienne !...

(Il lui prend la main.)

LUCIENNE.

Prenez garde !

EDMOND.

Quelle inoubliable soirée j'ai passée hier !... Pendant tout le temps du dîner vous avez laissé votre pied entre les miens...

LUCIENNE.

Vous avez abusé de votre force.

EDMOND.

N'essayez pas d'amoindrir cette faveur, Lucienne, ne l'essayez pas. Elle est immense et elle me prépare à en recevoir de plus grandes encore... Oui, je suis enfin parvenu à me faire aimer de vous!

LUCIENNE, *avec un air mélancolique.*

Qui sait ?

EDMOND.

J'en suis sûr... Vous m'aimez !

LUCIENNE.

Oh !

EDMOND.

Vous m'aimez!... Tu m'aimes, Lucienne!... Pas autant que je t'aime, moi, mais, qu'importe! *(Mouvement de Lucienne.)* Oh! pardon, je vous ai tutoyée... Il y a des moments où l'on n'est plus maître de ses paroles. Vous ai-je froissée, Lucienne, ma chère Lucienne?

LUCIENNE, *après un silence.*

Non.

EDMOND, *lui baisant la main.*

Ah!

LUCIENNE.

Et non seulement vous ne m'avez pas froissée, mon ami, comme je l'aurais cru moi-même, mais j'ai éprouvé une sensation très délicate.

EDMOND.

Lucienne!

LUCIENNE.

Oui... très délicate, très fine.

EDMOND.

Alors, vous me permettez?...

LUCIENNE.

Je vous permets de me tutoyer, oui, mon ami.

EDMOND, *un peu interloqué.*

Ah! que vous êtes bonne!

LUCIENNE.

Eh bien?...

EDMOND.

Pardon... Que tu es bonne... Que tu es jolie... Que tu... *(A part.)* Ça me gêne.

LUCIENNE.

N'est-ce pas que ce sera délicieux, ce tutoiement furtif, lorsque le hasard nous fera trouver seuls un instant, soit ici, soit au théâtre ou dans la rue? Ce sera comme un rendez-vous d'amour qui ne durerait qu'une seconde.

EDMOND.

C'est bien peu pour un rendez-vous d'amour.

LUCIENNE.

Oui, mais quelle douce volupté il nous laissera!

EDMOND.

Très douce, trop peut-être...

LUCIENNE.

Non, non...

EDMOND.

Ce sont des joies plus violentes que j'avais rêvées auprès de vous, Lucienne.

LUCIENNE.

Encore!

EDMOND.

Auprès de toi, veux-je dire... Et ce tutoiement que vous m'accordez, j'avais rêvé de le conquérir.

LUCIENNE.

Le résultat est le même.

EDMOND.

Grave erreur, ma chérie...

LUCIENNE.

Quelle plus grande preuve de confiance, de sincérité, d'amour, une femme peut-elle donner? Il n'en existe pas, à mon avis, du moins.

EDMOND.

Heu! heu!

LUCIENNE.

Oui, je comprends ce que vous voulez dire... mais cela, mon ami, ce que vous demandez encore de moi, c'est un sacrifice tellement complet...

EDMOND.

Certes!

LUCIENNE.

Tellement rare, tellement définitif que je ne crois pas qu'aucune femme s'y soit jamais décidée à la légère.

EDMOND.

Il y a quelques exceptions, cependant.

LUCIENNE.

Je ne me sens pas capable d'être une de ces exceptions. Pour moi, mon ami, je vous le dis franchement, avant de succomber de la façon que vous semblez désirer, il faudra un de ces événements brusques, soudains, imprévus, qui font de nous d'autres êtres du jour au lendemain, qui changent tout d'un coup nos idées et nos habitudes...

EDMOND.

Tout cela est bien compliqué.

LUCIENNE.

Si vous n'avez pas la patience d'attendre, allez-vous-en, mon ami, et ne nous revoyons plus.

EDMOND.

Que me dites-vous là? Ne plus te revoir, Lucienne? Est-ce possible?... Oui, j'attendrai, car un pressentiment m'avertit que je n'attendrai pas longtemps.

LUCIENNE.

Peut-être.

EDMOND.

Je t'aime trop pour que tu ne finisses pas par céder à mon amour...

LUCIENNE.

Oui, parlez-moi comme cela, avec cette voix!

EDMOND.

Je t'aime!

LUCIENNE.

Répétez!

EDMOND.

Je t'aime...

LUCIENNE.

Comme un simple tutoiement suffit à rapprocher les âmes!...

EDMOND.

Oui, mais quand aurai-je le droit de te dire « vous »?

(Entre madame Varinois.)

SCÈNE VIII

Les Mêmes, MADAME VARINOIS.

MADAME VARINOIS.

Voilà qui est fait. J'ai envoyé la lettre, et j'espère que ton mari sera conciliant.

LUCIENNE.

Il aurait tort de ne pas l'être. Je t'assure qu'il aurait tort...

MADAME VARINOIS.

Le mariage traverse une crise, monsieur Toury.

EDMOND.

Une crise dangereuse... Il n'a qu'à bien se tenir.

MADAME VARINOIS.

A propos, connaissez-vous la jolie madame Lemoutier?

EDMOND.

Je suis allé quelquefois à ses réceptions du dimanche.

MADAME VARINOIS.

Je l'attends cette après-midi. *(A Lucienne.)* Mais

comment se fait-il que ta sœur ne soit pas encore ici? Je l'avais priée de ne pas manquer, aujourd'hui.

(Entre Estelle, précipitamment, très nerveuse.)

SCÈNE IX

Les Mêmes, ESTELLE.

ESTELLE.

Ah! maman... Ah! ma pauvre petite sœur!... *(Apercevant Edmond.)* Oh!

MADAME VARINOIS.

Qu'y a-t-il donc?

ESTELLE.

Il y a...
(Elle s'arrête.)

EDMOND.

Madame, je vais avoir le regret...

ESTELLE.

Je vous demande pardon, monsieur.

EDMOND.

Mais, madame...

LUCIENNE, *bas à Edmond.*

Revenez avant la fin de la journée.

EDMOND.

Bon! *(A madame Varinois.)* Madame... Mesdames...
(Il sort.)

SCÈNE X

MADAME VARINOIS, LUCIENNE, ESTELLE

MADAME VARINOIS, *entourant Estelle avec Lucienne.*
Parle, maintenant...

ESTELLE
Ah! oui... C'est que je ne sais pas par où commencer... Mon Dieu! quelle aventure!...

MADAME VARINOIS.
Ma fille, tu me mets sur des charbons ardents?

ESTELLE.
Qu'est-ce qui va arriver?

LUCIENNE.
Dépêche-toi, je t'en supplie... Voyons, Estelle.

ESTELLE.
Maman, d'abord il faut me jurer que tu me pardonneras!

MADAME VARINOIS.
Je te pardonne d'avance.

ESTELLE.
Tout?

MADAME VARINOIS.
Tout, inclusivement. Je suis ta mère, ce n'est pas pour t'accabler.

ESTELLE.
Et toi, Lucienne, tu ne me jugeras pas mal?

LUCIENNE.
Jamais!

ESTELLE.
Eh bien! alors, figurez-vous... que tout à

l'heure je me promenais du côté du Louvre... quand j'ai rencontré, par hasard, monsieur Albert...

MADAME VARINOIS.

Albert de Hupont?

ESTELLE.

Oui.

MADAME VARINOIS, *gravement.*

Continue.

ESTELLE.

Nous avons causé, et au bout de quelques minutes de conversation, j'ai eu l'imprudence de me laisser entraîner chez...

MADAME VARINOIS.

Oh!

ESTELLE.

Chez un pâtissier de la rue Saint-Honoré. *(Geste des deux femmes.)* Nous mangions je ne sais plus quoi... Oh! ce ne serait pas la peine de me demander ce que nous mangions, je l'ai bien oublié... Tout à coup, sur le trottoir, devant la vitrine du pâtissier, j'aperçois...

MADAME VARINOIS.

Qui?

ESTELLE.

Mon mari qui passe avec un autre monsieur.

MADAME VARINOIS.

Diable!

ESTELLE.

Je suis sûre qu'il nous a vus; il a cligné de l'œil de notre côté. Il ne peut pas ne pas nous avoir reconnus. Et, malheureusement, à ce moment-là, monsieur de Hupont était très près de moi. Il me regardait en tenant la soucoupe dans laquelle je mangeais un baba... Oui, je me rappelle maintenant, c'était un baba...

LUCIENNE.

Mais va donc !

ESTELLE.

Il riait... moi aussi, tout en mangeant.

MADAME VARINOIS.

Qu'a fait ton mari ?

LUCIENNE.

Oui...

ESTELLE.

Il a continué son chemin, très froidement... comme un homme dont la résolution est arrêtée... Ah! je n'ai pas été longue à quitter la pâtisserie. J'ai pris un fiacre et je suis venue ici... Dans certaines circonstances, voyez-vous, il n'y a encore que la famille !

LUCIENNE.

Ma pauvre petite Estelle !

ESTELLE.

Que va-t-il se passer ?

LUCIENNE.

Oui... Que faire ?

MADAME VARINOIS, *prenant chacune de ses filles par la main, allant les faire asseoir sur un canapé et s'asseyant au milieu d'elles.*

Mes enfants, mes chères enfants, il ne faut pas nous faire d'illusions, il y a du trouble dans vos ménages, aussi bien dans le tien que dans celui de ta sœur.

ESTELLE.

Toi aussi, Lucienne ?

MADAME VARINOIS.

Elle aussi. Vous étiez faites, l'une et l'autre, pour épouser des garçons élégants, oisifs, fantaisistes, qui auraient compris les nécessités de la vie moderne. Vous êtes tombées sur des hommes, honnêtes évidemment, mais d'une banalité, hélas! irrémédiable... Voilà bien la situation, n'est-ce pas?

ESTELLE et LUCIENNE.

Oui, maman.

MADAME VARINOIS.

Elle ne fera qu'empirer avec le temps et deviendra aiguë. *(Gestes des deux filles.)* Est-ce de votre faute? Est-ce de la leur? Est-ce de ma faute, à moi qui vous ai mariées avec eux? Je l'ignore. Bornons-nous à constater le fait. Vous subissez la fatalité qui entraîne toutes les femmes de votre époque. Vous cherchez quelque chose, vous ne savez pas quoi... Ça peut durer indéfiniment.

LUCIENNE.

Et alors?

MADAME VARINOIS.

Par bonheur, mes enfants, vous êtes jeunes et à votre âge toutes ces histoires-là n'ont aucune espèce d'importance. Si, par la marche des événements, vous êtes conduites à divorcer, eh bien! vous divorcerez. Le divorce est la seule chose un peu poétique qu'une honnête femme puisse faire aujourd'hui. S'il est nécessaire plus tard que vous divorciez une seconde fois, nous nous y résignerons encore et ainsi de suite jusqu'à ce que vous ayez atteint l'âge où la nature défend à la femme de divorcer. Voilà tout ce que je peux vous dire...

(Toutes se lèvent.)

LOUISETTE *ouvre la porte en disant:*

Oui, monsieur Leverquin, madame est ici.

ESTELLE.

Mon mari!

MADAME VARINOIS.

Tais-toi! Laisse ta mère supporter le premier choc.

(Elle s'avance fièrement du côté de la porte.)

ESTELLE.

Qu'est-ce qui va se passer?

SCÈNE XI

Les Mêmes, LEVERQUIN.

LEVERQUIN, *souriant*.

Bonjour, belle-maman, bonjour... La santé est bonne?

MADAME VARINOIS, *étonnée*.

Hein!

LEVERQUIN.

Bonjour Lucienne... *(Embrassant Estelle sur le front.)* Bonjour, toi.

ESTELLE, à *Lucienne, bas*.

Il n'avait rien vu!

LUCIENNE, *même jeu*.

Quelle chance, ma petite Estelle!

LEVERQUIN, à *Estelle*.

Le jeune de Hupont t'a payé des gâteaux, cette après-midi?

ESTELLE, à *part*.

Ah! mon Dieu!

(Elle tombe assise sur le canapé.)

MADAME VARINOIS, *s'avançant*.

Mon gendre, écoutez-moi...

LEVERQUIN.

Je vous ai aperçus tous les deux... Tu ne m'as pas reconnu?

ESTELLE.

Non... si... il m'a semblé...

LEVERQUIN.

J'avais envie d'aller goûter avec vous, mais j'étais justement avec un de mes collègues... et nous causions d'une affaire pressée... Je me suis dit : « Ils mangeront bien sans moi. »

LUCIENNE, *bas, à Estelle.*

Ah! il n'est pas jaloux.

ESTELLE, *vexée.*

Mais il se moque de moi. *(Haut, se levant, à son mari.)* Et vous, comment vous trouviez-vous dans ce quartier ?

LEVERQUIN.

J'avais fait un crochet en revenant du Palais.

ESTELLE.

Ce n'est pas très clair, cela. Pourquoi un crochet ?

LEVERQUIN.

Pour accompagner Regrattier... dont l'étude est par là.

ESTELLE.

Hum !

LEVERQUIN, *riant.*

Je n'allais pas chez une femme, je t'assure... *(A part.)* J'en venais.

MADAME VARINOIS.

Ah! j'ai un poids de moins!.. Dites-moi, mon gendre, il faut que je vous parle de votre beau-frère...

LEVERQUIN.

De Bridel ?... A vos ordres, belle-maman.

MADAME VARINOIS, *passant avec lui dans la pièce à côté.*

Figurez-vous que monsieur Bridel...

(Elle sort avec Leverquin.)

SCÈNE XII

LUCIENNE, ESTELLE, puis ALBERT.

ESTELLE, *nerveuse.*

Ah! il me le paiera!

LUCIENNE.

Après qui en as-tu? Après ton mari?

ESTELLE.

Non, après ce monsieur.

LUCIENNE.

Quel monsieur?

ESTELLE.

Albert...

(La porte s'ouvre. Paraît Albert.)

ALBERT.

C'est moi!

ESTELLE

Ah! vous voilà, vous!

ALBERT.

J'étais dans une inquiétude mortelle.

ESTELLE.

Et à quel propos?

ALBERT.

Monsieur Leverquin?...

ESTELLE.

Eh bien, quoi? Monsieur Leverquin?...

ALBERT.

Nous a-t-il reconnus, oui ou non?

ESTELLE.

Il nous a parfaitement reconnus, vous et moi.

ALBERT.

Et ?...

ESTELLE.

Et il trouve ça tout naturel. Il a failli entrer chez le pâtissier pour manger des gâteaux... *(Avec mépris.)* Vous n'avez pas même su rendre mon mari jaloux.

ALBERT.

Alors, vous me pardonnez ?

ESTELLE.

Je n'ai rien à vous pardonner.

ALBERT, *bas.*

Quand vous reverrai-je ?

ESTELLE.

Jamais !

ALBERT.

Estelle ?

ESTELLE.

Plaît-il ?

ALBERT.

Dites-moi que vous viendrez demain, à la même heure...

ESTELLE.

Mais non, cent fois non... je ne viendrai pas !

ALBERT.

Et ce sera fini ?

ESTELLE, *avec hauteur.*

Est-ce que ça a jamais commencé ?

ALBERT, *faisant deux ou trois pas.*

Ah ! je m'aperçois que vous vous êtes abominablement jouée de moi !

LUCIENNE, *intervenant.*

Monsieur de Hupont !

ALBERT.

Excusez-moi, madame, je n'ai qu'un seul mot

à dire à madame votre sœur... *(A Estelle.)* Je le répète : jouée de moi !

ESTELLE.

Après ?

ALBERT.

Et avec une coquetterie, une perfidie...

ESTELLE.

Monsieur !

ALBERT.

Oh ! je me suis bien trompé sur votre compte.

ESTELLE.

Sortez !

ALBERT.

Bien ! — Estelle, voyons... Faisons la paix !

ESTELLE.

Sortez, vous dis-je !

ALBERT.

A demain, n'est-ce pas ?

ESTELLE.

Non, non, et non !

ALBERT, *prenant son chapeau et à Estelle, au moment de sortir.*

Tenez, vous n'êtes pas une vraie femme !

ESTELLE.

Monsieur !

ALBERT.

Vous êtes une gâcheuse !

ESTELLE, *indignée.*

Monsieur !

ALBERT.

Une essayeuse !

ESTELLE.

Oh !... Qu'est-ce que c'est que ces expressions-là ?

ALBERT.

Ce sont des expressions que je suis obligé d'inventer, parce que je n'en trouve pas d'autres... Adieu, madame... *(Rerenant.)* Ce serait si simple d'oublier tout ça !...

ESTELLE.

Allez-vous-en !
(Sort Albert.)

SCÈNE XIII

Les Mêmes, moins ALBERT, plus MADAME VARINOIS, MADAME LEMOUTIER, puis BRIDEL.

MADAME VARINOIS, à *Lucienne.*

Ton mari est de retour.

LUCIENNE.

Je vais avoir une explication avec lui.

LOUISETTE, *entrant, à madame Varinois.*

Une dame demande Madame.

MADAME VARINOIS.

Son nom ?

LOUISETTE.

Madame Lemoutier.

MADAME VARINOIS.

Madame Lemoutier !... Introduisez tout de suite. *(Elle se précipite à la porte, pendant que Louisette introduit madame Lemoutier.)* Ah ! madame... chère madame...

MADAME LEMOUTIER.

Madame... chère madame...

MADAME VARINOIS.

Donnez-vous la peine de...

MADAME LEMOUTIER, *l'interrompant et s'exprimant avec volubilité.*

Il y a si longtemps que je désirais faire votre connaissance... Denoizeau m'a tant parlé de vous...

On peut même dire qu'il ne me parle que de vous... Madame Varinois... toujours madame Varinois !... Il cite vos mots... Alors, j'ai été enchantée de... *(Se tournant vers Lucienne et Estelle.)* Oh ! vos deux charmantes filles, probablement ? Je les connais bien aussi, par notre ami Denoizeau. *(A Lucienne.)* Madame Leverquin, n'est-ce pas ? *(A Estelle.)* Et madame Bridel ?

MADAME VARINOIS.

Non, c'est le contraire.

MADAME LEMOUTIER.

C'est curieux, j'aurais cru... Charmantes, elles sont charmantes... Il n'y a pas d'autre expression. Vous permettez que je les embrasse ?

(Elle les embrasse l'une après l'autre. — Bridel entre au moment où elle embrasse Lucienne.)

BRIDEL, à part.

Qu'est-ce que c'est encore que ça ?

MADAME VARINOIS, *apercevant Bridel.*

Madame, je vous présente mon gendre, monsieur Bridel... *(A Bridel.)* Madame Lemoutier... *(Cherchant quoi dire.)* dont le nom signifie élégance, littérature et beaux-arts... et qui...

MADAME LEMOUTIER, *l'interrompant.*

Oh ! mon cher monsieur Bridel... il me semble que je serre la main d'un ami... *(Geste de Bridel.)* Vous avez une femme délicieuse, j'étais en train de le lui dire. Et quel intérieur moderne, chic ! d'un goût !... *(Regardant autour d'elle.)* Tiens ! un escalier... Comme un escalier fait bien dans un hall !... C'est très anglais. Et où mène-t-il ?

MADAME VARINOIS.

Chez mon...

MADAME LEMOUTIER, *l'interrompant et parlant toujours très vite.*

Chez monsieur Bridel !... Ah ! que c'est ingénieux ! J'adorerais avoir un escalier dans mon salon ; malheureusement, l'étage au-dessus ne m'appartient pas.

BRIDEL.

C'est dommage.

MADAME LEMOUTIER.

Oh ! ce n'est pas aussi luxueux qu'ici, mais ce n'est pas mal arrangé tout de même, vous verrez... Car nous allons nous voir souvent, maintenant, très souvent... *(Nouveau mouvement de Bridel et attitudes de celui-ci pendant tout le temps que parle madame Lemoutier.)* Et pour commencer, vous viendrez dîner dimanche prochain... Pas de refus, je n'admets pas de refus.

BRIDEL, *ricanant.*

Ah ! ah !

MADAME LEMOUTIER.

Et vous aussi, monsieur Bridel, j'espère que vous me ferez l'amitié...

BRIDEL, *toujours ricanant.*

Oh ! un mari... un mari qui va dîner en ville avec sa femme, c'est bien usé.

MADAME LEMOUTIER, *éclatant de rire.*

Ah ! mais il a raison... C'est ça, je ne vous invite pas... Je vous inviterai un autre jour... sans votre femme. *(A Lucienne.)* Ma chère, vous pouvez vous vanter d'avoir un mari modèle. Mon mari, à moi, ne comprenait rien. Aussi, j'ai divorcé, ça n'a pas traîné. — Quel est votre petit nom ?

MADAME VARINOIS, *répondant pour Lucienne.*

Lucienne.

MADAME LEMOUTIER, *montrant Botelle.*

Et ?...

MADAME VARINOIS.

Estelle.

MADAME LEMOUTIER, *qui ne s'est pas assise et parle toujours debout.*

Jusqu'aux prénoms qui sont charmants. Moi, je m'appelle Émilie... C'est bête comme tout; ça ne devient passable qu'en prononçant à l'anglaise : *Emily*. — Alors, c'est convenu ? Dimanche prochain... Venez un peu avant, nous bavarderons. *(A madame Varinois.)* Et je compte sur vous pour tous les dimanches : j'ai besoin de jolies femmes dans mon salon... Quand il n'y a pas de jolies femmes, les hommes s'ennuient. Pour vous, monsieur Bridel, je vous écrirai... Ah! ah! vous viendrez tout seul. *(A Lucienne.)* Ne soyez pas jalouse, ma chérie... Elle est délicieuse. A dimanche, ma petite Lucienne... A dimanche, Estelle... *(Elle les embrasse.)* Je me retire, j'ai une foule de visites... Ne vous dérangez pas, je vous en prie... Au revoir, au revoir... Au revoir, vous.

(*Elle serre rigoureusement la main de Bridel et disparaît dans un grand froufrou.*)

SCÈNE XIV

Les Mêmes, *moins* MADAME LEMOUTIER.

MADAME VARINOIS, *après une seconde de silence.*

Voilà une femme exceptionnellement intelligente !... *(Se tournant vers Bridel.)* n'est-ce pas ?

BRIDEL, *ironiquement.*

Tout à fait... Oh! je suis tout à fait de votre avis.

MADAME VARINOIS.

Un esprit ! un entrain !

BRIDEL, *toujours avec ironie.*

J'ai rencontré dans ma vie bien des femmes remarquables, mais j'avoue que celle-là...

MADAME VARINOIS.

Ce sera une société très agréable pour Lucienne et pour Estelle...

BRIDEL.

Absolument la société qu'il leur faut.

MADAME VARINOIS.

Je vois avec plaisir, mon gendre, que vous devenez raisonnable.

LUCIENNE, *à Bridel.*

Quand vous aurez fini de vous moquer de ma mère. *(A madame Varinois.)* Tu ne vois donc pas que monsieur raille? *(A son mari.)* Oh! vous maniez l'ironie de la façon la plus spirituelle. C'est une justice à vous rendre.

BRIDEL, *les bras croisés, à madame Varinois,*
se mettant en colère, peu à peu.

Alors, madame, sérieusement, vous avez supposé une minute que je laisserais Lucienne fréquenter cette grue?

MADAME VARINOIS, *indignée.*

Qu'est-ce que vous osez dire?

BRIDEL.

Ma parole, il faut que vous soyez arrivée à un degré effrayant d'inconscience!... *(A Estelle qui fait mine de se retirer.)* Vous pouvez écouter ce que je vais dire...

ESTELLE.

J'aime autant pas.

(Elle sort.)

LUCIENNE.

Moi non plus.

BRIDEL, *la retenant par la main.*

Je vous demande pardon. Nous allons nous expliquer, puisque l'occasion s'en présente. Je commence à croire qu'il y a un petit malentendu entre nous. Asseyez-vous. (*Il s'essuie le front avec son mouchoir.*) Vous voyez, je suis très calme.

LUCIENNE.

Vous êtes ridicule !

MADAME VARINOIS.

Oh ! oui.

BRIDEL.

Je le sais. Néanmoins, permettez-moi de vous poser quelques questions... Vous êtes bien décidée à aller dîner dimanche prochain chez madame Lemoutier ?

LUCIENNE.

Parfaitement.

BRIDEL.

Bon. Vous êtes décidée à continuer vos coquetteries avec tous les jeunes gens que vous présentera votre excellente mère ?

MADAME VARINOIS.

Ah ! çà !

LUCIENNE, *à sa mère.*

Tais-toi, je t'en prie...

BRIDEL.

Et avec M. Toury, en particulier ?

MADAME VARINOIS.

Mais...

LUCIENNE, *à madame Varinois.*

Tais-toi, je t'en prie...

BRIDEL, *à Lucienne.*

Voulez-vous me répondre ?

LUCIENNE.

Je vous répondrai quand vous me poserez des questions qui ne seront pas injurieuses.

BRIDEL.

Je vais vous en poser encore une qui ne l'est pas, ou, du moins, je le pense. Voulez-vous m'accompagner en Espagne, où je suis obligé d'aller ces jours-ci?

LUCIENNE.

Non.

BRIDEL.

Je vous avertis que je ne partirai pas sans vous.

LUCIENNE.

C'est votre droit.

BRIDEL.

Et que si je ne pars pas, je manque une affaire très importante.

LUCIENNE.

Je ne vous ai jamais accompagné dans ce genre de voyages que vous faites tous les ans. Quelle lubie vous prend aujourd'hui?

BRIDEL.

Autrefois, en effet, je vous laissais à Paris; mais, à cette époque, j'avais confiance en vous.

LUCIENNE.

Et vous n'avez plus confiance?

BRIDEL.

Plus du tout.

LUCIENNE.

C'est fâcheux.

BRIDEL.

C'est comme ça... Encore une question, et cette fois-ci ce sera la dernière... Désirez-vous divorcer?

LUCIENNE.

Je vous assure que vous êtes fou.

BRIDEL.

Je me mets entièrement à votre disposition. Nous jouerons une des comédies qu'on a l'habitude de jouer dans ce cas-là. Nous avons justement un avoué dans la famille, profitons-en. Quant à moi, j'ai assez de mener l'existence que vous me faites mener depuis quelque temps ; j'ai assez de la tête pommadée de monsieur Toury ; j'ai à m'occuper d'autre chose que de me demander chaque matin si vous prendrez un amant dans l'après-midi! *(Mouvement de Lucienne.)* Ça m'énerve! Ça m'énerve!... Recommencez à vous conduire comme une femme qui se respecte, ou bien alors mettez-vous franchement à vagabonder. Mais dépêchez-vous! Car je veux bien être cocu, mais je ne veux pas devenir enragé!

LUCIENNE.

Oh!

MADAME VARINOIS, *se levant.*

Vous avez des expressions d'une vulgarité dégoûtante!

LUCIENNE.

Jamais je ne vous pardonnerai ce que vous venez de me dire!

BRIDEL.

Vous m'y avez contraint. Je vais donc préparer notre déménagement ; vous voudrez bien me faire savoir ce que vous aurez décidé.

(Il rentre chez lui par l'escalier.)

MADAME VARINOIS.

Je suis... je suis étourdie... Et toi?

LUCIENNE.

Moi, maman?

MADAME VARINOIS.

Oui.

LUCIENNE.

Moi, je ne sais qu'une chose, c'est que mon mari me paiera ce petit accès d'éloquence.

(Elle se dirige vers un bureau qui est du côté de l'escalier, près du pied.)

MADAME VARINOIS.

Que fais-tu ?

LUCIENNE.

Je vais écrire une lettre.

MADAME VARINOIS.

Tu n'as pas besoin de moi ?

LUCIENNE.

Non, merci.

MADAME VARINOIS, à la porte.

Et ce Denoizeau qui n'arrive pas ! Pourvu que le baron...

(Elle sort.)

SCÈNE XV

LUCIENNE, seule, puis EDMOND.

LUCIENNE, prête à écrire, très nerveuse, fébrile. Elle a la plume à la main, réfléchit un instant, puis elle fait un geste de dédain et commence.

« Mon ami... » *(Paraît Edmond.)* Ah ! c'est lui ! *(Elle se lève et s'avance vers Edmond. Ils se trouvent tous les deux à ce moment-là au pied de l'escalier.)* Je vous écrivais...

EDMOND.

A moi ?

LUCIENNE.

Mais puisque vous voici... *(Très vite.)* Demain, à trois heures, chez vous.

EDMOND, *ravi*,

Oh ! vous dites : « trois heures ? »

LUCIENNE.

Oui, et maintenant, partez ! *(Elle lui tend la main ; il la baise et disparait. — Lucienne, seule, fait quelques pas vers la porte, l'ouvre et murmure :)* Il sera toujours temps de me décider à trois heures moins le quart.

(Elle sort.)

SCÈNE XVI

BRIDEL, *seul*. — *Il apparait au haut de l'escalier, regarde autour de lui, puis descend.*

BRIDEL.

J'ai entendu, j'ai parfaitement entendu : « Demain, à trois heures, chez vous... » Eh bien, ma parole d'honneur, j'aime mieux le savoir... Je me sens plus léger, plus dispos... Je ne dirai pas que je suis content... Non, ce serait aller trop loin ; mais je suis soulagé. Au moins je n'ai plus de soupçons. Quelle coquine tout de même ! quelle petite gueuse !... Ah ! si l'on m'avait dit au commencement de l'année que ma femme me tromperait au milieu du mois de mai, je n'aurais jamais voulu le croire ! C'était mon année, il parait... Il n'y a rien à faire... Les empêcher ? Les surprendre ? Ce serait à recommencer le lendemain. Non, je vais les laisser bien tranquilles, et le soir, quand Lucienne rentrera, je lui dirai : « Madame, je sais ce que vous avez fait, cette après-midi. L'existence commune est désormais impossible, vous le comprenez... J'irai donc coucher à l'hôtel pendant les préliminaires du divorce... » Voilà ce que je lui dirai. Je suis curieux de savoir ce qu'elle me répondra...

(Paraît Leverquin.)

SCÈNE XVII

BRIDEL, LEVERQUIN, puis VARINOIS.

LEVERQUIN.
Qu'est-ce que tu fais là ? A qui en as-tu ?

BRIDEL, *lui prenant le bras.*
Devine où va ma femme demain à trois heures... mettons trois heures et demie, elle n'est pas très exacte ?...

LEVERQUIN.
Chez sa modiste ?

BRIDEL.
Non.

LEVERQUIN.
Chez sa couturière ?

BRIDEL.
Non.

LEVERQUIN.
Chez son dentiste ?

BRIDEL.
Elle va chez monsieur Toury, Edmond Toury !

LEVERQUIN.
Ah ! bah !

BRIDEL.
J'ai surpris tout à l'heure un bout de conversation... Ces mots bien simples : « Demain, trois heures... chez vous... »

LEVERQUIN.
Tu as surpris... c'est-à-dire que tu as écouté. Tu n'es qu'un enfant. Regarde ma supériorité

sur toi. Demain, à la même heure, Estelle sera peut être chez de Hupont, mais moi, je ne le saurai jamais. Je peux encore conserver l'illusion que j'ai une femme fidèle... Toi, tu ne le peux plus.

BRIDEL.

Non, j'ose le dire... Maintenant, c'est à l'avoué que je parle. Viens me donner une consultation.

LEVERQUIN.

Avec plaisir.
(Entre Varinois.)

BRIDEL.

Ah! beau-père... voulez-vous vous charger d'une petite commission?

VARINOIS.

Et pour qui?

BRIDEL.

Pour madame Varinois. Voulez-vous lui dire de ma part qu'elle a admirablement élevé ses filles?

LEVERQUIN.

Et de la mienne aussi.
(Bridel et Leverquin disparaissent par l'escalier.)

SCÈNE XVIII

VARINOIS, seul, puis MADAME VARINOIS, puis DENOIZEAU.

VARINOIS, seul.

Oh! Je veux bien... *(Entre madame Varinois.)* Eudoxie?

MADAME VARINOIS.

Qu'y a-t-il?

VARINOIS.

Bridel m'a prié instamment de te féliciter sur l'éducation que tu as donnée à tes filles.

MADAME VARINOIS.

Monsieur Bridel est un insolent. Il lui arrivera un jour quelque méchante histoire, c'est moi qui vous le dis.

LOUISETTE, annonçant.

Monsieur Denoizeau !

MADAME VARINOIS.

Ah ! je vous attendais avec impatience !
(Elle regarde son mari.)

VARINOIS.

Je vous gêne ?

MADAME VARINOIS.

Oui.

VARINOIS.

Bon !

DENOIZEAU.

Je vous demande pardon, mon oncle...

VARINOIS.

Au revoir, au revoir... Ne vous dérangez pas.
(Il sort.)

SCÈNE XIX

DENOIZEAU, MADAME VARINOIS.

MADAME VARINOIS.

Eh bien ?

DENOIZEAU.

Je quitte le baron !

MADAME VARINOIS.

Vous lui avez dit que c'est mon gendre ?...

DENOIZEAU.

Qui l'a appelé goujat... Parfaitement... C'est une affaire arrangée.

ACTE II, SCÈNE XIX

MADAME VARINOIS.

Il a eu la bonté de pardonner cette ?...

DENOIZEAU.

Mais oui. Seulement, comme le baron est un homme très correct, il va envoyer ses témoins à Bridel.

MADAME VARINOIS.

Hein !

DENOIZEAU.

Bridel constituera les siens, qui seront moi et un de mes amis, à qui je viens d'écrire. On rédigera un petit procès-verbal dans lequel nous reconnaîtrons que notre client n'a pas eu l'intention d'offenser monsieur le baron d'Encolure, et le baron dînera ici samedi prochain. — Vous avez prévenu Bridel?

MADAME VARINOIS.

Mon gendre ?... Pas encore.

DENOIZEAU.

Comment ! il ne sait rien ?

MADAME VARINOIS.

Je n'ai pas eu le temps de lui parler.

DENOIZEAU.

Je monte vite chez lui...

MADAME VARINOIS, *l'arrêtant.*

Est-ce absolument indispensable ?

DENOIZEAU.

Mais tout à fait. Il serait de la dernière incorrection de se constituer le témoin d'un monsieur sans qu'il le sache... Surtout pour lui faire faire des excuses.

MADAME VARINOIS.

Oh !

DENOIZEAU.

Je vous assure... Il existe en matière d'honneur des règles auxquelles on ne peut pas se soustraire.

(Il s'apprête à monter.)

MADAME VARINOIS.

Edgard, c'est ici que je vais voir si vous avez de l'affection pour moi... Je suis au plus mal en ce moment avec mon gendre; je lui demanderais la moindre des choses, il me la refuserait. Si nous le mettons au courant de cette affaire, tout est perdu : je suis à jamais brouillée avec le baron...

DENOIZEAU.

Mais, pourtant...

MADAME VARINOIS.

Je ne m'en consolerais pas, je vous assure... Soyez gentil jusqu'au bout... recevez les témoins du baron... signez le procès-verbal... Faudra-t-il qu'il signe aussi?... *(Geste de Denoizeau.)* Non?... Tant mieux !

DENOIZEAU.

Vous me demandez une chose étrangement exceptionnelle, ma chère tante...

MADAME VARINOIS.

Je vous en supplie...

DENOIZEAU.

Vous me demandez presque un faux!... Or, rien n'est plus délicat qu'un faux en matière d'honneur.

MADAME VARINOIS.

Mais remarquez que mon gendre ne saura jamais ce qui s'est passé.

DENOIZEAU.

Châteauvillars, dans son *Traité du Duel*, dit formellement...

MADAME VARINOIS.

Edgard, mon cher Edgard...

DENOIZEAU.

Ce sera la première fois de ma vie que je suis témoin dans ces conditions-là.

MADAME VARINOIS, *lui prenant les deux mains.*

Ah! que vous êtes gentil!... Je ne l'oublierai pas... Merci...

DENOIZEAU.

Mais....

MADAME VARINOIS.

Ne parlons plus de ça... Parlons... parlons d'Antonia, en attendant ces messieurs. Avez-vous toujours rompu?

DENOIZEAU.

De plus en plus. Mais, vous l'avouerais-je?... J'ai une faiblesse... Je voudrais savoir quels sont ceux de mes camarades de club qui soupaient chez elle l'autre soir.

MADAME VARINOIS.

A quoi bon!

DENOIZEAU.

Ça m'intrigue... Je me suis livré à une petite enquête... J'ai interrogé les domestiques... Ils ne savent pas leurs noms... ils savent seulement qu'il y en a un grand et un petit... C'est le petit qui... Vous m'entendez? avec Antonia...

MADAME VARINOIS.

Oui... oui... j'entends.

DENOIZEAU.

Le grand aussi peut-être, mais la femme de chambre n'est pas sûre... De mon côté, j'ai réfléchi... j'ai un indice qui me mettra sur la voie... J'ai enfoncé le chapeau de l'un des deux, je crois que c'est du petit; j'ai dû lui mettre le nez dans un état! il doit être horriblement écorché, ça peut m'aider à le reconnaître. Aujourd'hui au cercle, j'ai regardé autour de moi, personne n'avait le nez écorché....

(*Louisette entre, apportant une dépêche sur un plateau.*)

LOUISETTE.

Un message téléphonique.

DENOIZEAU.

Ah! (*Il décachète.*) ... Ah! quel contretemps... Mon ami m'écrit qu'il ne peut pas venir... empêchement imprévu... Qui allons-nous prendre comme second témoin? Toury n'est pas là?... M. de Hupont?

MADAME VARINOIS.

Non... Je n'ai personne...

DENOIZEAU.

Il y a mon oncle... mais...

MADAME VARINOIS.

Non, non... pas mon mari... Il ferait quelque impair...

DENOIZEAU, *regardant sa montre.*

Les témoins du baron vont être ici dans cinq minutes...

(*Un bruit au-dessus de l'escalier. Apparaît un Monsieur qui descend les premières marches, son chapeau à la main.*)

SCÈNE XX

Les Mêmes, BOIRÉ.

BOIRÉ, *très galant.*

Mille pardons... madame... Madame Varinois, n'est-ce pas?... Je suis monsieur Boiré, architecte. Je suis l'architecte de votre propriétaire.

Monsieur Bridel, votre gendre, nous a donné congé... Il est très pressé, nous a-t-il dit. Je viens pour les réparations locatives.

MADAME VARINOIS.

Monsieur Bridel est absent.

BOIRÉ.

Je le sais, madame, mais il avait donné l'ordre de me laisser visiter... L'appartement est en bon état... La seule réparation locative, mais elle est des plus sérieuses, est le trou par où passe cet escalier.

MADAME VARINOIS.

Cela va de soi. Mais nous n'en sommes pas là.

BOIRÉ.

N'importe. Je fais ce qu'on m'a dit... Permettez que j'examine de ce côté-ci, maintenant... Car nous aurons également une expertise par ici...

MADAME VARINOIS.

Pourquoi? Nous ne pouvons pas payer tous les deux?

BOIRÉ.

Pardon... Monsieur Bridel a fait un trou au plancher, mais vous, vous avez fait un trou au plafond.

MADAME VARINOIS.

Puisque c'est le même trou !

BOIRÉ.

Je n'entre pas dans ces détails-là.

MADAME VARINOIS.

Cependant, monsieur...

DENOIZEAU, *se touchant le front.*

Un mot, monsieur?... D'abord, que je me

présente... Je suis monsieur Denoizeau, propriétaire...

BOIRÉ, *saluant*.

Ah !

DENOIZEAU.

Je viens vous demander un de ces services qu'on ne se refuse pas entre hommes d'honneur.

MADAME VARINOIS, *comprenant*.

Tiens, c'est une idée !

DENOIZEAU.

Monsieur Bridel a un duel... ou plutôt une affaire... il s'agirait d'être son témoin... Je vous serais fort reconnaissant de vouloir bien m'assister. Un de mes amis, qui devait le faire, m'a manqué de parole.

BOIRÉ.

Certainement... Mais... pour quand ce serait-il, s'il vous plaît ?

DENOIZEAU.

Pour tout de suite.

BOIRÉ.

Diable ! c'est que... Pourquoi monsieur Bridel se bat-il ?...

DENOIZEAU.

Il ne se bat pas... Il ne s'agit que d'un malentendu à dissiper... un simple procès-verbal à rédiger.

(*Entre Louisette, avec deux cartes sur un plateau.*)

LOUISETTE.

Deux messieurs demandent monsieur Bridel.

DENOIZEAU.

Ce sont les témoins de l'adversaire. (*Regardant les cartes.*) Ah ! je les connais.

BOIRÉ.

Monsieur, je ne veux pas vous désobliger, j'accepte.

DENOIZEAU.

Trop aimable!

MADAME VARINOIS, *lui tendant la main.*

Je vous remercie, monsieur... Et pour les réparations locatives, je ferai ce que vous voudrez.

DENOIZEAU.

Ne mêlons pas les deux questions... *(A Louisette.)* Introduisez ces messieurs...

MADAME VARINOIS.

Je me retire... *(Serrant la main de Denoizeau et bas:)* Courage!

SCÈNE XXI

DENOIZEAU, BOIRÉ, CRÉMYER, LIVERDON.

(Crémyer doit être grand et Liverdon petit. Liverdon a sur le nez une bande très visible de taffetas d'Angleterre.)

DENOIZEAU, *s'avançant au-devant d'eux.*

Donnez-vous la peine, messieurs...

CRÉMYER.

Monsieur... *(Reconnaissant Denoizeau :)* Tiens! Denoizeau! Comment, c'est vous qui êtes le témoin de monsieur Bridel?

DENOIZEAU.

Mais... oui...

CRÉMYER.

Oh! que c'est drôle!

LIVERDON, *sortant son mouchoir et se cachant le visage.*

Elle est bonne, celle-là!

DENOIZEAU.

Pourquoi est-ce drôle?

CRÉMYER.

Je veux dire que je ne m'y attendais pas... non, vraiment!

DENOIZEAU.

Messieurs, je vous présente monsieur...

BOIRÉ.

Boiré.

DENOIZEAU.

Boiré, l'architecte bien connu, qui est, avec moi, témoin de monsieur Bridel... *(Ces messieurs s'inclinent.)* Asseyez-vous, messieurs, asseyez-vous... *(Au lieu de s'asseoir, Boiré va, du bout de sa canne, toucher le plafond à l'endroit du trou de l'escalier.)* Pardon, monsieur Boiré...

BOIRÉ.

Ah! oui... c'est vrai...

DENOIZEAU.

Tout à l'heure... quand ces messieurs seront partis... *(Tout le monde s'assoit. Denoizeau continue.)* Je crois, messieurs, que nous sommes d'accord...

CRÉMYER.

Absolument... Vous retirez l'expression?

DENOIZEAU.

Nous retirons l'expression... Nous vous exprimons nos regrets...

CRÉMYER.

Nous n'en demandons pas davantage.

DENOIZEAU.

Il ne reste qu'à rédiger le procès-verbal. *(Il se dirige vers une petite table à gauche. Les autres témoins le suivent.)* Voyons... *(Il prend du papier, une plume et com-*

mence à écrire :) « Monsieur le baron d'Encolure s'étant jugé offensé par... »
(Il cherche le mot.)

LIVERDON.

« Par une épithète malsonnante... »

DENOIZEAU.

C'est cela !

(En prononçant le mot « épithète malsonnante », Liverdon a appuyé ses deux mains sur la table où écrit Denoizeau. Celui-ci remarque tout à coup la bande de taffetas qu'il a sur le nez et s'arrête.)

LIVERDON, à part.

Diable !

DENOIZEAU, se levant.

Par exemple ! (Il regarde attentivement Crémyer et Liverdon. — A part.) L'un grand, l'autre petit.... Ce serait trop fort !... (A Liverdon:) Qu'avez-vous donc là, sur le nez, cher ami ?

LIVERDON, gêné.

Moi ?... Rien... une égratignure... que je me suis faite contre une porte.

DENOIZEAU.

C'est tout récent, alors... Je vous ai vu avant-hier dans l'après-midi, vous n'aviez rien...

LIVERDON.

En effet.

DENOIZEAU, froidement.

Vous ne vous seriez pas, par hasard, blessé avec un chapeau ?

BOIRÉ.

Je suis assez pressé...

DENOIZEAU.

Nous avons le temps... Je vous demandais donc, cher ami... si ce n'était pas un chapeau... car j'ai remarqué que les blessures faites par les chapeaux ressemblent beaucoup à celle-là.

LIVERDON, à part.

Il a deviné!.. *(Haut.)* Mon vieux Denoizeau...

DENOIZEAU.

Quoi?

LIVERDON.

Mon vieux Denoizeau... Voyons, il vaut mieux en rire... Eh bien! oui, c'est moi... moi et Crémyer, nous soupions... Je croyais que vous aviez l'intention de rompre avec Antonia... je ne me suis pas gêné...

DENOIZEAU.

Ah! c'est vous?

CRÉMYER.

Oui, cher ami...

LIVERDON.

Bah! c'est fini... c'est effacé...
(Il tend la main à Denoizeau qui la refuse.)

DENOIZEAU.

Vous vous êtes joués de moi!

LIVERDON.

Permettez...

DENOIZEAU.

Indignement!... Des camarades de club!

CRÉMYER.

Nous ne le ferons plus.

LIVERDON.

Remarquez, mon cher, que vous êtes bien vengé... Mon nez me fait un mal! J'ai saigné toute la nuit.

DENOIZEAU.

Je ne le regrette pas.

LIVERDON.

Denoizeau!

DENOIZEAU.

Et si c'était à refaire, je le referais... et j'irais même plus loin...

LIVERDON.

Monsieur !

DENOIZEAU.

Car vous vous êtes conduits comme des...

LIVERDON.

N'achevez pas !
(Ils s'avancent l'un vers l'autre. — Boiré les sépare.)

BOIRÉ.

Pardon ! Si nous rédigions...

DENOIZEAU, *se calmant.*

Vous avez raison... rédigeons... Nous verrons ensuite.

LIVERDON.

Comme il vous plaira.
(Denoizeau reprend sa place à la table, les deux témoins de l'adversaire devant lui.)

DENOIZEAU, *écrivant.*

« Monsieur le baron d'Encolure s'étant jugé offensé, a envoyé ses témoins... »
(Il cherche.)

LIVERDON, *continuant.*

« Monsieur Bridel ayant retiré l'épithète de goujat... »

CRÉMYER, *continuant.*

« Les quatre témoins, d'un commun accord, ont décidé qu'il n'y avait pas lieu à rencontre. »

DENOIZEAU *pose sa plume et les regarde en ricanant.*

Et vous vous imaginez qu'après la façon dont vous vous êtes conduits avec moi, monsieur Bridel va vous faire des excuses !

LIVERDON.

Pardon... votre client n'a rien à voir...

DENOIZEAU, *l'interrompant.*

Monsieur Bridel n'a pas peur, messieurs ! Monsieur Bridel se battra ! Et non seulement il ne retire pas l'épithète de goujat, mais encore il la relève.

LIVERDON.

A vos ordres, monsieur !

DENOIZEAU, *regardant Crémyer.*

Il la double !

BOIRÉ.

Je ne comprends pas. Vous m'avez dit qu'on arrangerait l'affaire.

DENOIZEAU.

On ne l'arrange plus. — Ecrivons.

LIVERDON et CRÉMYER.

Ecrivons.

DENOIZEAU, *écrivant.*

Heu !... « Monsieur Bridel *s'étant* refusé à retirer l'expression de goujat, les quatre témoins, d'un commun accord, ont décidé qu'une rencontre était inévitable. »

LIVERDON.

Vous avez mis « inévitable », n'est-ce pas ?

DENOIZEAU, *fièrement,*

Oui, monsieur. *(Il continue d'écrire.)* « L'arme choisie a été... »

LIVERDON.

L'épée.

DENOIZEAU.

L'épée vous convient-elle, messieurs ?

LIVERDON et CRÉMYER.

Parfaitement.

DENOIZEAU, *à Boiré.*

Et à vous ?

BOIRÉ.

A moi aussi.

DENOIZEAU, *continuant à écrire.*

« La rencontre aura lieu demain... » *(Parlé.)* Voulez-vous deux heures de l'après-midi ?

BOIRÉ.

J'ai une expertise à deux heures... J'aimerais mieux trois.

DENOIZEAU.

Bon. *(Écrivant...)* « La rencontre aura lieu demain à trois heures... » *(Parlé.)* Où?

LIVERDON.

Derrière les tribunes de Longchamp.

DENOIZEAU.

Voulez-vous? *(Signes d'acquiescement des témoins. Il continue d'écrire.)* « Le combat durera jusqu'à ce que l'un des adversaires soit dans l'impossibilité... »

LIVERDON, *avec défi.*

Matérielle... dans l'impossibilité matérielle...

DENOIZEAU, *de même.*

Oui, monsieur, matérielle... de continuer... Veuillez signer, messieurs...

(Liverdon et Crémyer signent, puis Boiré, puis Denoizeau.)

LIVERDON, *sec.*

A demain, monsieur.

DENOIZEAU.

A demain, trois heures.

LIVERDON.

Derrière les tribunes de Longchamp.

(Liverdon et Crémyer sortent.)

BOIRÉ.

Vous n'avez plus besoin de moi?

DENOIZEAU.

Non, merci... Soyez exact, n'est-ce pas?... Trois heures.

BOIRÉ.

Entendu... C'est ma première affaire... je n'y

manquerai pas. Et vous, vous êtes-vous déjà battu ?

DENOIZEAU.

Souvent.

(Ils se serrent la main. — Boiré sort.)

SCÈNE XXII

DENOIZEAU, seul, puis BRIDEL.

DENOIZEAU, *seul.*

Je ne suis pas fâché de les avoir remis à leur place.

BRIDEL, *descendant de l'escalier et se parlant à lui-même.*

Il m'est venu une idée... Je vais dire à Lucienne: « Madame... » *(Apercevant Denoizeau.)* Denoizeau... bonjour, Denoizeau.

DENOIZEAU.

Vous arrivez bien... ces messieurs sortent d'ici...

BRIDEL. *Il est descendu.*

Quels messieurs ?...

DENOIZEAU.

Je n'avais personne sous la main, j'ai été obligé de prendre votre architecte ?

BRIDEL.

Quel architecte ?

DENOIZEAU.

Celui qui venait pour les réparations locatives...

BRIDEL.

Ah ! bon... Qu'est-ce qu'il a dit, l'architecte ?

DENOIZEAU.

Il a été très correct... *(Lui prenant le bras et gravement.)* C'est pour demain, mon ami.

BRIDEL, *étonné.*
Qu'est-ce qui est pour demain ?
DENOIZEAU.
Pour demain, trois heures...
BRIDEL, *stupéfait.*
Demain, trois heures ?... *(A part.)* Comment, il le sait, lui aussi ?
DENOIZEAU.
Derrière les tribunes de Lonchamp.
BRIDEL.
Derrière les tribunes ! Le rendez-vous est derrière les tribunes ?
DENOIZEAU.
Oui.
BRIDEL.
Quelle drôle d'idée ! Je croyais que c'était chez lui... Il y a eu quelque chose de changé.
DENOIZEAU.
Mais ne perdons pas de temps... Vous n'avez probablement jamais fait d'escrime... Je vais vous donner une petite leçon... Avec les épées de mon oncle... *(Il va à la panoplie qui est au mur du fond dans un coin, décroche deux épées, en prend une et donne l'autre à Bridel.)* Prenez ça.
BRIDEL, *de plus en plus ahuri.*
Que je prenne ça ?
DENOIZEAU.
Oui... Placez-vous là... le bras tendu... *(Il le met en garde.)* Maintenant, c'est moi qui vais vous attaquer.
BRIDEL, *à part.*
Ce garçon-là n'est pas dans son état normal...
DENOIZEAU.
Attention... j'avance sur vous...
(Il avance.)

BRIDEL.

Eh bien ! eh bien ! vous allez me blesser...

DENOIZEAU.

Vous n'avez qu'à tendre le bras... Tendez le bras... oui, comme ça, essayez de me piquer à la main, en tendant le bras... C'est la leçon de terrain... De cette façon, vous êtes sûr de ne pas recevoir de coup d'épée en pleine poitrine. Vous serez blessé probablement au bras ou à la main.

BRIDEL, à part.

J'y suis... Il croit que je vais me battre avec Toury...

DENOIZEAU.

Le baron est bon tireur... il se contentera de vous piquer légèrement.

BRIDEL.

Ah ! çà... à la fin... quel baron ?

DENOIZEAU.

Le baron d'Encolure...

BRIDEL.

Qu'est-ce qu'il me veut, le baron d'Encolure ?

DENOIZEAU.

Eh ! mon cher, vous appelez les gens « goujats » ! Que diable ! « goujat » est une insulte grave...

BRIDEL.

J'ai appelé...

DENOIZEAU.

Mais oui... hier... à l'Exposition.

BRIDEL.

C'était lui...

DENOIZEAU.

Parfaitement... Il vous a envoyé des témoins.

Vous vous battez demain, à trois heures, derrière les tribunes de Longchamp. Je suis votre témoin.

BRIDEL.

Vous êtes mon témoin?

DENOIZEAU.

C'est ma tante qui m'en a prié...

BRIDEL, *furieux*.

Ma belle-mère!... Et de quoi se mêle-t-elle encore, celle-là?

DENOIZEAU.

C'est elle qui...

BRIDEL, *au comble de la colère*.

Ah! je me bats avec le baron! Eh bien! oui... je vais me battre avec le baron... Je suis enchanté de me battre... J'en ai besoin!... Ça me calmera les nerfs! *(Il brandit l'épée.)* Et vous verrez! Tenez!... tenez...

(Il charge Denoizeau.)

DENOIZEAU.

Eh! là... Eh là!...

(Bridel continue à ferrailler. La porte s'ouvre. Paraît madame Varinois qui reçoit le bout de l'épée sur l'épaule.)

SCÈNE XXIII

Les Mêmes, MADAME VARINOIS, puis LUCIENNE.

MADAME VARINOIS.

Quoi? qu'y a-t-il? Quel est ce bruit?

DENOIZEAU.

C'est pour demain... à l'épée...

MADAME VARINOIS, à *Bridel*.

Vous vous battez ?...

BRIDEL.

Oui, madame, je me bats avec votre baron.

LUCIENNE, *entrant*.

Qui se bat ?

BRIDEL, à *Lucienne*.

Moi, madame ! Et savez-vous à quelle heure a lieu ce duel ?... A trois heures... *(Répétant.)* A trois heures... *(Mouvement de Lucienne.)* Voilà une coïncidence bien curieuse, n'est-ce pas, madame ? Voilà qui est romanesque ! Voilà qui est .. excitant !

MADAME VARINOIS.

Mon gendre...

BRIDEL, *toujours l'épée à la main*.

Assez... madame... Laissez-moi... *(Il monte l'escalier l'épée à la main, et du haut des marches menace madame Varinois.)* Ne montez pas, je vous le défends !

(Il repousse de l'épée madame Varinois qui essaie de monter.)

DENOIZEAU.

Il est très chic !

ACTE III

Un petit salon, — celui qui communique par l'escalier avec le hall de madame Varinois, au deuxième acte. — Une balustrade. — L'ouverture de l'escalier fait face au public.

SCÈNE PREMIÈRE

MADAME VARINOIS, LUCIENNE.

(Madame Varinois regarde sa montre.)

LUCIENNE.

Trois heures et quart.

MADAME VARINOIS.

A cette heure-ci, monsieur Bridel croise le fer avec le baron... *(Mouvement de Lucienne.)* Oui, oui, je comprends. Vous avez beau ne plus vous parler depuis hier, ton mari et toi ; il a beau avoir couché ici, et toi en bas, dans ma chambre ; vous avez beau être au plus mal... tu ne peux pas t'empêcher d'être nerveuse. Et moi-même, malgré la façon plus que cavalière dont Adolphe s'est conduit avec moi, j'éprouve une légère émotion, je l'avoue. Je dis légère, parce que je suis sûre d'avance du résultat.

LUCIENNE.

Comment es-tu sûre ?... Pourtant...

MADAME VARINOIS.

Ton mari n'a jamais touché une épée, n'est-ce pas ?

LUCIENNE.

Non.

MADAME VARINOIS.

Le baron, au contraire, est une des premières lames de Paris. Il ne peut donc rien arriver.

LUCIENNE.

N'importe.

MADAME VARINOIS.

Il est convenu entre gens d'honneur que, lorsqu'un des deux adversaires est beaucoup plus fort que l'autre, on ne se fait qu'une blessure insignifiante. Ton mari sera blessé ici... *(Elle prend le poignet de Lucienne et touche le dessous de la main.)* Edgard m'a expliqué le coup hier.

LUCIENNE.

Tout cela est un peu hasardeux, tout de même.

MADAME VARINOIS.

Je vais te rassurer complètement.

LUCIENNE, *étonnée.*

Ah ?...

MADAME VARINOIS.

Le baron dîne chez moi, samedi.

LUCIENNE.

Le baron dîne chez toi ?

MADAME VARINOIS.

En famille... avec vous tous. Tu comprends qu'il a trop de tact pour aller blesser gravement...

LUCIENNE.

Oh !...

MADAME VARINOIS.

Je réponds de lui. *(Un temps.)* Et après ?

LUCIENNE.

Après, quoi?

MADAME VARINOIS.

Après le duel, que feras-tu?

LUCIENNE.

En quel sens?

MADAME VARINOIS.

Oui... que deviendra cette brouille avec Adolphe?

LUCIENNE.

Eh! Comment veux-tu que je le sache? Qu'est-ce que tu me conseilles?

MADAME VARINOIS, *réfléchissant*.

As-tu des torts envers ton mari?

LUCIENNE.

Oui.

MADAME VARINOIS.

Graves?

LUCIENNE.

Oui.

MADAME VARINOIS, *après une pose*.

Très graves?

LUCIENNE.

Non.

MADAME VARINOIS.

En creusant davantage la question, peut-être cela vaut-il mieux....

LUCIENNE.

Et alors?

MADAME VARINOIS.

Ma chère enfant, du moment que tu n'as pas de torts très graves envers ton mari, il ne faut pas te dissimuler que tu es dans un cas d'infériorité évident, comme dit Edgard... Regardons les choses en face : Il a le beau rôle.

LUCIENNE.

Cela ne signifie rien.

MADAME VARINOIS.

Tu pourrais, à la rigueur, te jeter dans ses bras et lui demander pardon... Mais, c'est toujours une chose délicate que de demander pardon à un homme : on ne sait pas où cela vous entraîne.

LUCIENNE.

Je ne nie pas qu'Adolphe ait à se plaindre de moi sous certains rapports, mais enfin, lui aussi a beaucoup changé depuis quelque temps.

MADAME VARINOIS.

Certes !

LUCIENNE.

Il est devenu soupçonneux.

MADAME VARINOIS.

Emporté.

LUCIENNE.

Tracassier.

MADAME VARINOIS.

Et même brutal... Tu ne l'as pas aperçu, ce matin ?

LUCIENNE.

Non. Il est parti de bonne heure... il a dû déjeuner au restaurant avec Edgard. J'espère qu'ils auront emmené un médecin ?

MADAME VARINOIS.

Ils ont emmené le docteur Bluche, le médecin du club.

LUCIENNE, *songeuse.*

Par exemple, il y a un détail qui me tracasse, depuis hier... On entend donc, ici ?... Maman, veux-tu être bien aimable ?

MADAME VARINOIS.

Parle, mon enfant.

LUCIENNE.

Descends chez toi... Va-t'en jusqu'au pied de

l'escalier là, en bas... et dis quelques mots à demi-voix?

MADAME VARINOIS, *étonnée.*

A demi-voix?... Pourquoi à demi-voix?

LUCIENNE.

Je désirerais savoir si l'on entend d'ici.

MADAME VARINOIS.

Et quels mots veux-tu que je dise?

LUCIENNE.

Oh! n'importe quoi... *(Elle cherche.)* Dis: « Demain trois heures, chez vous. »

MADAME VARINOIS, *répétant.*

« Demain, trois heures, chez vous. » Qu'est-ce que c'est que cette phrase?

LUCIENNE.

C'est... c'est une phrase que j'ai lue dans un roman... Tiens, parle comme ça... *(Baissant la voix.)* « Demain, trois heures... »

MADAME VARINOIS.

Oui, j'ai compris.

(Elle descend.)

SCÈNE II

LUCIENNE, *seule.* LA VOIX DE MADAME VARINOIS, *au pied de l'escalier en dessous.*

LUCIENNE, *à sa mère.*

Eh bien?

VOIX DE MADAME VARINOIS, *très distincte.*

« Demain, trois heures, chez vous. »

LUCIENNE.

Merci. Oui, on entend... on entend très bien... *(Se penchant.)* Merci.

MADAME VARINOIS.

C'est tout ?

LUCIENNE.

Oui... Ah ! non... Envoie-moi Louisette. J'ai une lettre à lui faire porter.

MADAME VARINOIS.

Tout de suite.

SCÈNE III

LUCIENNE, seule, puis LOUISETTE.

LUCIENNE, *seule. Elle s'assied à une petite table sur laquelle se trouve tout ce qu'il faut pour écrire et prend une feuille de papier à lettre.*

Oui, je vais lui faire porter un petit mot... Il serait capable de revenir ici. Voilà trois quarts d'heure qu'il m'attend... *(Elle écrit.)* « Mon... mon ami... » Oh ! non ! *(Elle prend une autre feuille de papier et froisse la première qu'elle place sur la table à côté d'elle.)* ... « Monsieur... » Non plus ! *(Elle prend une troisième feuille et froisse la seconde comme la première.)* C'est ça !... « Cher monsieur... » *(Parlé.)* Oui, cher monsieur. *(Écrivant.)*... « Cher monsieur... » Et puis ?... « ... ma mère me prie de vous inviter à dîner pour samedi... » Il comprendra que je n'ai pas pu venir... qu'il s'est passé quelque chose... et s'il ne comprend pas, tant pis !

(Paraît Louisette, par le fond, venant de l'escalier.)

LOUISETTE.

Madame a besoin de moi ?

LUCIENNE.

Oui, Louisette. J'ai besoin que vous portiez cette lettre immédiatement. Prenez une voiture.

(Elle met la lettre sous enveloppe et écrit l'adresse.)

LOUISETTE, à part, pendant que Lucienne écrit.

Elle est jolie... ça, c'est vrai, mais enfin, elle est mieux habillée que moi. Je suis sûre que si j'étais aussi bien habillée qu'elle...

LUCIENNE, lui tendant la lettre.

Voici, mon enfant.

LOUISETTE, regardant l'enveloppe, vivement.

Monsieur Toury! Madame m'envoie chez monsieur Edmond?

LUCIENNE, étonnée.

Mais oui.

LOUISETTE.

Ah!

LUCIENNE.

Qu'est-ce que vous avez?

LOUISETTE.

Oh! rien, madame, rien.

LUCIENNE.

Au fait, je me rappelle... C'est par monsieur Toury que vous avez été placée chez ma mère?

LOUISETTE.

Oui, madame.

LUCIENNE.

D'où le connaissez-vous donc?

LOUISETTE.

Je le connais depuis longtemps.

LUCIENNE.

Il me semble, en effet, qu'il m'a dit...

LOUISETTE.

Monsieur Edmond venait souvent chez une dame. Moi, j'étais la femme de chambre de cette dame.

LUCIENNE.

Ah!

LOUISETTE, à part.

Je suis sûre que ça l'ennuie.

LUCIENNE, indifférente.

Quelle dame?

LOUISETTE.

Je n'ai jamais su son vrai nom. Monsieur Edmond l'appelait Kiki... Tous ces messieurs l'appelaient aussi Kiki.

LUCIENNE, riant.

Kiki?

LOUISETTE.

Elle s'est retirée à la campagne.

LUCIENNE.

Et monsieur Toury était...

LOUISETTE.

Monsieur Edmond était celui de tous ces messieurs qui venait le plus souvent chez madame...

LUCIENNE.

Kiki.

LOUISETTE.

Oui, madame l'adorait.

LUCIENNE.

C'est drôle!

LOUISETTE.

Il est si aimable, si élégant!... si distingué... si... Ah!

(Elle soupire en baissant les yeux. — Lucienne la regarde.)

LUCIENNE, souriant.

Bah! Vous trouvez?... Tiens... tiens!...

LOUISETTE.
Madame ne m'en veut pas de ce que je lui dis ?

LUCIENNE.
Mais cela m'est bien égal, par exemple !

LOUISETTE.
Alors je vais porter la lettre ?

LUCIENNE, *réfléchissant.*
Non, rendez-moi celle-là... Je vais vous en donner une autre. (*Elle écrit de nouveau après avoir déchiré la première et en avoir jeté les morceaux dans la cheminée.*) « ... Cher monsieur... Vous m'avez dit que vous cherchiez une femme de chambre. Je vous envoie mademoiselle Louisette, en vous la recommandant tout spécialement. D'ailleurs, vous l'avez déjà rencontrée chez madame Kiki et elle paraît avoir gardé de vous le meilleur souvenir. » (*A part.*) Cette fois-ci, il comprendra. (*Haut, à Louisette.*) Voici, mon enfant, la lettre qu'il faut porter. Je crois que vous serez contente.

LOUISETTE.
Moi, madame ?

LUCIENNE.
Et n'oubliez pas de prendre une voiture, c'est très pressé.

LOUISETTE.
Bien, madame. Faudra-t-il rapporter la réponse ?

LUCIENNE.
Il n'y en aura pas.

(*Louisette sort. — Lucienne reste seule un instant sans parler, puis se dirige vers la porte de droite.*)

LOUISETTE, *annonçant.*
Monsieur et madame Leverquin.

(*Entrent par la gauche Leverquin et Estelle.*)

SCÈNE IV

LEVERQUIN, LUCIENNE, ESTELLE.

LEVERQUIN.

Eh bien ! vous avez des nouvelles?

LUCIENNE.

Pas encore.
(Elle embrasse Estelle.)

ESTELLE.

Nous allons attendre.

LUCIENNE.

Oui... attendez. Moi, je vous demande la permission... Je suis un peu...
(Elle crispe les mains.)

ESTELLE.

Je comprends cela.

LUCIENNE.

Je reviens.
(Elle sort.)

SCÈNE V

LEVERQUIN, ESTELLE, à la fin LUCIENNE

ESTELLE.

Elle est très inquiète, c'est bien naturel.

LEVERQUIN.

Est-elle si inquiète que cela?

ESTELLE, *indignée.*

Ah çà ! Pour qui prenez-vous ma sœur? Lucienne aime son mari, après tout.

LEVERQUIN.

Ah! ah!

ESTELLE.

Vous dites?

LEVERQUIN.

Je dis : « Ah! ah! »

ESTELLE.

Vous doutez que Lucienne aime son mari?

LEVERQUIN.

Ah! oui.

ESTELLE.

Mais quelle triste opinion avez-vous donc des femmes, vous autres hommes? Alors, vous croyez que si vous étiez en train de vous battre, je ne serais pas horriblement inquiète?

LEVERQUIN, *mollement*.

Oh! si, si!...

ESTELLE.

C'est trop fort!

LEVERQUIN.

D'ailleurs, nous, nous faisons un ménage exceptionnel.

ESTELLE.

Vous trouvez?

LEVERQUIN.

Nous sommes de bons camarades... et, en même temps...

ESTELLE.

En même temps, quoi?

LEVERQUIN.

Nous nous pardonnons réciproquement nos petites imperfections.

ESTELLE.

Hein?

LEVERQUIN.

Nos petits caprices...

ESTELLE.

Vous avez des caprices?

LEVERQUIN.

Pas moi... C'est toi, peut-être, qui...

ESTELLE.

Il ne s'agit pas de moi. Voilà déjà quelques jours que je veux vous questionner.

LEVERQUIN.

Bah! A quel sujet?

ESTELLE.

J'ai passé hier à l'étude, à une heure où vous y êtes toujours... vous n'y étiez pas. Je viens d'y passer aujourd'hui, vous n'y étiez pas non plus, puisque je vous ai rencontré à la porte.

LEVERQUIN.

Qu'est-ce que cela prouve?

ESTELLE.

Où étiez-vous, à ces heures-là?

LEVERQUIN.

Je me promenais.

ESTELLE.

Je soupçonne autre chose.

LEVERQUIN, *l'embrassant avec indulgence.*

Tu dis des bêtises!

ESTELLE, *changeant de ton.*

Voyons, mon chéri, entre nous, tu peux bien m'avouer cela... Nous sommes dans le mouvement, nous deux. *(Riant avec contrainte.)* Tu étais chez une femme? Avoue-le-moi, ce sera drôle.

LEVERQUIN, *riant aussi, mais franchement.*

Oui, là!

ESTELLE, *se mettant subitement à pleurer.*

Hi! hi! hi! Ah! mon Dieu!

LEVERQUIN, *stupéfait.*

Qu'est-ce qui te prend?

ESTELLE, *toujours en larmes, s'asseyant.*

Tu me trompes?

LEVERQUIN.

Ce n'est pas te tromper, ça, ma chérie... c'est s'amuser... C'est un petit caprice de rien du tout... Nous nous amusons un peu, chacun de notre côté.

ESTELLE, *se levant brusquement.*

Moi, je m'amuse!

LEVERQUIN.

Je ne te fais pas de reproches.

ESTELLE, *indignée.*

Alors, tu crois que je te trompe?

LEVERQUIN.

Mais...

ESTELLE.

Ah! mon Dieu! Je n'ai pas de chance!
(*Elle pleure encore.*)

LEVERQUIN, *très surpris.*

Vraiment... tu ne me...?

ESTELLE.

Mais, jamais, mon chéri, jamais de la vie, je n'y ai pensé!... Je te le jure!... Tu croyais que je te trompais, alors?... (*Geste de Leverquin.*) Ah! quelle horreur!... Parce que tu m'as rencontrée chez un pâtissier... Ah bien! si toutes les femmes qu'on rencontre chez des pâtissiers...

LEVERQUIN, *à part.*

C'est un rien.. et ça fait plaisir tout de même...
(*S'approchant d'elle.*) Ma petite Estelle!

ESTELLE, *s'essuyant les yeux.*

Nous causerons de cela ce soir, monsieur! nous en causerons.

(Bruit de voix dans l'antichambre.)

LEVERQUIN.

Ah! les voici!

(Entre Lucienne.)

LUCIENNE.

Les voici, n'est-ce pas? J'entends...

(Leverquin va ouvrir la porte de gauche.)

SCÈNE VI

Les Mêmes, BRIDEL, *le bras en écharpe,* DENOIZEAU, *une paire d'épées dans la main,* LE DOCTEUR BLUCHE; *puis, au moment du récit, la tête de* MADAME VARINOIS, *apparaissant par le bout de l'escalier.*

(Bridel entre le premier, le bras en écharpe; Leverquin et Estelle s'avancent vers lui et l'entourent.)

LEVERQUIN.

Ce n'est rien, j'espère?... Ah! tant mieux!

ESTELLE.

Tous mes compliments, Adolphe!

BRIDEL.

Merci, merci... *(Il aperçoit Lucienne, s'approche d'elle et lui tend la main gauche, froidement.)* Madame...

LUCIENNE, *déconcertée par l'accueil de Bridel..*

Vous ne souffrez pas?

BRIDEL.

Du tout, madame. C'est une piqûre insignifiante.

LUCIENNE, *avec un peu d'émotion.*

Ah! tant mieux!

BRIDEL, *s'inclinant poliment.*

Trop aimable, madame... (*D'une indifférence affectée :*) Vous n'êtes pas sortie, cette après-midi?

LUCIENNE

Non, monsieur.

DENOIZEAU.

Tout s'est passé avec une correction, une élégance... Je suis content, très content... Vous avez été parfait. N'est-ce pas, docteur?

LE DOCTEUR BLUCHE.

Parfait! parfait! C'est un de mes meilleurs duels.

LUCIENNE, *au docteur.*

Je vous suis très reconnaissante, docteur, des soins que vous avez donnés à mon mari.

LE DOCTEUR.

Il n'y a pas de quoi, madame. Tout à votre service.

ESTELLE, *montrant la main.*

A quel endroit avez-vous été blessé exactement, Adolphe?

BRIDEL, *touchant avec la main gauche le poignet droit.*

Ici, je crois.

ESTELLE.

Ah!

LE DOCTEUR, *s'avançant.*

Vous n'avez jamais vu de blessure reçue en duel, madame?

ESTELLE.

Non, docteur, jamais.

LE DOCTEUR, *prenant le bras de Bridel.*

Voulez-vous me permettre?

(*Il commence à le défaire.*)

LUCIENNE.

Est-ce que ça ne peut pas faire de mal, docteur, de découvrir ?...

LE DOCTEUR.

De découvrir la plaie ? Au contraire, ça lui fera prendre l'air...

ESTELLE.

Ah ! voyons, voyons...

(Le docteur Bluche détache l'écharpe du cou de Bridel, puis enlève les linges qui enveloppent la main.)

LE DOCTEUR, à Bridel.

Vous ne sentez rien ?

BRIDEL.

Rien.

LE DOCTEUR.

Voici la plaie.

(Estelle, Lucienne et Lererquin se penchent.)

ESTELLE, regardant.

Où ?

LE DOCTEUR.

On ne la distingue pas très bien... Attendez... *(Il ouvre sa trousse et sort son bistouri. A Bridel.)* Donnez votre bras...

(Il donne un léger coup de bistouri.)

BRIDEL, criant.

Aïe ! Aïe ! Qu'est-ce que vous me faites ?

LE DOCTEUR, froidement.

J'ouvre un peu la blessure... on ne la voyait plus du tout. *(A Lucienne et à Estelle.)* Vous pouvez regarder maintenant, mesdames.

ESTELLE.

Ah ! mon Dieu ! ça saigne.

LE DOCTEUR.

Il n'y a rien de meilleur pour les blessures...

(Il bande à nouveau la plaie.)

LUCIENNE, *serrant les mains du docteur.*

Merci, encore, docteur.

DENOIZEAU, *à Leverquin.*

Si jamais vous avez une affaire, je vous recommande le docteur Bluche.

LEVERQUIN.

Monsieur a l'air d'avoir beaucoup de sang-froid.

DENOIZEAU.

C'est-à-dire que je ne voudrais pas me battre, s'il n'était pas là.

BRIDEL.

A propos, Denoizeau, j'ai un petit service à vous demander.

DENOIZEAU.

Comment donc!

BRIDEL.

Vous seriez bien gentil de prendre une de mes cartes dans mon portefeuille.

DENOIZEAU.

Une de vos cartes?

BRIDEL.

Dans mon portefeuille, là... dans ma poche. Moi, je suis gêné.

DENOIZEAU, *prenant le portefeuille de Bridel.*

J'en ai une.

BRIDEL.

Mettez-vous à cette place, et écrivez ce que je vais vous dicter.

DENOIZEAU.

J'y suis, cher ami.

BRIDEL, *s'approchant de la table où est assis Denoizeau, la même que celle que Lucienne écrivait tout à l'heure.*

Ecrivez au-dessus de mon nom : Adolphe Bridel... « a l'honneur d'informer madame Varinois qu'il a été blessé légèrement au... » *(Par*

Docteur, comment s'appelle exactement l'endroit où j'ai été blessé ?

LE DOCTEUR.

Le premier tiers de la partie externe du cubitus.

BRIDEL, *continuant à dicter.*

« a l'honneur de prévenir madame Varinois qu'il a été blessé légèrement... »

DENOIZEAU, *écrivant.*

« ... au premier tiers de la partie externe.. »

BRIDEL.

« ... du cubitus... et lui envoie l'expression de sa parfaite considération... » *(Parlé.)* Il faut être correct avant tout. *(Il appuie sur un timbre. — Paraît la bonne.)* Descendez cette carte chez madame Varinois, de ma part.

LA BONNE, *prenant la carte.*

Bien, monsieur.

LEVERQUIN.

Racontez-nous comment cela s'est passé, docteur ?

LE DOCTEUR.

Monsieur Bridel vous le racontera mieux que moi.

ESTELLE.

Adolphe, je vous en prie...

BRIDEL.

Quoi ?

ESTELLE.

Racontez-nous le duel.

BRIDEL.

Je veux bien... Nous sommes donc arrivés à trois heures précises derrière les tribunes de Longchamp...

ESTELLE.

Vous êtes arrivés les premiers?

BRIDEL.

Le baron et ses témoins sont arrivés en même temps que nous.

(Revient la bonne, par l'escalier, une carte à la main.)

LA BONNE.

La réponse de madame Varinois.

BRIDEL.

Ah! bien. *(Il lit.)* « Madame Varinois, avec ses plus sincères félicitations... » *(Parlé.)* Continuons... Le baron et moi échangeons un salut plein de courtoisie...

ESTELLE.

Quel homme est-ce, ce fameux baron?

BRIDEL.

Grand... bel homme, politesse raffinée... des manières comme au moyen-âge.

ESTELLE.

Très chic, enfin!

BRIDEL.

Suprêmement chic... En m'apercevant, il a souri... J'avais envie de lui tendre la main.. Je me suis retenu... *(A ce moment, la tête de madame Varinois apparaît au bout de l'escalier, donnant tous les signes de la plus vive curiosité.)* On tire les épées au sort... C'est moi qui ai le choix. Je choisis au hasard, et on nous met en garde.

MADAME VARINOIS, *anxieuse*.

Oh!

BRIDEL, *se retournant*.

Hein? *(La tête de madame Varinois disparaît.)* On nous met donc en garde... J'allonge le bras...

(La tête de madame Varinois reparaît.)

ESTELLE.

Étiez-vous ému, Adolphe?

BRIDEL.

Ce n'est pas de l'émotion que j'éprouvais... — j'en éprouvais aussi, oui, — mais j'étais surtout étonné... Je me demandais : Pourquoi suis-je ici, au lieu d'être à mon bureau? — J'allonge, dis-je, le bras, les fers se croisent avec un drôle de bruit, comme si on cassait une douzaine d'assiettes.

MADAME VARINOIS.

Oh!

BRIDEL, *se retournant encore.*

Ah! çà, mais... *(La tête de madame Varinois disparaît.)* Et à partir de ce moment, je ne pourrais pas vous dire ce qui s'est passé... Il n'y a que Denoizeau qui le sache.

DENOIZEAU.

Le combat a duré vingt-cinq minutes; c'est très long... Bridel n'a pas reculé d'un pas. Il se contentait de rompre de temps en temps, en tendant le bras, comme je le lui avais indiqué. Il était pâle, mais résolu. Le baron l'attaquait à petits coups, en battant le fer, et chaque fois qu'il essayait de le toucher, Bridel retirait son arme avec une adresse, un calme...

BRIDEL.

Je ne savais plus où j'étais...

DENOIZEAU.

Vous avez l'instinct de l'épée. Avec le temps, vous feriez un très bon tireur. Maintenant que vous vous êtes battu, il faudra prendre des leçons. — Enfin, le combat durait toujours. Je regardais ma montre de temps en temps et je commençais à être inquiet. Tout à coup, je vois le baron qui abaisse son épée, et fait un pas en arrière. J'arrête le combat, je m'avance. — « Je crois avoir touché monsieur Bridel », dit le baron.

BRIDEL.

Je n'avais rien senti.

DENOIZEAU.

Avec sa grande habitude du duel, le baron ne s'était pas trompé. Il avait en effet touché Bridel au poignet. Le docteur se précipite, examine la blessure, appuie...

LE DOCTEUR, à part.

C'est-à-dire que, sans moi, ça n'aurait jamais fini.

DENOIZEAU.

Et nous nous retirons pour rédiger le procès-verbal. Inutile d'ajouter que les deux adversaires se sont réconciliés avec les témoins.

BRIDEL.

Vous étiez brouillés ?

DENOIZEAU.

Un enfantillage... ça ne valait pas la peine... Et, comme vous voyez, tout s'est terminé le mieux du monde. Le baron m'a dit en nous quittant que vous lui plaisiez beaucoup.

BRIDEL.

Il est charmant.

DENOIZEAU.

Il veut vous faire recevoir à son club.

LA BONNE, revenant.

Monsieur le baron d'Encolure envoie chercher des nouvelles de monsieur ?

DENOIZEAU.

Remerciez vivement, et dites que monsieur Bridel va aussi bien que possible.

BRIDEL, à la bonne.

Ah! dans une heure, vous irez également chez monsieur le baron, et vous demanderez des nouvelles de sa santé... Vous vous informerez si le combat ne l'a pas trop fatigué.

(La bonne sort.)

LUCIENNE, à mi-voix, à son mari.

Vous n'avez pas besoin de moi? Vous n'avez pas de fièvre?

BRIDEL.

Non, madame.

LUCIENNE.

Je peux me retirer?

BRIDEL.

Comme il vous plaira. Encore un mot: Je ne dînerai pas ce soir à la maison.

LUCIENNE.

Vous ne dînerez pas?... Bien, monsieur.

BRIDEL.

Je dîne avec Denoizeau et le docteur, au club, madame...

LUCIENNE.

Monsieur...

(Elle sort.)

ESTELLE, à Bridel.

Vous n'êtes pas gentil avec Lucienne.

BRIDEL.

Ça ne doit pas la surprendre, j'imagine.

(Sort Estelle.)

DENOIZEAU.

Je vais dire bonjour à ma tante. Venez-vous, Leverquin? Venez-vous, docteur?

(Ils descendent tous trois par l'escalier.)

SCÈNE VII

BRIDEL, seul, puis ESTELLE.

BRIDEL, *seul, regarde du côté de la chambre de sa femme.*

Elle ne se plaindra pas que je lui fais des scènes, ma femme ? *(Enlevant son écharpe.)* Ce foulard me gêne.. *(Apercevant sur le bureau des feuilles éparses de papier à lettre.)* Ah ! elle a écrit... « Monsieur... mon ami... » Elle n'y est pas allée, mais elle a écrit.

(Entre Estelle.)

ESTELLE.

Adolphe, Lucienne désirerait vous parler.

BRIDEL.

Immédiatement ?

ESTELLE.

Si c'est possible... Elle m'a tout raconté. Je conçois que vous ayez eu un petit moment d'irritation.

BRIDEL.

Vous êtes délicieuse, Estelle !...

ESTELLE.

J'admets même, à la rigueur, que vous l'ayez soupçonnée... Et encore...

BRIDEL, *ironique.*

Vraiment ?

ESTELLE.

Mais, mon pauvre ami, il faut que vous ne compreniez rien aux femmes pour ne pas sentir que Lucienne vous aime...

BRIDEL, *toujours ironique.*

Continuez.

ESTELLE.

... Et n'aime que vous.

BRIDEL

Ah! ah!... Eh bien! non, voilà une chose que je ne sens pas.

ESTELLE.

Tant pis pour vous! *(Allant à la porte et à Lucienne.)* Va!

(Estelle sort pendant que Lucienne entre.)

SCÈNE VIII

BRIDEL, LUCIENNE.

BRIDEL.

Vous avez tenu à me parler, madame?

LUCIENNE.

Oui, monsieur.

BRIDEL.

Je vous écoute.

LUCIENNE, *avec dignité*.

L'accueil que vous m'avez fait tout à l'heure me montre que vous n'êtes pas disposé à oublier les torts que j'ai pu avoir envers vous.

BRIDEL.

Non, madame, je n'y suis pas disposé.

LUCIENNE.

Je ne vous accablerai donc pas de protestations de fidélité...

BRIDEL

Je vous sais gré de votre franchise.

LUCIENNE.

Je crois inutile aussi de vous faire des promesses pour l'avenir et de m'excuser dans la mesure où je le dois.

BRIDEL.
Ce serait vous humilier inutilement.

LUCIENNE.
Vous désirez donc une rupture définitive?

BRIDEL.
Ce n'est pas moi qui l'ai désirée le premier, il me semble, ni surtout qui l'ai provoquée.

LUCIENNE.
Quoi qu'il en soit, vous voulez le divorce?

BRIDEL.
Je ne vois pas d'autre moyen de faire cesser le malentendu qui nous sépare.

LUCIENNE.
Enfin, vous le désirez vivement?

BRIDEL.
Je vous répète que ce n'est pas moi qui l'ai rendu inévitable.

LUCIENNE, *après un silence.*
Vous savez, n'est-ce pas, que je ne suis pas allée cette après-midi chez monsieur Toury et que je n'y suis jamais allée?

BRIDEL.
Oh! en effet... Je m'attendais bien que vous n'iriez pas, pendant que je me battais... Vous n'êtes pas un monstre. Mais vous êtes une créature très dangereusement coquette.

LUCIENNE.
Non, monsieur.

BRIDEL.
Et très dépravée!

LUCIENNE.

Encore moins, monsieur. On ne peut pas plus se tromper sur une femme que vous ne vous trompez sur moi.

BRIDEL.

Si j'avais la naïveté de vous pardonner, la situation serait la même dans quelques jours... Je ne pourrais pas me battre en duel chaque fois que vous auriez un rendez-vous... Vous recommenceriez vos coquetteries, — et le mot est bien faible, — et vous finiriez par me persuader qu'il ne s'est jamais rien passé entre monsieur Toury et vous; et moi, je finirais peut-être par le croire. J'aime autant prendre une résolution pendant que j'ai un moment de lucidité.

LUCIENNE, *marchant avec agitation.*

Il faut vraiment que vous soyez bien peu observateur.

BRIDEL.

Ce n'est pas mon état.

LUCIENNE, *se montant.*

Ah! vous ne vous préparez pas une existence heureuse avec ces idées-là!

BRIDEL.

Tant pis pour moi!

LUCIENNE.

Vous prétendez divorcer pour des bagatelles. Qu'auriez-vous fait alors, si je vous avais véritablement trahi?... Vous m'auriez tuée?...

BRIDEL.

Je n'ai pas un caractère à tuer les gens... Bagatelles!... Vous appelez bagatelles vous compromettre ouvertement avec un homme, supporter qu'il vous fasse la cour devant moi, et finalement lui fixer un rendez-vous chez lui!...

LUCIENNE.

Je l'ai fait dans un accès de colère, parce que vous veniez de vous conduire d'une façon ridicule.

BRIDEL.

Oh ! mais...

LUCIENNE, *l'interrompant.*

J'étais très décidée à ne pas m'y rendre, vous le savez parfaitement.

BRIDEL.

Oh !

LUCIENNE.

Monsieur Toury m'aurait attendu des heures entières.

BRIDEL.

Heu !

LUCIENNE.

Il se serait fait une bile affreuse.

BRIDEL.

Ça !...

LUCIENNE.

Et il aurait été furieux contre moi. Voilà ce qui serait arrivé !... Dans cette affaire-là, il n'y a qu'une personne qui ait le droit de se plaindre : c'est lui. Quant à vous, quel dommage sérieux vous ai-je causé? Je me suis laissé embrasser la main deux ou trois fois, ou presser le pied sous la table d'une façon insignifiante... J'ai écouté distraitement de vagues déclarations d'amour... Et voilà tout! Et vous voulez détruire votre ménage, redevenir un vagabond, vous remettre à courir les filles comme vous le faisiez probablement autrefois, pour de pareilles misères!...

BRIDEL.

Mais, sapristi, madame, je ne me suis pas marié pour que vous écoutiez des déclarations d'amour!

LUCIENNE.

Les plus honnêtes femmes, aujourd'hui, sont obligées d'entendre bien d'autres choses.

BRIDEL.

Et les malhonnêtes, alors?

LUCIENNE.

Il n'y a qu'à celles-là que les hommes parlent avec respect.

BRIDEL, *un instant de silence; il se promène, les mains derrière le dos, puis:*

Vous avez écrit à monsieur Toury?
(*Il désigne le bureau.*)

LUCIENNE.

Oui, je lui ai envoyé Louisette avec un mot...

BRIDEL.

Ah! ah!

LUCIENNE.

Un mot de recommandation.

BRIDEL, *étonné.*

De recommandation?
(*Entre Louisette.*)

LUCIENNE.

La voici, d'ailleurs... (*A Louisette:*) Eh bien?

SCÈNE IX

Les Mêmes, LOUISETTE.

LOUISETTE, *l'air embarrassé, très différent de l'attitude qu'elle avait dans les scènes précédentes. Elle est en chapeau, — un joli chapeau.*

J'ai fait la commission de madame...

LUCIENNE.

Voulez-vous dire à monsieur en quoi elle consistait, cette commission?

LOUISETTE.

Mais...

LUCIENNE.

Dites, voyons, dites...

LOUISETTE.

Madame m'avait donné une lettre pour remettre à monsieur Toury.

LUCIENNE.

Vous la lui avez remise?

LOUISETTE.

Oui, madame.

BRIDEL.

Et?...

LOUISETTE.

Monsieur Toury l'a prise... il l'a lue et il s'est mis à rire.

BRIDEL.

C'est tout?

LOUISETTE.

Quand il a eu ri...

(Elle s'arrête.)

BRIDEL.

Eh bien! quand il a eu ri?...

LOUISETTE, *baissant les yeux*

Il m'a conseillé de quitter madame Varinois.

BRIDEL.

De quitter ma belle-mère?

LOUISETTE.

Et d'ailleurs, il ne me l'aurait pas conseillé que je l'aurais fait tout de même... *(Détournant la tête.)* Je ne suis plus digne d'être la femme de chambre de madame Varinois.

LUCIENNE, *riant.*

Ah bah?...

LOUISETTE.

Monsieur Edmond l'a bien compris... Alors, comme je ne restais pas femme de chambre, je suis allée m'acheter un chapeau

LUCIENNE.

Il est très joli, Louisette.

LOUISETTE.

Et un collet...

LUCIENNE.

Qui vous va fort bien... Vous êtes très élégante.

LOUISETTE.

Toutes mes économies y ont passé.

BRIDEL.

Oh! ne craignez rien... Il est riche, monsieur Edmond...

LOUISETTE.

C'est ce que je me suis dit...

LUCIENNE, *serrant la main de Louisette.*

Bonne chance, Louisette.

LOUISETTE.

Merci, madame... Vous aussi.

LUCIENNE.

Vous serez très heureuse.

LOUISETTE.

Je l'espère, madame... Je ne suis pas exigeante.

LUCIENNE.

Au revoir, alors... Et plus tard, si les choses ne tournent pas comme vous le désirez, vous trouverez toujours une place ici...

LOUISETTE.

Madame est trop bonne... On ne sait jamais... Au revoir, madame... Au revoir, monsieur.

LUCIENNE.

Au revoir, mon enfant... et tous mes souhaits...
(Sort Louisette.)

SCÈNE X

BRIDEL, LUCIENNE, puis VARINOIS et MADAME VARINOIS.

BRIDEL, *après un silence.*

Lucienne ?

LUCIENNE.

Mon ami ?

BRIDEL.

Tu ne me feras plus de blagues ?

LUCIENNE.

Jamais.

BRIDEL.

Tu le jures ?
(Lucienne l'embrasse.)

VARINOIS, *entrant.*

Ah ! mon ami... tous mes compliments ! J'arrive de Longchamp... Il restait une cinquantaine de personnes qui avaient assisté au combat et qui me l'ont raconté... *(Avec colère.)* Et maintenant, il faut que je dise deux mots à madame Varinois. *(Appelant par le trou de l'escalier.)* Madame Varinois ! — Si vous saviez...

BRIDEL.

Quoi ?

VARINOIS, *allant au fond et descendant les premières marches.*

Je vous le dirai... *(Apercevant madame Varinois.)* Ah ! vous voilà, malheureuse ! Montez, madame, montez ! Venez rougir devant votre gendre et devant votre fille !

MADAME VARINOIS, *montant.*

Qu'y a-t-il?

VARINOIS.

Ah! vous voulez jouer à la Bourse!... Ah! vous avez le flair de la spéculation!... Eh bien! madame, je viens de rencontrer monsieur Toury, et savez ce que vous perdez, rien que dans la Bourse d'aujourd'hui, avec votre flair?

MADAME VARINOIS, *effarée.*

Nous avons baissé?

VARINOIS.

Vous avez baissé de cent soixante-sept cinquante!

MADAME VARINOIS.

Ah! mon Dieu! Et je perds?

VARINOIS.

Cinquante mille francs!

BRIDEL.

Cinquante mille francs! *(A Lucienne.)* Elle va bien, ta mère!

VARINOIS.

Cinquante mille francs!

BRIDEL, *s'approchant de madame Varinois.*

Madame, je ne perdrai pas un temps précieux à stigmatiser votre conduite. Il faudrait remonter bien loin dans l'histoire des belles-mères, pour rencontrer quelque chose d'équivalent.

VARINOIS.

C'est vrai!

BRIDEL.

J'espère que cette catastrophe, qui aurait pu être encore plus grave, vous servira de leçon et que vous comprendrez enfin que la véritable place d'une femme qui a deux filles et deux gendres est à la campagne.

VARINOIS.

Bien !

MADAME VARINOIS.

Ma fille... mon gendre...

BRIDEL.

Hé ! quoi, madame, vous n'êtes pas lasse de l'existence de fêtes que vous avez menée jusqu'à présent ? Vous n'êtes pas fatiguée de tous les orages qui ont traversé votre vie... par toutes les passions qui... par...
(Madame Varinois redresse la tête.)

VARINOIS, *bas à Bridel.*

Mais non... elle n'a pas eu de passions, je vous ai déjà dit...

BRIDEL, *même jeu.*

Je sais... mais c'est pour lui faire plaisir. *(Jetant madame Varinois aux pieds de son mari.)* Demandez pardon à ce brave homme des torts innombrables que vous avez envers lui !

MADAME VARINOIS, *convaincue.*

Pardon, Auguste !

VARINOIS.

Je te pardonne.
(Entrent, l'un après l'autre, par l'escalier, Denoizeau, Leverquin et Estelle.)

SCÈNE XI

Les Mêmes, LEVERQUIN, DENOIZEAU, ESTELLE.

BRIDEL.

Mes amis, madame Varinois vient de nous apprendre une nouvelle qui nous fait bien du chagrin, à tous. Elle nous quitte pour se retirer à la campagne.

TOUS.

Oh !

MADAME VARINOIS.

Oui, mes enfants, j'ai assez vécu.

DENOIZEAU.

Chère tante... J'irai vous voir très souvent... Je vous amènerai le baron.

MADAME VARINOIS.

Le baron ?

VARINOIS.

Aime-t-il la pêche à la ligne ?

DENOIZEAU.

Il n'aime que ça.

BRIDEL, *très galamment.*

Belle-maman, vous dînerez ce soir à la maison.

MADAME VARINOIS.

Avec plaisir, mon gendre.

BRIDEL.

Et en veston, cette fois-ci, en veston !

LA BOURSE OU LA VIE

COMÉDIE EN QUATRE ACTES ET CINQ TABLEAUX

Représentée pour la première fois, à Paris, sur le théâtre
du Gymnase, le 4 décembre 1900,
et reprise au même théâtre, le 19 avril 1902.

PERSONNAGES

	Première distribution.	Deuxième distribution.
	MM.	MM.
BRASSAC	Galipaux.	Galipaux.
LE HOUSSEL	Gémier.	Félix Huguenet.
JACQUES HERBAUT	G. Dubosc.	Cooper.
MOLINEUF	Noizeux.	Noizeux.
PLESNOIS	Baudouin.	Paul Plan.
Le Commissaire de Police	Le Gallo.	Félix Riche.
PIGOCHE	Janvier.	Jean Dax.
OSCAR	Frédal.	Daunis.
GEORGES	Gouget.	Gouget.
Un Détenu	Seruzier.	de Garcin.
Premier Remisier	Daunis.	Darville.
Deuxième Remisier	Sicot.	de Garcin.
Un Gardien de prison	Verse.	Darville.
Un Groom	Grandjean.	Grandjean.
Un Valet de pied	Vignaud.	Vignaud.
	Mmes	Mmes
HÉLÈNE HERBAUT	Jeanne Rolly.	Jeanne Rolly.
PERVENCHE	Ryter.	Ryter.
LA COMTESSE	Roggers.	Dorziat.
MADAME PLESNOIS	Demongey.	Demongey.
BLANCHE CORSET	Dorziat.	Sergy.
MIRETTE	Brésil.	Lucy Girod.
ÉGLANTINE	Lucy Girod.	Lignière.
LÉONIE BROQUET	Léry.	Léry.
EMMA BROQUET	Sylvia.	Sylvia.
ROSALIE	M. Delmary.	Debacker.
GERMAINE PISTON	Dangis.	Dangis.
TOTO	Jousset.	Jousset.

A Paris, de nos jours.

LA BOURSE OU LA VIE

ACTE PREMIER

CHEZ HERBAUT

Petit salon très élégant. — Une porte à gauche en coin. Une autre à droite au premier plan.

SCÈNE PREMIÈRE

JACQUES, ROSALIE.

JACQUES, *une lettre à la main.*
Est-ce que madame est rentrée?

ROSALIE.
Madame rentre à l'instant même.

JACQUES.
Veuillez lui dire que je suis rentré aussi.

ROSALIE.
Bien, monsieur.
(Elle sort par la droite.)

SCÈNE II

JACQUES, seul, puis HÉLÈNE.

JACQUES, *seul.*
Il a raison, ce notaire, il a mille fois raison. Il faut prendre une résolution énergique.
(Entre Hélène, à droite.)

HÉLÈNE, *l'embrassant.*
Bonjour, mon petit Jacquot...

JACQUES, *l'embrassant aussi.*
D'où viens-tu?

HÉLÈNE.
De faire des courses, d'acheter un tas de petites choses : j'ai trouvé une corbeille pour mettre sur ce meuble, une corbeille délicieuse, tu verras...

JACQUES.
Eh bien! moi, pendant que tu achetais une corbeille délicieuse, je recevais une lettre de mon notaire.

HÉLÈNE.
De quel notaire?

JACQUES.
De mon notaire de Limoges.

HÉLÈNE.
Qu'est-ce qu'il dit?

JACQUES.
Il dit qu'il faut prendre une résolution énergique et qu'étant donnée notre situation...

HÉLÈNE.
Qu'est-ce qu'elle a donc de particulier, notre situation?

JACQUES.
Ma chère enfant, je te le répète depuis six mois, tous les jours.

HÉLÈNE.
A la même heure.

JACQUES.
Nous sommes à peu près décavés. J'emploierais bien le mot « ruinés », qui serait plus exact, mais décavé est moins mélancolique.

HÉLÈNE.
C'est même chic, décavé! Mais je le sais bien,

mon chéri, que nous sommes décavés. Tout le monde est décavé à Paris.

JACQUES.

Il y a quelques exceptions. Ainsi, nous, quand nous nous sommes mariés, nous étions une de ces exceptions. Nous avions une quarantaine de mille francs de rente...

HÉLÈNE.

Et nous ne les avons plus. Que veux-tu y faire?

JACQUES.

Tu trouves ça drôle?

HÉLÈNE.

Ces choses-là sont drôles ou tristes suivant le caractère que l'on a et le point de vue auquel on se place... Moi, je suis un peu bohème, je l'avoue, oh! je l'avoue, et un peu trop gaspilleuse. Ainsi, j'adore sortir avec beaucoup d'argent et rentrer sans un centime.

JACQUES.

Je n'exige pas de toi que tu sortes sans un centime et que tu rentres avec beaucoup d'argent... Quoi qu'il en soit, aujourd'hui, il faut prendre une résolution énergique.

HÉLÈNE.

Tu abuses de cette expression.

JACQUES.

Mais, sapristi, tu ne te rends pas compte, je t'assure. Tu ne vois pas où nous en sommes... Oh! il n'y a pas de quoi rire!...

HÉLÈNE.

Il y a toujours de quoi rire!...

JACQUES.
Enfin, veux-tu lire cette lettre?
HÉLÈNE.
Avec plaisir, mon chéri.
(Entre Rosalie.)

SCÈNE III
Les Mêmes, ROSALIE.

ROSALIE.
M. Plesnois demande à parler à monsieur.
JACQUES.
Quel raseur, cet animal!... On ne peut pas être seuls une minute. *(A Rosalie.)* Faites entrer. Ah! au fait... Rosalie?
ROSALIE.
Monsieur?
JACQUES.
Je viens de dire « quel raseur »! Je vous prie de croire que ce mot ne s'applique pas...
ROSALIE.
On sait bien ce que c'est qu'un raseur, monsieur.
(Elle sort.)

SCÈNE IV
JACQUES, HÉLÈNE, puis PLESNOIS.

HÉLÈNE.
Il doit venir guetter Marguerite, que j'attends après les courses...
PLESNOIS, entrant.
Je ne vous dérange pas, mes bons amis?... Mes compliments, chère madame.

ACTE I, SCÈNE IV

JACQUES.

Quoi de neuf ?

PLESNOIS.

Pas grand'chose. Au cercle, on parle de la candidature de Brassac, mais je n'y crois pas... Il ne serait pas nommé...

HÉLÈNE.

Brassac, c'est ?...

PLESNOIS.

Une espèce de banquier. Le directeur de la Banque Franco-Étrangère !

JACQUES.

Qu'est-ce que ça vaut ?

PLESNOIS.

Rien. Seulement Brassac est un homme à qui tout réussit à la Bourse en ce moment. Alors, ça lui fait une situation sur le Boulevard. Vous savez comment on l'appelle ? Bébé !

HÉLÈNE, *riant*.

Bébé ! Pourquoi ?

PLESNOIS.

Parce qu'il est joufflu et qu'il a l'air très bon garçon. Je reconnais d'ailleurs qu'il est bien parti et qu'à moins d'être arrêté un jour par la déveine...

JACQUES.

Ou par la gendarmerie.

PLESNOIS.

Il ira loin. Mais, à mon avis, on aurait le plus grand tort de le recevoir au cercle. *(Regardant sa montre.)* La troisième course est finie depuis longtemps... Marguerite m'avait affirmé qu'elle serait ici à...

JACQUES.

Elle va venir, ne soyez pas inquiet. Avec qui est-elle allée aux courses, madame Plesnois ?

PLESNOIS.

Avec Le Houssel et Molineuf.

HÉLÈNE.

Toujours, jaloux, alors ?...

PLESNOIS.

Moi ? Je n'ai plus aucune jalousie, ma parole. Quand j'étais jaloux, je ne m'en cachais pas.

HÉLÈNE.

Et c'est fini ?

PLESNOIS.

Oui, parce que j'ai raisonné. Qu'est-ce que la jalousie ?

JACQUES, *faisant signe à Hélène de lire la lettre du notaire.*

Vous permettez que ma femme achève cette lecture ?

PLESNOIS.

Faites donc.

HÉLÈNE.

Vous m'excusez ?...

(*Elle sort.*)

SCÈNE V

JACQUES, PLESNOIS.

JACQUES.

Vous disiez donc, cher ami ?...

PLESNOIS.

Je disais : qu'est-ce que la jalousie ? C'est une des formes de la curiosité. C'est la forme la plus aiguë de la curiosité.

JACQUES.

Je vous suis.

PLESNOIS.

Satisfaites la curiosité, vous épuisez la jalousie.

JACQUES.

Après ?

PLESNOIS.

Partant de ce principe...

JACQUES.

C'est de ce principe-là que vous êtes parti ?

PLESNOIS.

Absolument, et je me suis demandé : avec qui ma femme est-elle susceptible de me tromper ?

JACQUES.

Tout est là.

PLESNOIS.

Je dois le connaître. Car ma femme est trop intelligente et trop bien élevée pour me tromper avec quelqu'un que je ne connaîtrais pas. Cherchons donc parmi nos amis. Et j'ai été amené à la suite de recherches sérieuses à établir que, si Marguerite me trompait, ce ne pouvait être qu'avec Le Houssel ou Molineuf, qu'elle ne quitte pas, avec qui elle va aux courses, au théâtre...

JACQUES.

Oh ! des camarades,...

PLESNOIS.

Laissez-moi continuer. J'ai écarté tout de suite Le Houssel qui passe sa vie à entretenir des cocottes. Restait Molineuf, et c'est ici que triomphe ma méthode.

JACQUES.

Ah !

PLESNOIS.

Molineuf a quarante-cinq ans, c'est un homme usé. Et voyez-vous ma femme me trompant avec un homme usé ? Ce serait bouffon ! Donc elle ne me trompe pas avec Molineuf. Et comme je viens de démontrer qu'elle ne pouvait me tromper qu'avec lui, il s'ensuit qu'elle ne me trompe pas, et par conséquent je serais bien bête d'être jaloux. Voilà !

SCÈNE VI

Les Mêmes, LE HOUSSEL, MOLINEUF, MADAME PLESNOIS, *entrant par la gauche.*

LE HOUSSEL.

Dieu ! que je suis fatigué !

MADAME PLESNOIS, *serrant la main de Jacques.*

Où est Hélène ?

JACQUES.

Dans sa chambre.

MADAME PLESNOIS.

Je viens lui annoncer qu'elle a perdu les trois courses.

JACQUES.

Vous lui ferez plaisir. *(A Molineuf.)* Et vous, Molineuf, avez-vous perdu aussi ?

MOLINEUF.

Naturellement. Mais c'est la dernière fois...

JACQUES.

Que vous perdez ?

MOLINEUF.

Non, que je joue. C'est une épreuve que je tentais. Je m'étais dit : « Si je gagne aujourd'hui, je continuerai à jouer toute ma vie. Si je perds, je ne toucherai plus une carte et je ne remettrai plus les pieds sur un champ de courses. »

PLESNOIS.

Et que ferez-vous?

MOLINEUF.

Je demanderai une place au gouvernement... Il faut bien vivre.

PLESNOIS.

Avec les anciens joueurs on fait de très bons fonctionnaires.

MADAME PLESNOIS, *haussant les épaules.*

Vous dites la même chose tous les jours. *(A son mari.)* Rentrerez-vous avec moi?

PLESNOIS.

Non, chère amie, si vous le permettez...

MADAME PLESNOIS.

Comme il vous plaira.

PLESNOIS, *bas à Jacques, pendant que Molineuf et madame Plesnois échangent quelques mots.*

Hein! regardez Molineuf... Me voyez-vous jaloux de Molineuf? Ce serait comique!

JACQUES.

C'est toujours comique.

MADAME PLESNOIS, *bas à Molineuf.*

Alors, à tout à l'heure, chez vous.

(*Molineuf fait un signe de tête, madame Plesnois sort par la droite.*)

SCÈNE VII

JACQUES, MOLINEUF, LE HOUSSEL, PLESNOIS.

MOLINEUF.

Et maintenant, Le Houssel, racontez l'événement de la journée.

LE HOUSSEL, à *Plesnois et à Jacques.*

Je me suis brouillé avec Eglantine entre la deux et la trois.

JACQUES.

Ah bah !

PLESNOIS.

J'ai joué Eglantine, il y a un mois, trois contre un ; j'ai perdu.

LE HOUSSEL.

Je ne vous parle pas de celle-là... Je vous parle de ma bonne amie...

JACQUES.

Comment ! Vous avez rompu... Et pourquoi ?

LE HOUSSEL.

Mon cher, elle est insupportable... Elle est devenue joueuse comme les cartes. Toute la soirée, c'est le baccara ou le poker, pas moyen de l'avoir un instant. Et pour comble, elle s'est mise à jouer à la Bourse. Elle passe ses après-midi avec des remisiers. Alors vous comprenez...

PLESNOIS.

Elle a bien pris ça ?

LE HOUSSEL.

Très bien.

MOLINEUF.

Les dames aiment beaucoup se brouiller avec Le Houssel, parce qu'il est très généreux.

PLESNOIS.

Et combien ça vous a-t-il coûté, Le Houssel, de rompre avec Eglantine ?

LE HOUSSEL.

Pas autant que vous pourriez le croire.

MOLINEUF.

Oh ! oh !

LE HOUSSEL.

Une villa à Saint-Cloud que je lui avais promise depuis longtemps.

PLESNOIS.

C'est tout?

LE HOUSSEL.

Une paire de chevaux.

MOLINEUF.

C'est tout?

LE HOUSSEL.

Et un collier de perles... de magnifiques perles.

PLESNOIS.

C'est tout?

LE HOUSSEL.

Vous trouvez que je n'ai pas bien fait les choses... Il me semble pourtant...

PLESNOIS.

Je plaisante... Je plaisante... Vous êtes mille fois trop généreux.

MOLINEUF.

Il a fait hausser de moitié la galanterie à lui tout seul.

LE HOUSSEL.

Je sais que vous me blaguez tous.

JACQUES.

On vous blague, mais on vous admire.

LE HOUSSEL.

Je n'y mets pas d'ostentation, c'est pour mon plaisir. J'ai toujours donné de l'argent aux femmes. J'y trouve une étrange et nouvelle volupté.

PLESNOIS.

Vous n'avez jamais eu la sensation d'être aimé pour vous-même?

LE HOUSSEL.

Et je n'y tiens pas.

PLESNOIS.

Oh !

LE HOUSSEL.

Être aimé pour soi-même, la belle affaire ! C'est à la portée du premier bellâtre venu. Ce qui est autrement digne d'une imagination délicate, c'est de vouloir être aimé pour le luxe que l'on donne, pour la joie des bijoux et des toilettes, et aussi pour la façon dont on offre tout cela. Et ne croyez pas à la vieille théorie qui prétend qu'une femme ne saurait être amoureuse de l'homme qui la couvre d'or ! Il y a de nombreuses exceptions, soyez-en sûrs. Il y a des créatures charmantes qui ne se croient pas obligées de bafouer celui à qui elles doivent d'être heureuses, indépendantes et fêtées. Et moi, qui vous parle, j'ai reçu, pour de beaux cadeaux que je faisais, des caresses sincères et imprévues que Don Juan lui-même n'auraient pas eues pour rien.

JACQUES.

Le Houssel, vous êtes véritablement chic.

PLESNOIS.

Il est très chic. *(Regardant sa montre.)* Mais il faut que je m'en aille.

JACQUES.

Dites donc, puisque vous allez au cercle, je vais vous remettre une lettre pour Revinel.

PLESNOIS.

Pour Revinel, le tapeur ?... Je vous plains si vous lui avez prêté n'importe quoi... *(Il serre la main de Le Houssel et de Molineuf.)* Messieurs...

JACQUES, *aux mêmes*.

Je ne me gêne pas avec vous, hein?...
(*Il sort avec Plesnois.*)

SCÈNE VIII

LE HOUSSEL, MOLINEUF.

MOLINEUF, *lui tapant sur l'épaule*.

Tout ça, c'est très gentil..., seulement, moi, je sais pourquoi vous avez quitté Eglantine.

LE HOUSSEL.

Je vous l'ai dit.

MOLINEUF.

Non. Vous avez quitté Eglantine, parce que vous êtes amoureux d'une autre femme.

LE HOUSSEL.

Oh! vous m'avez vu causer avec la petite Mirette, et alors...

MOLINEUF.

Ce n'est pas de la petite Mirette que vous êtes amoureux.

LE HOUSSEL.

Germaine Piston? Vous croyez que c'est Germaine Piston? Je vous donne ma parole...

MOLINEUF.

Ce n'est pas non plus de Germaine Piston.

LE HOUSSEL.

Alors je ne vois pas...

MOLINEUF.

Le Houssel, ce n'est pas d'une cocotte que vous êtes amoureux.

LE HOUSSEL.

Par exemple! Et de qui voulez-vous?

MOLINEUF.

De qui? Eh bien! vous, Le Houssel, dont la vie est jonchée de cocottes, qui faites le malin avec vos théories et qui éclaboussez de vos largesses les pauvres diables comme moi, vous êtes amoureux d'une femme honnête.

LE HOUSSEL.

Moi?... d'une femme honnête!... Elle est bien bonne...

MOLINEUF.

D'une femme du monde...

LE HOUSSEL.

Vous badinez.

MOLINEUF.

De la femme d'un de nos camarades du club, chez qui vous venez tous les jours sous un prétexte ou sous un autre..., de madame...
(Il se tourne légèrement vers la droite.)

LE HOUSSEL.

Taisez-vous, Molineuf.

MOLINEUF.

Hein! J'ai deviné?

LE HOUSSEL, *avec mystère*.

Eh bien! oui, mon ami. C'est insensé! C'est incompréhensible! mais c'est comme ça... Moi, à qui jusqu'à présent la vue d'une femme honnête n'avait inspiré que le... que le...
(Il cherche.)

MOLINEUF.

Que le respect?

LE HOUSSEL.

C'est ça..., que le respect et l'indifférence,

je suis pincé et bien pincé... pas comme je l'étais avec Églantine ou Toto.

MOLINEUF.

Je comprends.

LE HOUSSEL.

Ah! je suis très embêté.

MOLINEUF.

Il y a de quoi.

LE HOUSSEL.

Quand je m'en suis aperçu, je ne voulais pas le croire.

MOLINEUF.

Le lui avez-vous dit?

LE HOUSSEL.

J'ai failli deux ou trois fois, mais les mots ne me viennent pas. Autant je connais mon affaire avec un certain genre de femmes, autant avec les autres je manque d'initiative. Qu'est-ce que vous pensez de ça, Molineuf, avec votre expérience? Ai-je des chances? N'en ai-je aucune?

MOLINEUF.

Vous êtes très mal tombé. Herbaut, ménage excellent, âges assortis; jolie fortune... vous n'avez même pas la ressource d'utiliser vos mines d'or. On a beaucoup fait la cour à madame Herbaut, des gens très bien, des professionnels. On ne peut pas en citer un qui ait abouti, ou même qui se soit sérieusement approché...

LE HOUSSEL.

Mauvais, tout ça, mauvais!

MOLINEUF.

Et puis, vous n'êtes plus trop dégourdi.

LE HOUSSEL.

Vous avez le même âge que moi, et ça ne

vous empêche pas d'être l'amant d'une femme mariée.

MOLINEUF.

Pardon! Qui vous a dit que j'étais l'amant d'une femme mariée?

LE HOUSSEL.

C'est vous.

MOLINEUF.

Ah! mais moi, ce n'est pas la même chose.

LE HOUSSEL.

Et pourquoi?

MOLINEUF.

Parce que moi, je n'étais pas le premier et que vous, vous le seriez probablement. Et, à notre âge, on peut encore recevoir dans ses bras une femme qui tombe, mais on ne peut plus la faire tomber soi-même.

LE HOUSSEL.

Je suis moins pessimiste que vous.

(Entrent par la droite, Hélène, Herbaut et madame Plesnois.)

SCÈNE IX

Les Mêmes, JACQUES, HÉLÈNE, et MADAME PLESNOIS.

HÉLÈNE.

Je savais bien qu'ils n'étaient pas partis. *(Elle lui serre la main.)* Comment va, Le Houssel? Vous avez une mine superbe...

LE HOUSSEL.

Trop aimable?

HÉLÈNE.

Dites-moi, vous irez aux courses demain?

LE HOUSSEL.

Certes !

HÉLÈNE.

Alors je vous donnerai trois chevaux à jouer pour moi, parce que je ne peux pas y aller.

LE HOUSSEL.

Lesquels ?

HÉLÈNE.

J'hésite pour le dernier, il faut que je revoie le programme. Je vous enverrai un petit bleu demain matin.

LE HOUSSEL.

Désirez-vous que je repasse ce soir ?

HÉLÈNE.

Ma foi, si ça ne vous dérange pas...

LE HOUSSEL.

Ça me procurera le plaisir de vous voir deux fois dans la même journée.

HÉLÈNE, *souriant*.

Oh !

LE HOUSSEL, *bas à Molineuf*.

Voilà ce que je lui ai dit de plus raide jusqu'à présent. *(A Hélène.)* A ce soir alors, chère madame.

HÉLÈNE.

Vraiment, Le Houssel, vous êtes un homme exquis.

LE HOUSSEL.

Madame.

HÉLÈNE.

Si... si... je le disais encore à Marguerite, il y a un instant, vous êtes l'amabilité et la complaisance mêmes.

LE HOUSSEL, *s'inclinant*.

Oh !

 (Il regarde de côté Molineuf comme pour lui dire : Eh bien ! ça va ?)

HÉLÈNE.

Et je vous aime bien. *(Même jeu de Le Houssel.)* Alors, je vous attends...

LE HOUSSEL, *prenant congé.*

Chère madame. *(A Molineuf d'un air triomphant.)* Eh bien ! mais ça ne va pas trop mal, il me semble ?

MOLINEUF, *se penchant vers lui.*

Vous n'avez aucune chance. *(Haut.)* Madame...

MADAME PLESNOIS.

Je vous laisse aussi... A demain...

(Sortent Le Houssel, Molineuf et madame Plesnois.)

SCÈNE X

JACQUES, HÉLÈNE, *et un instant* ROSALIE.

JACQUES.

Tu n'attends plus personne ?... Nous pouvons causer ?

HÉLÈNE.

Non, je n'attends plus... Ah ! diable... *(Elle appuie sur un timbre.)* J'allais oublier.

ROSALIE.

Madame.

HÉLÈNE.

Si une dame vient me demander tout à l'heure, vous la ferez entrer dans le grand salon et vous me préviendrez aussitôt.

ROSALIE.

Bien, madame.
(Elle sort.)

JACQUES.

Qui est cette dame?

HÉLÈNE.

Une de mes amies de pension que j'ai rencontrée hier par hasard, Juliette Boursier. Je l'ai invitée à venir me voir.

JACQUES.

Prends garde aux amies de pension.

HÉLÈNE.

N'aie pas peur... Tu disais donc, mon chéri?...

JACQUES.

As-tu fini par lire la lettre du notaire?

HÉLÈNE.

Oui.

JACQUES.

Jusqu'au bout?

HÉLÈNE.

Sans en passer une ligne.

JACQUES.

Comment la trouves-tu?

HÉLÈNE.

Très bien. Il dit que nous avons une propriété aux environs de Limoges, ce que je savais, d'ailleurs.

JACQUES.

Que cette propriété ne rapporte pas le quart de ce qu'elle devrait rapporter...

HÉLÈNE.

Parce que les maîtres ne s'en occupent pas. Les maîtres, c'est nous.

JACQUES.

Et qu'étant donnée notre situation, ce que nous aurions de mieux à faire...

HÉLÈNE.

Ce serait de la vendre.

JACQUES.

Non, ce serait d'aller l'habiter.

HÉLÈNE.

Au lieu d'aller à la mer, en été?

JACQUES.

Non... tout le temps.

HÉLÈNE.

Tout le temps!

JACQUES.

D'un bout de l'année à l'autre, en venant peut-être de temps en temps faire un petit séjour à Paris.

HÉLÈNE.

En somme, quitter Paris?

JACQUES.

Oui!

HÉLÈNE.

Pour aller habiter Limoges?

JACQUES.

Les environs.

HÉLÈNE.

Alors c'était ça, la résolution énergique?

JACQUES.

C'était ça.

HÉLÈNE.

C'est fou! Que veux-tu que je te réponde? C'est fou! il n'y a pas d'autre mot... Quitter Paris... la vie de Paris pour nous enfouir dans un endroit où nous ne connaissons personne... pour...

JACQUES.

Mais avec quoi allons-nous y vivre, nom d'un chien! à Paris? Je ne suis bon à rien, ayons le courage de le dire.

HÉLÈNE.

Pardon, mon chéri. Tu es bon à un tas de choses.

JACQUES.

A des choses qui coûtent, pas à des choses qui rapportent.

HÉLÈNE.

Tu avais une profession autrefois.

JACQUES.

J'étais ingénieur... je l'ai été six mois. Et il y a près de quinze ans que je ne le suis plus... Et quand on n'a pas exercé une profession depuis quinze ans, on ne peut guère espérer...

HÉLÈNE.

Etais-tu un bon ingénieur, au moins?

JACQUES.

Je ne me rappelle plus.

HÉLÈNE.

Pourquoi ne jouerais-tu pas à la Bourse, comme tant de gens que nous connaissons?

JACQUES.

Jouer à la Bourse! Avec quoi?

HÉLÈNE.

On emprunte.

JACQUES.

Oh!

HÉLÈNE.

Quel mal y aurait-il? Nous connaissons des gens très riches, très obligeants, qui sont nos amis. Tiens, Le Houssel, par exemple... Tu t'adresserais à Le Houssel, en lui expliquant notre situation... Il se ferait un plaisir... il se ferait un devoir... Quand je pense que des gens comme nous n'ont pas de dettes à Paris ! Si ça n'est pas ridicule !

JACQUES.

Tu raisonnes... Tu ne peux pas t'imaginer comme tu raisonnes quelquefois. Emprunter ! Et à Le Houssel encore, avec la réputation qu'il a... D'ailleurs je ne veux pas. Où irions-nous, si j'entrais dans cette voie-là ? Ce serait gentil. J'en arriverais vite à être comme Revinel, Revinel du cercle.

HÉLÈNE.

Qu'est-ce qu'il a de spécial, Revinel ?

JACQUES.

Il doit à tout le monde. A moi, il me doit cent louis depuis un an, que je viens de lui réclamer pour la dixième fois, mais je suis sûr qu'il ne me les rendra jamais. Il tape les garçons, les sommeliers et jusqu'aux chasseurs et aux petits grooms qui font les courses.

HÉLÈNE, riant.

Ah ! ah !

JACQUES.

Non, mais me vois-tu... ?

HÉLÈNE.

Tiens ! toi, tu n'es qu'un bourgeois ! si on t'avait laissé faire, tu aurais mis de l'argent de côté.

JACQUES.

Heureusement, tu étais là.

HÉLÈNE.

Dis tout de suite que tu regrettes de m'avoir épousée.

JACQUES.

Oh !

HÉLÈNE.

Tu le regrettes ?

JACQUES.

Tu sais bien que je t'adore.

HÉLÈNE.

Moi aussi, mon chéri, je t'adore... Nous n'avons peut-être pas été très pratiques jusqu'à présent, c'est vrai, mais nous nous sommes aimés dans le luxe, dans la gaieté, dans la fantaisie... Et puis, malgré tout, nous n'avons rien à nous reprocher. Tu ne m'as jamais trompée, dis?

JACQUES.

Jamais.

HÉLÈNE.

Eh bien! c'est quelque chose dans un ménage de ne s'être jamais trompé ni l'un ni l'autre... J'irai plus loin, c'est tout.

JACQUES.

C'est beaucoup, évidemment, mais enfin...

HÉLÈNE.

Qu'est-ce que l'argent à côté de ça? Voyons, réfléchis... que préférerais-tu? Que je t'aie trompé ou que je t'aie ruiné?

JACQUES.

Il y a deux écoles...

HÉLÈNE.

Tu es bête.

JACQUES.

Va, ma petite Hélène, nous avons fait des bêtises, nous avons gaspillé notre fortune, nous avons mené une vie absurde; il ne nous reste qu'un moyen de nous en tirer galamment, proprement, c'est de disparaître à l'anglaise et d'aller cultiver le coin de terre que nous avons conservé par miracle. Si tu m'aimes bien, et je suis sûr que tu m'aimes, tu ne t'y opposeras plus, et nous partirons gaiement, car au fond nous sommes gais, et ce n'est pas la peine de perdre notre bonne humeur en nous débattant au milieu d'ennuis de toutes sortes, de dettes et d'huissiers.

HÉLÈNE, *doucement.*

Figure-toi qu'à mon âge je n'ai pas encore vu d'huissiers.

JACQUES.

Demeure dans cette sage ignorance.

HÉLÈNE.

Je ne veux pas te contrarier, mon chéri, certes non, je ne veux pas... Je t'aime trop. Mais enfin, est-ce qu'il n'y aurait pas une combinaison? Si on cherchait un peu avant de se décourager... Je ne demande pas mieux que d'aller vivre dans la province, moi, mais pas tout de suite, plus tard, quand nous serons vieux, quand nous serons ramollis.

JACQUES.

Je veux bien chercher, mais je sais d'avance...
(Entre Rosalie.)

SCÈNE XI

Les Mêmes, ROSALIE.

ROSALIE.

Une facture pour madame... Dois-je faire attendre?

HÉLÈNE.

Voyons... Ah! c'est ce que j'ai acheté cette après-midi. Faites attendre.

ROSALIE.

Bien, madame.
(Elle sort.)

HÉLÈNE, à *Jacques.*

Veux-tu me donner quatre cents francs?

JACQUES.

Voici... *(Ouvrant son portefeuille.)* Cent... deux cents... Tiens... je ne les ai pas tout à fait... Ah! c'est vrai... j'ai payé ce matin un tas de notes en retard.

HÉLÈNE.

Tu en as une manie de payer des notes.

JACQUES.

Le tapissier n'avait pas touché un sou depuis trois ans.

HÉLÈNE.

Qu'est-ce qu'il aurait fait d'un sou? Enfin... on ne peut pas renvoyer un fournisseur pour cette misère...

JACQUES.

Nous voilà dans la crise, en pleine crise... Comme c'est amusant...

HÉLÈNE.

On ne peut pas. Il faut trouver une combinaison.

(Rentre Rosalie.)

ROSALIE, à Jacques.

De la part de M. Revinel.

JACQUES, vivement.

Faites entrer... faites entrer... S'il pouvait m'envoyer mes cent louis!...

(Entre un groom de quatorze à quinze ans, costume de groom de cercle.)

SCÈNE XII

Les Mêmes, Le Groom.

LE GROOM.

Bonjour, monsieur Herbaut. Une lettre de monsieur Revinel.

JACQUES.

Bonjour, Auguste... *(Il prend la lettre et la décachète. à part.)* Comment! rien! *(Lisant.)* « Cher ami, je suis désolé, mais j'ai pris justement hier la grosse culotte et... » *(Bas à Hélène.)* Lis...

HÉLÈNE.

Je vois bien.

JACQUES.

Comment faire? Et l'autre qui attend!...

HÉLÈNE, *le prenant par le bras, et à part.*

Tape le groom.

JACQUES.

Hein?

HÉLÈNE.

Tape le groom! Il n'y a pas d'autre moyen!

JACQUES.

C'est ennuyeux! C'est très ennuyeux... je n'ai pas l'habitude.

HÉLÈNE.

Dépêche-toi donc... *(Haut avec intention.)* Tu n'as pas de monnaie?...

JACQUES, *embarrassé.*

Non... je... *(Au groom avec hésitation.)* As-tu dix louis sur toi, Auguste?

LE GROOM, *avec empressement.*

Mais certainement, monsieur Herbaut. J'ai toujours dix louis pour vous...

(Il prend un grand porte-monnaie et cherche des pièces d'or.)

JACQUES.

Merci, Auguste.

LE GROOM.

A votre service.

JACQUES.

Je te rendrai ça demain.

LE GROOM.

Oh! ne vous pressez pas, monsieur Herbaut. Je ne suis pas inquiet, parce que j'ai remarqué qu'on finit toujours par rendre.

JACQUES.

Vraiment?

LE GROOM.

Toujours. M. Revinel, par exemple... Il croit peut-être qu'il ne me rendra jamais ce qu'il me doit. Il fait semblant de ne plus y penser. Eh bien! il me le rendra tout de même, et avec un fort intérêt par-dessus le marché.

JACQUES.

Tu dois avoir des économies à la Caisse d'épargne?

LE GROOM.

A la Caisse d'épargne? Monsieur veut rire... Pour toucher deux et demi pour cent... ce serait trop bête. J'aime mieux prêter à ces messieurs...

HÉLÈNE.

Et vous avez raison.

LE GROOM.

Le gros Charles qui a commencé comme moi a aujourd'hui un sac énorme.

JACQUES.

Tu l'auras un jour.

LE GROOM.

Et plus vite que lui, parce que je suis d'une génération où on est plus roublard. Madame, monsieur, j'ai bien l'honneur de vous saluer.

(Il sort.)

SCÈNE XIII
JACQUES, HÉLÈNE, puis ROSALIE.

HÉLÈNE, *se mettant à rire.*

Il est délicieux, ce gamin !...

JACQUES.

Je suis furieux !

HÉLÈNE.

Tu es furieux ? Il n'y a pas de quoi !... Fichtre non, il n'y a pas de quoi ! Moi, cette petite histoire m'a tout à fait remontée. L'aplomb de ce gosse, sa confiance, ça m'a donné un coup de fouet, ça m'a montré la vie que nous menions sous son véritable jour. Ah ! il faudrait être de bien nigauds pour nous faire de la bile. Nous vivons dans un guignol, au milieu de pantins, voilà ce qu'il faut se dire. Ils s'amusent, amusons-nous ! All right ! Tout va bien, embrasse-moi ! et va payer la facture.

JACQUES, *secouant la tête.*

J'y vais, mais tout ça finira mal.

ROSALIE, *entrant.*

Une dame est là, dans le salon.

HÉLÈNE.

Ah ! bien. Faites entrer.

(Elle va à la rencontre de Pervenche, pendant que Jacques sort à gauche, et Rosalie par la droite, introduisant Pervenche.)

SCÈNE XIV
HÉLÈNE, PERVENCHE.

PERVENCHE.

Bonjour, madame. Comment allez-vous ?

HÉLÈNE.

Madame! Mais il ne faut pas m'appeler madame. Il faut m'appeler Hélène, comme autrefois.

PERVENCHE.

Comme à la pension... Oh! non, ce n'est pas possible.

HÉLÈNE.

Et pourquoi?

PERVENCHE.

Il s'est passé trop de choses depuis ce temps-là.

HÉLÈNE.

Depuis huit ans... c'est vrai, il y a au moins huit ans qu'on ne s'était pas vues.

PERVENCHE.

L'autre soir, quand nous nous sommes rencontrées au théâtre, je n'ai pas pu m'empêcher de vous parler.

HÉLÈNE.

Vous avez joliment bien fait, j'avais gardé un très bon souvenir de vous... J'ai été très contente...

PERVENCHE.

Oui, mais après, j'ai réfléchi...

HÉLÈNE.

Ah!

PERVENCHE.

J'ai réfléchi que j'avais peut-être tort, dans ma position.

HÉLÈNE.

Je ne comprends pas... Dans quelle position êtes-vous donc?

PERVENCHE.

Je ne m'appelle plus Juliette Boursier. Je m'appelle Pervenche, tout simplement. Je suis devenue une cocotte.

HÉLÈNE.

Une cocotte?

PERVENCHE.

Oui, j'ai mal tourné. Vous êtes fâchée que je sois venue, n'est-ce pas?

HÉLÈNE.

Mais non, mais non! Voilà une idée! Et comment ça s'est-il fait?

PERVENCHE.

A dix-huit ans. Vous vous rappelez Georges?

HÉLÈNE.

Non...

PERVENCHE.

Le frère de Sophie Allain? Il me promettait le mariage. Alors, je lui ai cédé.

HÉLÈNE.

Et il ne vous a pas épousée?

PERVENCHE.

Non! Quelque temps après, — je vous parle à cœur ouvert, parce qu'il me semble que vous ne m'en voudrez pas, — quelque temps après, j'ai fait la connaissance d'Edouard, qui me jurait aussi que nous nous marierions. Il faut vous dire que je n'avais qu'un rêve, c'était de me marier... parce que je trouve que, pour une femme, il n'y a rien au-dessus du mariage... C'est cette idée qui m'a perdue.

HÉLÈNE.

Alors, Edouard ne vous a pas plus épousée que Georges?

PERVENCHE.

Non. J'ai fait une troisième tentative...

HÉLÈNE.

Pardon. Combien de tentatives avez-vous faites, sans indiscrétion?

PERVENCHE.

Cinq.

HÉLÈNE.

Et aussi infructueuses les unes que les autres?

PERVENCHE.

Oui.

HÉLÈNE.

Et vous n'avez pas réfléchi qu'à mesure justement que vous multipliiez les tentatives, vous aviez moins de chances de...

PERVENCHE.

On ne pense pas à tout. Enfin, un beau matin, je me suis trouvée être une cocotte. Mais, je vais vous paraître extraordinaire, je ne désespère pas de me marier un jour.

HÉLÈNE.

Vous avez bien raison.

PERVENCHE.

Toutes les fois que je me mets avec quelqu'un, je me figure qu'il va m'épouser. Sans ça, je ne pourrais pas.

HÉLÈNE.

Cela prouve que vous avez encore des sentiments honnêtes.

PERVENCHE.

Et vous, vous avez eu plus de chance que moi, d'après ce que je vois?

HÉLÈNE.

Dame!

PERVENCHE.

Tant mieux! Vous êtes mariée, vraiment?

HÉLÈNE.

Oui.

PERVENCHE.

C'est beau? Il y a longtemps?

HÉLÈNE.

Quelques années.

PERVENCHE.

Vous êtes bien heureuse.

HÉLÈNE.

Je suis obligée de reconnaître que mon existence a été moins mouvementée que la vôtre.

PERVENCHE.

Vous avez épousé quelqu'un tout de suite?

HÉLÈNE.

Qu'entendez-vous par tout de suite?... Ah! oui...

PERVENCHE.

Je veux dire que vous vous êtes mariée...

HÉLÈNE.

Directement.

PERVENCHE.

Tenez! Vous ne vous imaginez pas le plaisir que vous me faites en causant avec moi... en écoutant tout ce que je vous dis... Nous ne nous reverrons peut-être plus; mais je n'oublierai jamais... jamais...

(Elle lui serre la main.)

HÉLÈNE.

Mais si... On se reverra... On tâchera de se revoir...

PERVENCHE.

A part ça, je n'ai pas trop à me plaindre... En ce moment, j'ai un ami qui est très gentil...

HÉLÈNE.

Vous l'aimez?

PERVENCHE.

Oh! non, je n'aimerai jamais que mon mari... Mais vous devez le connaître de nom...

HÉLÈNE.

Qui est-ce?

PERVENCHE.

On en parle souvent dans les journaux, Brassac.

HÉLÈNE.

Brassac,... le banquier?

PERVENCHE.

C'est ça...

HÉLÈNE.

Bébé?

PERVENCHE.

Bébé!

HÉLÈNE.

Vous êtes la bonne amie de Bébé?

PERVENCHE.

Vous le connaissez donc?

HÉLÈNE.

Pas personnellement. Mais on en parlait tout à l'heure devant moi.

PERVENCHE.

C'est un type épatant. Il y a cinq ans, il était dans une purée... Oh! pardon...

HÉLÈNE.

Ça ne fait rien... Je comprends.

PERVENCHE.

Aujourd'hui, il a un automobile et il est directeur d'une Banque... et il n'en est pas plus fier pour ça. C'est une de ses qualités de ne pas être fier. Aussi, il en a des gens autour de lui, qu'il met dans ses affaires et à qui il en fait gagner de la galette...

HÉLÈNE.

Ils sont bien heureux.

PERVENCHE.

Mais à vous aussi, si vous vouliez, il vous en ferait gagner.

HÉLÈNE.

Ah !

PERVENCHE.

On en a toujours besoin, n'est-ce pas? dans toutes les positions.

HÉLÈNE.

En effet... en effet...

PERVENCHE.

Est-ce que monsieur Herbaut le connait, Brassac?

HÉLÈNE.

Non... je ne crois pas.

PERVENCHE.

Désirez-vous que je lui fasse faire sa connaissance?

HÉLÈNE.

Mais j'en parlerai à mon mari... je ne dis pas non...

PERVENCHE.

Monsieur Herbaut ne s'en repentirait pas, c'est moi qui vous le garantis. Brassac lui en donnerait des tuyaux sur la Bourse, et des bons...

HÉLÈNE.

Vous croyez?...

PERVENCHE.

Essayez, vous verrez bien. Il est rudement malin, Brassac!...

HÉLÈNE.

Ça me tente assez tout ce que vous me dites-là, ça me tente même beaucoup. Nous en recauserons un de ces jours.

PERVENCHE.
Vous voulez bien que je revienne vous voir, alors?...

HÉLÈNE.
Certes, oui...

PERVENCHE.
Tenez, vous ne vous figurez pas comme je suis heureuse! Maintenant, je vous quitte, je ne veux pas vous déranger plus longtemps.

HÉLÈNE.
Au revoir, Juliette, à bientôt.

PERVENCHE.
Oh! oui, c'est ça, appelez-moi Juliette, quand nous serons seules. C'est un joli nom, n'est-ce pas? Et je finissais par l'oublier. Ils m'appellent tous Pervenche.

(Entre Jacques.)

SCÈNE XV

Les Mêmes, JACQUES.

HÉLÈNE.
Mon mari...

PERVENCHE.
Enchantée, monsieur...

HÉLÈNE, à *Jacques*.
Madame.

PERVENCHE.
Au revoir, monsieur... *(A Hélène.)* Au revoir.

SCÈNE XVI

JACQUES, HÉLÈNE.

JACQUES.
Qui est donc cette dame?

HÉLÈNE.

Ah! mon chéri, je crois que je la tiens, la combinaison!

JACQUES.

Quelle combinaison?

HÉLÈNE.

Celle qui nous permettra de rester à Paris et de nous refaire, et de nous refaire même dans les grands prix!

JACQUES.

Vraiment! Et cette combinaison, c'est?

HÉLÈNE.

C'est Bébé!

JACQUES.

Qu'est-ce que tu me chantes là?

HÉLÈNE.

Bébé! Ah çà, tu ne connais pas Bébé? Tu ne connais donc rien? Brassac... le banquier... qui gagne tout ce qu'il veut... Rappelle-toi ce que t'a dit Plesnois tout à l'heure. Eh bien! on va nous le faire connaître. Par lui nous aurons toutes sortes de renseignements et...

JACQUES.

Pardon. Veux-tu me répondre? Qui est cette dame?...

HÉLÈNE.

Elle est gentille, n'est-ce pas?

JACQUES.

Qui est-ce?

HÉLÈNE.

Je te l'ai dit, une de mes camarades de pension.

JACQUES.

Qui s'appelle?

HÉLÈNE.

Juliette Boursier.

JACQUES:

Elle est mariée?

HÉLÈNE.

Tout le monde ne peut pas être marié.

JACQUES.

Elle est encore demoiselle?

HÉLÈNE.

C'est la maîtresse de Brassac.

JACQUES.

La maîtresse de !...

HÉLÈNE.

Parfaitement. Tu vois que nous serons bien placés pour en avoir, des renseignements et des bons !

JACQUES.

Comment ! Tu supposes que je vais te laisser fréquenter cette dame?

HÉLÈNE.

Il ne s'agit pas de la fréquenter outre mesure... D'abord, tu sais, elle est très bien élevée.

JACQUES.

Ça m'est bien égal...

HÉLÈNE.

Nous avons été élevées ensemble.

JACQUES.

Mais, sapristi, est-ce que c'est une raison pour?...

HÉLÈNE.

Crois-tu qu'elle soit d'une moralité très inférieure à celle de Marguerite Plesnois, par exemple, que je vois presque tous les jours?

JACQUES.

Oh ! çà !

HÉLÈNE.

Elle a des amants, elle cherche un mari. Marguerite a un mari, elle cherche des amants. Il n'y a pas un abîme entre les deux.

JACQUES.

Voilà encore ta façon de raisonner!... Non! C'est inouï! Ecoute, ma petite Hélène, tu es très intelligente, tu as un caractère exquis, tu es la plus honnête femme de la terre, mais dans certaines questions tu as une lacune, je t'assure que tu as une lacune. Il y a des choses que tu ne comprends pas... J'ai beau te les expliquer, tu ne les comprendras jamais... Des gens de notre monde ne fréquentent pas des cocottes, tu entends, ni des financiers véreux. J'ajoute qu'ils ne doivent pas non plus taper les grooms de cercle. Je l'ai fait et j'ai eu tort. Ah! si je t'écoutais, Dieu sait où nous irions!

HÉLÈNE.

Mon petit Jacquot, vous obéirez à votre femme comme vous l'avez fait jusqu'à présent, parce que vous l'aimez et qu'elle vous aime et que le reste n'est pas sérieux.

JACQUES.

Tout ça finira très mal!

HÉLÈNE.

Ça finira comme dans un rêve.

ACTE II

PREMIER TABLEAU. — CHEZ BRASSAC

Un cabinet de banquier. Vaste. Luxueux. Au fond, une large baie découvrant des galeries. A gauche, un bar dressé sur un buffet anglais. Au lever du rideau, le bar est placé dans la galerie et invisible pour le spectateur. Les domestiques le dressent à la scène II avec des chaises et petites tables. A gauche, une porte conduisant aux appartements de Brassac. A droite, au premier plan, un appareil téléphonique. Au lever du rideau, la baie du fond est fermée. Les remisiers entrent et sortent par la porte de gauche ainsi que Pigoche.

SCÈNE PREMIÈRE

BRASSAC, PIGOCHE, PERVENCHE, ÉGLANTINE, MIRETTE, Premier et Deuxième Remisiers.

BRASSAC, à *Mirette*.

Une seconde, mon enfant, une seconde, je suis à vous. *(Aux deux remisiers.)* Qu'est-ce que je vous disais ? La Bourse a ouvert admirablement.

PREMIER REMISIER.

Vous ne vous trompiez pas, monsieur Brassac.

BRASSAC.

Je ne me trompe jamais.

DEUXIÈME REMISIER.

Les ordres ?

BRASSAC, *lui parlant à voix basse.*

C'est compris ?

DEUXIÈME REMISIER.

C'est compris.

BRASSAC, *au premier remisier.*

Et vous...
(*Il lui parle également à voix basse.*)

PREMIER REMISIER.

Entendu.

BRASSAC.

Allez, jeunes gens, travaillez, travaillez ferme !
(*Sortent les deux remisiers.*)

MIRETTE.

Bonnes nouvelles, Bébé ?

BRASSAC.

Excellentes, les nouvelles. Comment voulez-vous qu'elles soient ?

ÉGLANTINE.

Mes aluminiums ?

BRASSAC.

417 fr. 15, mon amour.

ÉGLANTINE.

Chouette !

MIRETTE.

Mes mines ?

BRASSAC.

En hausse !

ÉGLANTINE.

Et mes Extérieures ?

BRASSAC.

Elles sont épatantes, vos Extérieures !

MIRETTE.

Et mes Turcs ?

BRASSAC.

Ils montent, vos Turcs, ils ne font que monter.

ÉGLANTINE.

C'est que les temps sont durs... n'est-ce pas, Mirette ?

MIRETTE.

Bigre !

ÉGLANTINE.

Au fait, Le Houssel et moi, vous savez... Eh bien ! c'est fini, nous deux.

BRASSAC.

Dommage !

MIRETTE.

Et moi, avec Gontran et le petit baron... C'est fini, nous trois !

ÉGLANTINE.

Allons, assez bavardé, sauvons-nous vite. Nous déjeunons chez Blanche Corset à une heure, mon cher. Ce qu'on déjeune tard dans cette maison !

MIRETTE.

C'est ennuyeux, parce que ça vous coupe votre après-midi. Moi, j'ai justement quelque chose à faire... Tu sais ce que j'ai à faire, hein ! comme c'est gai... *(A Brassac.)* Seulement, il n'y avait pas moyen de refuser, parce que Blanche nous présente son nouveau...

BRASSAC.

Et combien êtes-vous à déjeuner ?

MIRETTE.

Des tas... les deux sœurs Broquet, Toto, Germaine Piston... rien que des amies à vous... On passera cette après-midi, préparez-nous des gâteaux...

BRASSAC.

Comme tous les jours, ma chérie.

ÉGLANTINE, à *Pervenche qui cause avec Pigoche.*

Viens-tu, Pervenche?

PERVENCHE.

Je vous suis.

MIRETTE.

Au revoir, Bébé, à tantôt.

ÉGLANTINE.

A tantôt.

BRASSAC.

Allez, jeunes gens, et travaillez, travaillez ferme !

(Sortent Mirette et Églantine.)

PERVENCHE, à *Brassac.*

As-tu revu monsieur Herbaut, depuis l'autre soir?

BRASSAC.

Je l'attends aujourd'hui... *(A Pigoche.)* Tu n'as pas oublié de lui téléphoner ?

PIGOCHE.

Il sera ici dans un quart d'heure.

PERVENCHE.

Quel charmant garçon, tu ne trouves pas ?

BRASSAC.

Charmant... il me plaît beaucoup..

PERVENCHE.

Il faudra être gentil avec lui...

BRASSAC.

S'il veut m'écouter... je ferai sa fortune...

PERVENCHE.

Ah ! je serais joliment contente.

BRASSAC.

Dépêche-toi d'aller déjeuner.

PERVENCHE.

J'y vais... Quoique ça ne m'amuse guère. Ce qu'elles m'embêtent, toutes ces femmes-là, depuis que j'ai revu madame Herbaut!... Dire que j'aurais pu épouser quelqu'un, moi aussi!

BRASSAC.

Tu as bien le temps.

PERVENCHE.

J'aurais pu être une grande dame!

BRASSAC.

Tu es une petite... C'est toujours ça.

PERVENCHE.

Enfin, n'en parlons plus. Au revoir, Pigoche!

PIGOCHE.

Au revoir, mademoiselle.

(Sort Pervenche.)

SCÈNE II

BRASSAC, PIGOCHE.

BRASSAC, tapant sur l'épaule de Pigoche.

Voilà une journée qui s'annonce bien, mon vieux Pigoche!

PIGOCHE.

Vous êtes toujours satisfait, vous...

BRASSAC.

Toujours! Parce que j'ai la santé et la confiance et que je vais de l'avant. La finance au grand jour! Telle est ma devise. Toi, tu es un timide: si je t'avais écouté, je serais encore calicot et toi clerc d'huissier et nous irions faire la manille tous les soirs au café des Trois-Hémisphères. Tandis qu'aujourd'hui, je suis directeur de la Banque Franco-Etrangère et tu es mon fidèle secrétaire!

PIGOCHE.

Vous êtes Bébé.

BRASSAC.

Oui, jeune plaisantin, mes clients m'appellent Bébé, et j'en suis fier...

PIGOCHE.

Vos clientes surtout.

BRASSAC.

Mes clientes surtout, et j'en suis encore plus fier. Les cocottes les plus chic de Paris m'honorent de leur confiance, parce que je suis le financier sympathique, bon enfant et très parisien. Je tutoie trois mille personnes, j'ai fait le calcul, et sur le boulevard je suis obligé de me promener comme ça. *(Il marche le bras tendu)*, parce que je serre toutes les mains. Je ne dis pas que c'est la gloire, mais c'est la notoriété, la grande notoriété.

PIGOCHE.

Si vous croyez que vous n'avez pas d'ennemis!...

BRASSAC.

Mes ennemis, je les tutoie aussi!... Parbleu! Il y a des gens qui me débinent... Mais qu'est-ce que ça peut me faire qu'on raconte que j'ai volé tout le monde? D'abord, ce n'est pas vrai!... Et puis, il vaut mieux voler tout le monde que de ne voler que quelques personnes...

PIGOCHE.

Que voulez-vous que je vous dise? C'est plus fort que moi, l'avenir m'inquiète...

BRASSAC.

Enfant! D'ailleurs, je le prépare, l'avenir, je

je prépare tous les jours... Je me rends bien compte de ce qui me manque, parbleu! Sais-tu ce qui me manque encore? J'ai le boulevard pour moi, j'ai les cocottes, il me manque les gens du monde. Si j'avais les gens du monde, je serais le maître de Paris. Voilà pourquoi j'ai été enchanté de faire la connaissance d'Herbaut.

PIGOCHE.

Je me demande à quoi il peut vous servir, Herbaut?

BRASSAC.

C'est un homme du monde... Il a le genre de relations dont j'ai besoin... Un nom honorable... Un nom honorable dans les affaires, c'est le rêve!

PIGOCHE.

Eh bien?

BRASSAC.

Tu ne comprends pas?

PIGOCHE.

Non.

BRASSAC, *allant chercher un papier sur la table.*

Lis ça...

PIGOCHE, *jetant un coup d'œil.*

Un projet d'association... Vous voulez vous associer avec lui?

BRASSAC.

Parfaitement. Et aujourd'hui même. Jamais de retard avec moi, jamais d'indécision. La vie est courte.

PIGOCHE.

Mais il est décavé, Herbaut!

BRASSAC.

Tant mieux, il ne m'embêtera pas... je serai le maître...

PIGOCHE.

Je ne vois pas les avantages...

BRASSAC.

Tu les verras plus tard. Pour commencer, il me fera entrer au cercle... et puis, je ne te dis que ça!

PIGOCHE.

Hum! acceptera-t-il, dans ces conditions-là?

BRASSAC.

Pourquoi pas? Ce que je lui propose est très honnête... hein? Enfin, ce n'est pas malhonnête.

PIGOCHE.

Ce n'est ni honnête, ni malhonnête.

BRASSAC.

C'est tout ce qu'on peut demander à une affaire... N'aie donc pas peur, mon vieux Pigoche, l'avenir est à nous... *(Regardant sa montre.)* Voyons, que j'organise mon après-midi... Trente-six machines en train, à Paris, à Londres. Diable de métier, il faut avoir l'œil et la main partout!

PIGOCHE.

Il y a tant de poches!

BRASSAC.

Sans compter les affaires de cœur... Tu t'en moques, toi, des affaires de cœur...

PIGOCHE.

Vous êtes encore amoureux?

BRASSAC.

Oui, brigand...

PIGOCHE.

De cette comtesse, je parie...

BRASSAC.

Une comtesse... du Chili... La comtesse Barodo... Je vais lui envoyer ma loge pour la première du cirque. *(Il appuie sur un bouton électrique. Paraissent deux valets de pied... A un des valets de pied, lui remettant une enveloppe:)* Cette lettre à son adresse, tout de suite.

LE VALET DE PIED.

Bien, monsieur.

BRASSAC.

Maintenant, ouvrez les galeries, et dressez le bar comme tous les jours. *(Les deux valets ouvrent la porte du fond qui découvre une vaste galerie... Puis, ils tirent des rideaux qui cachent le bar. Pendant qu'ils le dressent, avec autour des petites tables.)* C'est encore une idée à moi, ça... Le goûter de trois à quatre... Sandwichs, thé, petits fours... champagne dry et extra dry... Ça attire les femmes et les messieurs et ça entretient une légère surexcitation indispensable dans les affaires... on flirte et on lunche en surveillant le cours de la Bourse.

PIGOCHE.

C'est le succès du jour, le lunch chez Bébé.
(Sortent les deux domestiques.)

BRASSAC.

Ah! ah! je ne peux pas m'empêcher de rire... Te rappelles-tu ce bonhomme de province qui ne voulait pas lâcher ses fonds?

PIGOCHE.

Nous étions justement ici...

BRASSAC.

Devant le bar... il hésitait...

PIGOCHE.

Nous lui avons offert des sandwichs.

BRASSAC.

Et du champagne.

PIGOCHE.

Sec.

BRASSAC.

Très sec, et il a fini par se décider.

PIGOCHE.

Je crois même qu'il n'a pas été très heureux avec nous.

BRASSAC.

On ne fait pas d'omelette sans casser des œufs... Chut! Herbaut!

(Entrent Hélène et Herbaut.)

PIGOCHE, à part.

Un œuf.

SCÈNE III

Les Mêmes, JACQUES, HÉLÈNE.

BRASSAC, allant à la rencontre d'Hélène.

Ah! chère madame, très honoré de...

HÉLÈNE.

J'ai accompagné mon mari... J'étais curieuse de voir votre installation dont on parle tant... Tiens! un bar...

BRASSAC.

Mes clientes me font l'amitié de venir luncher.

JACQUES.

C'est charmant... Votre secrétaire m'a téléphoné tout à l'heure.

BRASSAC.

Vous avez été un peu intrigué, avouez-le.

JACQUES.

Un peu, oui.

BRASSAC.

Ah! ah! Et vous vous êtes dit : « Que me veut ce gaillard-là? Méfions-nous! »

JACQUES.

Oh!

BRASSAC.

Si, si. J'ai une mauvaise réputation dans votre monde, je le sais. D'abord, c'est bien simple. Dès qu'un financier a une réputation, elle est mauvaise.

JACQUES.

Je vous assure...

BRASSAC.

Mais tout cela n'a aucune importance. Vous m'êtes très sympathique... Je me suis promis de faire votre fortune et je la ferai. Voilà comment je suis. *(A Hélène.)* Un petit sandwich, madame... Je vous recommande ceux-ci, queues d'écrevisses et foie gras, avec un rien de citron, c'est une invention à moi...

HÉLÈNE, *goûtant.*

Excellent!

BRASSAC, *à Jacques.*

Et vous?...

JACQUES.

Je veux bien...

HÉLÈNE.

Mange donc, mon chéri, tu as à peine déjeuné.

BRASSAC.

Il a à peine déjeuné... quelle hygiène!... Il faut manger, mon bon ami, il faut manger tout de suite. *(A Hélène.)* Une goutte de champagne?

HÉLÈNE.

Non, merci...

BRASSAC.

Vous, Herbaut? Allons! avec un sandwich.

JACQUES.

Très peu, une gorgée... le champagne me monte à la tête...

BRASSAC, à Pigoche.

Débouche une bouteille.

PIGOCHE.

Duquel?

BRASSAC, à mi-voix.

Très sec. *(Revenant à Herbaut.)* Nous allons donc causer sérieusement.

HÉLÈNE.

Je vous laisse alors... *(A Jacques.)* Je reviendrai te prendre tout à l'heure... Vous n'en avez pas pour longtemps?

BRASSAC.

Nous vous attendrons, madame.

(Sort Hélène.)

SCÈNE IV

BRASSAC, JACQUES, PIGOCHE.

BRASSAC, à Jacques.

Je vais jouer carte sur table, avec vous. La finance au grand jour, c'est ma devise... *(Bas à Pigoche.)* Va fermer la porte, et qu'on ne nous dérange pas.

PIGOCHE.

Bien.

(Il sort.)

SCÈNE V

BRASSAC, JACQUES.

JACQUES.

Je vous écoute.

BRASSAC.

Donc, je vais vous parler carrément. Je connais votre situation. Eh bien! je peux, en six mois, vous remettre à flot, et vous, vous pouvez me servir puissamment en me faisant pénétrer dans un monde qui m'est fermé! D'où l'idée qui m'est venue... association.

JACQUES.

Avec moi?

BRASSAC.

Oui.

JACQUES.

Vous plaisantez! D'abord, je n'entends rien à la finance, ni à la Bourse.

BRASSAC.

Vous vous y mettrez... et vous vous passionnerez à ce jeu-là, je vous en réponds. C'est autre chose que le baccara ou la roulette... Le baccara, la roulette, les courses, c'est la vieille guerre, c'est l'arme blanche... La Bourse, c'est le tir à longue portée.

JACQUES.

Et on est volé à la Bourse, comme on est tué à la guerre, par des gens qu'on ne voit pas.

BRASSAC.

Des mots, tout ça, des mots. Raisonnons... Encore un sandwich?

(Il lui donne un sandwich et lui verse du champagne.)

JACQUES.

Remarquable, votre champagne!

BRASSAC.

Un champagne de tout premier ordre. Oui, raisonnons. Comment allez-vous tenir votre rang, aujourd'hui? avec quoi?

JACQUES.

Je ne le tiendrai pas, voilà tout. Je m'en irai à la campagne.

BRASSAC.

Je vous défie de vous passer de la vie de Paris, je défie surtout votre femme de s'en passer... Or, la vie de Paris, telle que nous la comprenons, c'est le luxe... Et le luxe, vous savez ce que c'est, n'est-ce pas? Donc, vous êtes pris dans un cercle vicieux. Heureusement, je suis là et je vous dis : « ... Signez ce papier, et votre fortune est faite. »

JACQUES.

Qu'est-ce que c'est que ce papier?

BRASSAC, *le lui tendant.*

Lisez... *(lui verse à boire.)* Lisez.

JACQUES.

Voyons. *(Il lit:)* « Entre les soussignés... eu... eu. »

BRASSAC, *du ton d'un homme qui fait ressortir les avantages d'une affaire et lui montrant du doigt un passage.*

Hein?

JACQUES.

Eh! eh!

BRASSAC.

C'est coquet, n'est-ce pas?

(Il trinque avec Jacques et boit.)

JACQUES *se remet à lire, et, désignant du doigt un autre passage:*

Mais ceci?

BRASSAC.

Eh bien?

JACQUES.

C'est moins bon, ceci, c'est moins bon.

BRASSAC.

Bah!

JACQUES.

Je vous assure... *(Il continue à lire. Tout à coup.)* Oh! oh!

BRASSAC.

Quoi?

JACQUES.

Ça!

BRASSAC.

Ça?

JACQUES.

Oui.

BRASSAC.

Qu'est-ce que vous reprochez à ça?

JACQUES, *avec un petit sifflement.*

U... u, u, u...

BRASSAC.

Mais enfin?

JACQUES.

Dites donc... Si vous faisiez de mauvaises spéculations, je serais responsable.

BRASSAC.

Je ne peux pas en faire de mauvaises. Nous ne ferons que des spéculations de tout premier ordre... Par conséquent, vous ne risquez rien... Allons! Allons! *(Lui présentant un porte-plume.)* Pas d'hésitations puériles. Signez là et là...

JACQUES.

A vous parler franchement, ça ne me dit rien du tout. Je n'aime pas ce genre d'opérations.

BRASSAC.

Croyez-vous que vous seriez le seul à en faire, dans le milieu où vous vivez... je vous en citerai vingt, je vous en citerai cinquante. *(Il verse à boire.)* Le comte de Linières, le vice-président de votre cercle, est associé avec Verugna; votre camarade Blandin est l'homme de paille de Sabourot... Combien d'autres !...

(Ils boivent.)

JACQUES.

Je ne dis pas... mais ce n'est pas une raison... Enfin !... Donnez-moi ce papier... Je l'étudierai à tête reposée... Je réfléchirai...

BRASSAC, *lui enlevant le papier.*

Il ne faut pas réfléchir... Il faut agir... vous êtes en train de repousser la fortune, de la repousser du pied avec mépris.

JACQUES.

Je vous répète que... je veux...

BRASSAC.

Oh ! je vois bien où le bât vous blesse... Vous vous imaginez que ce que je vous propose n'est pas très correct.

JACQUES.

Voilà.

BRASSAC.

Eh bien ! vous vous trompez... C'est tout ce qu'il y a de plus correct, de plus régulier, de plus avouable...

JACQUES.

Que vous dites, mon bon !

BRASSAC.

Jamais je ne vous aurais proposé une affaire qui n'aurait pas été la correction même. Je ne vous demande pas votre nom pour rouler les gens... Si je voulais rouler les gens, je n'aurais pas besoin de vous, je le ferais bien tout seul.

JACQUES, *reprenant le papier.*

Tenez, ça, par exemple, est-ce que ça n'est pas un peu ?...

BRASSAC.

Ça, c'est la correction même.

JACQUES, *même jeu.*

Et ça?...

BRASSAC.

Tout ce qu'il y a de plus correct !

JACQUES, *même jeu.*

Et ça?...

BRASSAC.

Ça, c'est tellement honnête, que ça en est idiot ! Allons, allons, mon cher ami, pas d'enfantillages !... Nous avons des bénéfices énormes à réaliser... Marchons !

JACQUES, *la tête un peu échauffée.*

Enormes?... Vous croyez!...

BRASSAC.

Enormes !... sûrs... réguliers... J'insiste, réguliers ! Mais voyez donc là... *(Il désigne une ligne du papier.)* Et là... et là... et partout !... *(Avec un flux de paroles.)* C'est merveilleux, c'est admirable, une opération de tout repos, vous ne risquez rien. C'est une de ces aubaines comme on n'en rencontre pas deux fois dans sa vie. Vous seriez fou de ne pas en profiter ! Allons ! Allons, mon ami, prenez cette plume. *(Il lui met une plume dans la main.)* Et signez là... et là... Et ici un petit paraphe, un simple petit paraphe de rien du tout... Allez donc ! mais allez donc... On a du mal à faire votre fortune ! *(Jacques dompté et emporté se laisse faire machinalement.)* Oui, là, la signature, et là, le petit paraphe... Voilà qui est bien? Parfaitement... Ce cher ami !... Attendez-moi une minute, je suis à vous...

(Il sort par la petite porte avec le papier à la main.)

SCÈNE VI

JACQUES, seul, puis HÉLÈNE.

JACQUES, *dans cette scène et la suivante, la langue un peu empâtée, un peu éméché, mais discrètement.*

Je viens de... faire... une bêtise!

(Entre Hélène.)

HÉLÈNE, *entrant.*

Vous avez fini?... Je ne vous dérange pas?

JACQUES.

Ecoute... Je viens de faire... une bêtise!

HÉLÈNE.

Ça m'étonne. Et laquelle?

JACQUES.

Je viens de m'associer avec cet animal-là.

HÉLÈNE.

Associé avec Brassac?... Et tu appelles ça une bêtise?

JACQUES.

Ecoute ce que je te dis. En ce moment j'ai... une minute de lucidité. J'irai plus loin, je suis en pleine lucidité. Eh bien! je viens de faire une grosse bêtise.

(Il porte son verre à ses lèvres.)

HÉLÈNE.

Mais non... Ne bois donc plus... tu te rendras malade.

JACQUES.

Cette histoire... je te prie de te rappeler ce que je te dis... Cette histoire nous attirera toutes sortes de... désagréments. Je suis très lucide, elle nous en attirera des tas.

HÉLÈNE, *riant.*

Quelle idée !

JACQUES.

Tu verras, ma cocotte, tu verras. Et ce sera bien fait. Oh ! que nous en aurons des désagréments... Je m'en réjouis d'avance, parce que ce sera bien fait. Où est-il cet animal-là ? *(Entre Brassac.)* Ah ! le voici.

SCÈNE VII

Les Mêmes, BRASSAC.

BRASSAC.

Bonjour, chère madame... Votre mari vous a raconté... Hein ? voilà une bonne journée ?

HÉLÈNE.

Oui, oui.

JACQUES.

App... approchez, mon petit Brassac.

BRASSAC.

Moi ? que ?...

JACQUES, *avec un petit signe de la main et balbutiant un peu.*

Oui... venez... près de moi.

BRASSAC.

Avec plaisir.

JACQUES.

Plus près...

BRASSAC, *riant.*

Je veux bien, moi... Je veux bien. *(Il lui tape sur l'épaule.)* Ce cher ami...

JACQUES.

Brassac ?

BRASSAC.

Quoi ?

JACQUES.

Vous êtes une fri...pouille...

HÉLÈNE.

Oh ! qu'est-ce que tu dis ?

BRASSAC, à part.

Tiens ! il est gris...

JACQUES.

Je vous répète que vous êtes une fripouille.

BRASSAC, avec bonhomie et pour ne pas le contrarier.

Mais oui... mon bon ami... mais oui...

JACQUES, le retenant.

Un co...quin !

HÉLÈNE, cherchant à excuser son mari.

Oh ! monsieur.

BRASSAC.

Laissez donc, ça n'a aucune importance.

JACQUES.

Un pur... coquin...

BRASSAC.

J'ai bien entendu.

HÉLÈNE, à Jacques, bas.

Tu manques de tact. *(A Brassac.)* Excusez-le.

BRASSAC.

Parbleu ! Je vous conseillerai simplement...

HÉLÈNE.

Oui, nous allons rentrer. Viens, mon chéri, rentrons.

JACQUES.

C'est ça, rentrons.

BRASSAC, lui tendant la main.

Au revoir, cher ami.

JACQUES, *lui serrant la main.*

Au revoir, cher ami... Une fripouille.
(*Il lui serre encore une fois la main.*)

BRASSAC.

Mais oui... mais oui...
(*Il les conduit jusqu'à la porte du fond.*)

HÉLÈNE.

Cher monsieur...

BRASSAC.

Chère madame...
(*Il salue Hélène et Jacques.*)

SCÈNE VIII

BRASSAC, seul, puis LA COMTESSE.

BRASSAC, *seul.*

Je l'adore, ce garçon-là... (*A la comtesse qui entre.*) Ah ! comtesse, quelle délicieuse surprise ! Enfin, vous daignez venir me voir !...

LA COMTESSE.

Je viens vous remercier de votre loge.

BRASSAC.

Vous êtes exquise, exquise...
(*Il lui baise la main.*)

LA COMTESSE.

Soyez sage, voyons. J'ai eu tort de venir ici.

BRASSAC.

Tout le monde vient ici... Un financier, c'est comme une couturière. Je vous adore, comtesse, je vous adore... Vous n'avez donc pas un peu d'amitié pour moi ?

LA COMTESSE.

Au contraire, j'ai du plaisir à vous voir, à causer avec vous.

BRASSAC.

Comme homme ou comme banquier?

LA COMTESSE.

Comme homme. Parce que, comme banquier, vous n'êtes pas sérieux.

BRASSAC.

Hein!

LA COMTESSE.

Ces dames vous prennent peut-être au sérieux, mais moi pas. Je ne vous confierais pas une piastre, ce serait dangereux.

BRASSAC.

Mais, pardon!...

LA COMTESSE.

Je suis très franche, comme vous voyez.

BRASSAC.

C'est même ce que nous appelons chez nous un excès de franchise.

LA COMTESSE.

Ne vous fâchez pas, Brassac. Je n'ai pas voulu vous offenser. Qu'importe, d'ailleurs? Vous me plaisez beaucoup. C'est l'essentiel, n'est-ce pas? C'est comme une amie que vous voulez m'avoir, je suppose, et non comme cliente.

BRASSAC.

Mon rêve serait de vous posséder sous ces deux formes, mais puisqu'il n'y a pas moyen...

LA COMTESSE.

Pas moyen du tout... Vous n'êtes pas sérieux, je vous l'ai dit.

BRASSAC.

N'insistez pas... Je vous adore, vous êtes exquise, vous n'êtes pas la femme qu'on rencontre tous les jours.

LA COMTESSE.

Et vous, de votre côté, vous êtes un type d'homme que je n'ai pas encore trouvé sur ma route. Nous avons toutes sortes d'individus dans l'Amérique du Sud, mais nous n'avons pas votre pareil. Il n'y a qu'en Europe.

BRASSAC.

Je suis flatté, comtesse.

LA COMTESSE.

Je vous crois même très capable de passion, d'emballement.

BRASSAC.

C'est-à-dire que vous m'affolez, je ne pense qu'à vous.

LA COMTESSE.

Je vous le répète, vous me plaisez, et je consentirai probablement à vous écouter un jour.

BRASSAC.

Mais quand?... Voilà, quand?

LA COMTESSE.

Je ne sais pas, Brassac. Cela dépendra. Je suis très romanesque. J'ai horreur du rendez-vous banal, de l'heure fixe et qu'une femme fasse don de sa personne comme s'il s'agissait d'un cadeau du jour de l'an.

BRASSAC.

Ou d'un poisson d'avril.

LA COMTESSE.

Enfin, vous me comprenez... J'attends que vous me donniez une preuve de votre amour... Une preuve éclatante ou ingénieuse...

BRASSAC.

Ce qu'il y a de particulier, c'est que vous me dites des choses épouvantables et que je vous aime encore plus que tout à l'heure...

LA COMTESSE.

Tant mieux, Brassac. Et pour vous récompenser, je dînerai avec vous un de ces soirs.

BRASSAC.

Oh! comtesse... chère comtesse...

LA COMTESSE.

Adieu, donc... Je me sauve, maintenant.. Voici vos clientes ordinaires. Au revoir, cher monsieur.

(Elle sort. Entrent, Blanche Corset, Oscar, puis Églantine, puis Pigoche.)

SCÈNE IX

BRASSAC, seul, puis BLANCHE CORSET avec OSCAR, puis ÉGLANTINE, puis PIGOCHE.

BLANCHE CORSET.

Bonjour Bébé... Bébé, je vous présente mon jeune ami.

BRASSAC, *serrant la main d'Oscar.*

Enchanté, monsieur, de faire votre connaissance.

OSCAR.

Moi de même, monsieur.

BLANCHE CORSET.

Où sont les derniers cours?

BRASSAC.

Tenez, là sur cette table. *(A Oscar, pendant que Blanche consulte les cours.)* Vous avez une camarade charmante, monsieur... Une des plus jolies femmes de Paris.

OSCAR.

Ce qui me plaît surtout en elle, c'est son extrême délicatesse...

BRASSAC.

Ah! ah!

OSCAR.

Et l'ingéniosité de son désintéressement.

BRASSAC.

Ah! vous la trouvez?...

OSCAR.

Désintéressée — dans la mesure, bien entendu, où peut l'être une femme entourée de son luxe. Elle m'a dit ce matin : « Mon ami, je ne veux pas qu'il soit jamais question d'argent entre nous. »

BRASSAC.

Oh! oh! C'est beau...

OSCAR.

« Je ne recevrai jamais d'argent de vous. Cela est choquant entre amant et maîtresse, et l'amour finit par s'en ressentir. »

BRASSAC.

Elle est admirable!

OSCAR.

« Vous irez simplement, a-t-elle ajouté, à la fin de chaque mois, chez Brassac — c'est lui qui a mes fonds — et vous verserez une certaine somme à mon compte... »

BRASSAC.

Ah! Bon!

OSCAR.

Ne trouvez-vous pas cela très délicat?

BRASSAC.

Je n'en suis pas surpris de sa part.

OSCAR, *mettant la main à son portefeuille.*

Je vais donc avoir l'honneur...

BRASSAC.

Je suis à vos ordres.

OSCAR, *lui donnant de l'argent.*

Voici.

BRASSAC, *écrivant un reçu sur un petit carnet dont il détache une feuille.*

Compte Corset. Et voici votre reçu.

OSCAR.

Nous nous reverrons, j'espère...

BRASSAC.

Vous accepterez bien un cocktail? *(A Pigoche, entrant sur les dernières répliques.)* Pigoche, fais préparer les cocktails.

BLANCHE CORSET, *revenant à Brassac.*

Que dites-vous de mon idée?

BRASSAC.

Mes compliments.

BLANCHE CORSET.

C'est un système que j'inaugure.

(Entre Églantine.)

ÉGLANTINE.

Bonjour, Bébé!... *(Aux autres.)* Rebonjour, les enfants... *(Elle va à la table et regarde les cours.)* Quoi de neuf?...

BLANCHE CORSET.

Je ne sais pas si vous êtes comme moi... Nous avons bien déjeuné, n'est-ce pas?

ÉGLANTINE.

On a rudement déjeuné!

BLANCHE CORSET.

Eh bien! J'ai encore faim!

BRASSAC.

Mangez, buvez! Venez que je vous installe. *(A Pigoche.)* Débouche, Pigoche, débouche tout!... *(Aux valets de pied qui sont entrés.)* Mettez des petites tables... Goûtez de ces sandwichs... C'est une invention à moi...

ÉGLANTINE.

Délicieux!

SCÈNE X

Les Mêmes, puis MIRETTE, EMMA
et LÉONIE BROQUET.

MIRETTE, *très lasse.*

Dieu, que j'ai faim!
(*Elle mange coup sur coup plusieurs gâteaux.*)

ÉGLANTINE.

Rien que ça... Tu vas étouffer.

BRASSAC.

Buvez donc...

MIRETTE, *buvant deux verres au hasard.*

Merci... Ah! on se sent meilleure.

BRASSAC.

Encore une goutte?

MIRETTE.

Je n'avais pas eu le temps de déjeuner, ma parole! *(A Brassac, à part, lui donnant des louis.)* Pendant que j'y pense, vous m'achèterez encore une ville de Paris avec ça...

BRASSAC, *écrivant.*

Compte Mirette.

BLANCHE.

Est-ce que les petites Broquet ne devaient pas venir ?

ÉGLANTINE.

Les voici...

BLANCHE.

Bonjour, les sœurs Broquet !

LÉONIE.

Bonjour, mesdemoiselles. Ça va bien, depuis tout à l'heure ?

BRASSAC, *s'avançant vers Emma et Léonie.*

Mesdemoiselles et chères clientes, je suis votre serviteur.

EMMA.

Ça va, Brassac ?

LÉONIE.

Ça va ?

(*Poignées de mains.*)

BRASSAC.

Vous êtes délicieuses, avec ces deux toilettes, pareilles, délicieuses... On doit vous prendre quelquefois l'une pour l'autre ?

BLANCHE à *Églantine, bas.*

Souvent.

BRASSAC, *les installant.*

Mettez-vous à cette petite table...

LÉONIE.

Donnez-moi les derniers cours d'abord, que je jette un coup d'œil.

BRASSAC, *apportant la pancarte.*

Voici, les enfants.

MIRETTE.

Encore un gâteau, Pigoche !

ÉGLANTINE.

Pigoche, du champagne !

PIGOCHE.

Voici, mesdemoiselles, voici.

LÉONIE, *à sa sœur penchée sur les cours.*

Il y a eu de la baisse, tu vois... J'en étais sûre... C'est le rêve que j'ai fait la nuit dernière.

EMMA.

Tu crois?

LÉONIE.

Toutes les fois que je rêve ça, je suis sûre qu'il y a de la baisse.

(Entrent Toto et Germaine Piston, à la rencontre desquelles va Brassac.)

TOTO.

On n'a pas pu venir plus tôt, Bébé... Bonjour, tout le monde...

(Elles se dirigent toutes les deux vers les sœurs Broquet et se penchent sur les cours.)

BRASSAC.

Sandwichs?

TOTO.

Non, à boire seulement. J'ai une soif!

ÉGLANTINE, *à Oscar.*

Comment! vous n'avez pas d'actions de la Banque Franco-Etrangère!

LÉONIE.

Qu'est-ce que j'entends? Monsieur n'a pas d'actions de la Banque Franco-Etrangère?

OSCAR, *à part.*

J'ai eu tort de dire ça.

MIRETTE.

Par exemple!

OSCAR.

Mon Dieu, mesdames...

EMMA.

Vous devriez rougir.

BLANCHE CORSET.

C'est un scandale... si j'avais su ! Allez prendre tout de suite des actions.

OSCAR.

Mais...

BLANCHE CORSET.

En reste-t-il, Brassac ?

BRASSAC.

Quelques-unes... Je vais les donner à monsieur.

OSCAR.

Je ne suis pas pressé.

BRASSAC.

Elles n'y seront peut-être plus demain... Pigoche, conduis monsieur à la caisse.

PIGOCHE, à Oscar.

Monsieur, si vous voulez bien me suivre.

OSCAR.

Mais...

MIRETTE.

Allez donc ! On vous dit qu'il n'en restera plus demain !

LÉONIE BROQUET.

Dépêchez-vous.

EMMA.

Vous n'avez que le temps !

TOTO.

Mais allez ! allez !

TOUTES.

Ouh !... Ouh !...

(Sortent Oscar et Pigoche.)

BLANCHE CORSET, levant son verre.

A ta santé, Bébé ! A la santé de l'homme qui

nous a appris à toutes l'ordre et l'économie... du riche banquier qui nous fait gagner beaucoup d'argent, et d'une façon honnête, ce qui n'est pas à dédaigner !

MIRETTE.

Ah ! fichtre, non !

BRASSAC, *levant son verre.*

Mesdemoiselles, je suis heureux et fier... heureux d'avoir votre confiance et fier de la mériter.

TOUS.

Bravo !

LÉONIE.

La seule supériorité que les hommes avaient sur nous jusqu'à présent était de savoir mettre de l'argent de côté.

MIRETTE.

Maintenant, ils ne l'ont plus.

LÉONIE.

Qu'est-ce qui leur reste ?

OSCAR, *rentrant avec Pigoche, son portefeuille vide à la main.*

Moi, il ne me reste plus rien...

BRASSAC, *avec un grand geste.*

Le voilà le tourbillon des affaires !

TOUS.

Vive Bébé !

DEUXIÈME TABLEAU

Pas d'entr'acte. — Le même décor ; mais la baie du fond est fermée. Le bar est caché comme au début du premier tableau.

SCÈNE PREMIÈRE
JACQUES, HÉLÈNE.

HÉLÈNE.

Tu as assez travaillé, je t'emmène.

JACQUES.

Il faut que j'attende Brassac. Je viens de faire des calculs auxquels je ne comprends rien du tout. Il faut que je les lui montre.

HÉLÈNE, *riant*.

Dis donc? Te rappelles-tu le jour où tu l'as appelé « fripouille ? » Et vous voilà tout à fait camarades ! C'est ce qu'il y a d'agréable à Paris... Qui est-ce qui a bien conseillé son petit Jacquot en l'empêchant de se retirer en province à la fleur de l'âge?

JACQUES.

C'est toi... jusqu'à présent.

HÉLÈNE.

Il n'y a qu'à voir les résultats... Un petit hôtel, une voiture au mois, plus d'ennuis... la grande vie.

JACQUES.

Je n'en persiste pas moins à dire que tout ça

finira mal... Mais, provisoirement, ça a l'air d'aller... je le reconnais.

HÉLÈNE.

Enfin ! Nous menons une autre existence, avoue-le ; moi, j'adore cette vie de jeu, de nerfs, de fièvre, où l'on rêve de millions chaque nuit ! Et quelles journées !... On a une émotion ou une surprise toutes les heures. C'est délicieux ! J'en avais besoin, je commençais à étouffer, à m'ennuyer. Aujourd'hui, je respire, je t'aime mieux. Nous nous aimons mieux, tu ne trouves pas... Tu ne trouves pas ?

JACQUES.

Si... si...

HÉLÈNE.

Allons, allons, ne fais pas le malin, tu es content.

JACQUES.

Je suis ahuri, surtout.

HÉLÈNE.

Viens te promener, ça te distraira. Il n'a pas besoin de toi, Brassac.

(Entre Brassac.)

SCÈNE II

LES MÊMES, BRASSAC.

BRASSAC.

Mes hommages, madame.

JACQUES, à Brassac.

Tenez, voici mon travail... Ça va-t-il ?

BRASSAC, sans regarder.

Mais oui... mon bon ami, mais oui... ça va très bien.

HÉLÈNE.

Alors vous n'avez plus besoin de lui? Je peux l'emmener.

BRASSAC.

Mais comment donc!... Allez vous promener, cher ami, allez vous promener. Je travaillerai pour vous.

JACQUES.

A demain, alors!

BRASSAC.

A demain.

(Sortent Jacques et Hélène.)

SCÈNE III

BRASSAC, Un Valet de pied, puis PIGOCHE.

BRASSAC, au valet de pied qu'il vient de sonner.

Vous ferez préparer l'automobile. J'irai au Bois à cinq heures.

LE VALET DE PIED.

Bien, monsieur.

(Il sort.)

PIGOCHE, entrant.

On a téléphoné de Londres, il y a un instant.

BRASSAC.

La hausse?

PIGOCHE.

Toujours... On téléphonera de nouveau tout à l'heure.

BRASSAC.

Je t'ai expliqué le coup que je faisais là-bas!... C'est merveilleux.

PIGOCHE.

C'est joli...

BRASSAC.

La hausse est sûre... mathématique... nécessaire... Dans deux heures, j'aurai gagné un sac formidable.

PIGOCHE.

Ce n'est pas tout à fait certain... mais je le crois comme vous... *(Lui présentant des lettres.)* Le courrier.

BRASSAC, *regardant les lettres.*

Sans intérêt... Ah! un petit bleu. *(Il ouvre.)* Un mot de la comtesse... *(Lisant, puis avec joie.)* Mon vieux Pigoche, tu auras une gratification.

PIGOCHE.

Merci. Pourquoi?

BRASSAC.

Parce que je suis heureux. Elle dîne avec moi ce soir...

PIGOCHE.

C'est l'amour, alors?

BRASSAC.

La forte toquade...

PIGOCHE.

Et mademoiselle Pervenche?

BRASSAC.

Pervenche? Aujourd'hui même Pervenche sera une jeune personne complètement lâchée par un riche banquier.

PIGOCHE.

Ah! bah!

BRASSAC.

Cette enfant a eu le toupet, hier, de souper avec le petit Clapotin, de la Bourse, et cela sans m'en demander la permission. Je n'aime pas beaucoup ces blagues-là. En outre, depuis qu'elle a découvert qu'elle avait été en pension avec madame Herbaut, elle exige qu'on lui parle comme à une femme du monde!... C'est admirable!

(Entre Perrenche.)

SCÈNE IV

Les Mêmes, PERVENCHE.

BRASSAC.

Ah! te voilà, toi, j'ai à te parler.

PERVENCHE.

Moi aussi.

BRASSAC.

On t'a vue hier avec quelqu'un.

PERVENCHE.

Avec Clapotin.

BRASSAC.

Tu avoues?

PERVENCHE.

Quoi?

BRASSAC.

Que tu me trompes avec Clapotin.

PERVENCHE.

Non, je n'avoue pas, parce que ce n'est pas vrai.

BRASSAC.

Ah! ah!

PERVENCHE.

Ce n'est pas encore vrai.

BRASSAC.

Plaît-il?

PERVENCHE.

Clapotin me fait la cour, mais c'est tout.

BRASSAC.

Vous avez soupé ensemble hier soir.

PERVENCHE.

Parfaitement. Et après?

BRASSAC.

Vous m'aviez dit que vous rentriez chez vous.

PERVENCHE.

C'était un mensonge. Et après?...

BRASSAC.

Eh bien! il ne me plaît pas que vous soupiez avec Clapotin.

PERVENCHE.

Je suis venue justement pour avoir une explication avec toi.

BRASSAC.

Je vous écoute.

PERVENCHE.

Une question d'abord. As-tu l'intention de m'épouser un jour?

BRASSAC, *stupéfait*.

Tu dis?...

PERVENCHE.

Je répète. As-tu l'intention?...

BRASSAC.

J'ai compris... Laisse-moi rire.

PERVENCHE.

Tu ne m'épouseras jamais?

BRASSAC, *riant*.

Pas tout de suite. Nous avons le temps.

PERVENCHE.

Dans ce cas je t'annonce que je te quitte et que je me mets avec Clapotin.

BRASSAC.

Tu es folle, mon enfant, littéralement folle.

PERVENCHE.

Je vous prie de ne pas me dire de grossièretés, n'est-ce pas? Vous m'avez toujours traitée comme un joujou, sans aucune considération. A la fin, j'en ai assez.

BRASSAC.

Voilà la rengaine.

PERVENCHE.

Vous me prenez pour une cocotte ordinaire, comme celles que vous avez fréquentées jusqu'ici. Vous avez tort, mon cher.

BRASSAC.

Excusez-moi.

PERVENCHE.

Sachez que j'ai reçu de l'instruction et même de l'éducation. Vous ne vous en êtes peut-être jamais aperçu ?

BRASSAC.

Pardon, pardon, plusieurs fois.

PERVENCHE.

Si je ne suis pas une femme du monde, c'est la faute des circonstances, vous entendez ; car j'ai été en pension avec des jeunes filles très bien, qui se sont mariées depuis, comme madame Herbaut, par exemple, la femme de monsieur Herbaut, dont je vous ai fait faire la connaissance.

BRASSAC.

Je vous en remercie. Mais est-ce que vous vous imaginez que Clapotin va vous épouser ?

PERVENCHE.

Il me l'a laissé entendre.

BRASSAC.

Ma pauvre petite, je ne veux pas contrarier ta manie, mais tu te conduis comme une dinde.

PERVENCHE.

Ça me regarde.

BRASSAC.

Il se moque de toi, Clapotin. Ce n'est pas un garçon sérieux, c'est un sauteur.

PERVENCHE.

Il dit la même chose de vous.

BRASSAC.

Le drôle se permet?...

PERVENCHE.

Il prétend que tu feras un pouf un jour ou l'autre.

BRASSAC, *furieux.*

Un pouf!

PERVENCHE.

Oui, mon vieux, un pouf. Il te guette.

BRASSAC.

Eh bien! il aura de mes nouvelles...

(*Sonnette du téléphone. Pigoche se rend à l'appareil.*)

PERVENCHE.

Au revoir, Bébé!...

BRASSAC.

Au revoir... Un pouf!!

SCÈNE V

BRASSAC, PIGOCHE.

PIGOCHE.

On vous appelle de Londres.

BRASSAC.

Bien. (*Il prend la place de Pigoche à l'appareil.*) Allô... c'est moi... j'écoute. Hein? Quoi?... Quoi?... Allons donc! Vous dites? Répétez, non! non! pas posssible... (*Il chancelle.*) Oh!... Oh!...

(*Il continue à écouter, puis repose l'appareil et s'essuie le front.*)

PIGOCHE.

Qu'y a-t-il ?

BRASSAC, *avec un grand geste.*

Pff ! Liché !

PIGOCHE.

Comment ?

BRASSAC.

Liché ! roulé par les Anglais !

PIGOCHE.

Nom d'un chien.

BRASSAC.

Oh !... Oh !... Oh !...

PIGOCHE.

La baisse ?

BRASSAC.

Une baisse énorme ! imprévue, fantastique ! La tuile ! Le désastre ! La débâcle ! Tout ce qu'on veut !

PIGOCHE.

C'est raide ! Mais il y a peut-être encore de l'espoir.

BRASSAC.

Aucun. Ratiboisé de la tête aux pieds.

PIGOCHE.

Ne nous affolons pas.

BRASSAC.

M'affole pas. Je suis très calme, je constate un fait. En cinq minutes, moi, Antonin Brassac, dit Bébé, l'homme de toutes les fêtes, un des dix Parisiens les plus chics du boulevard, je suis devenu une loque, une épave, un vagabond, le financier qui est parti pour la Belgique ! Car tu penses bien que je n'attendrai pas qu'on vienne me cueillir ! Ah ! mon pauvre vieux, je tombe de haut ! Donne-moi un verre de fine.

PIGOCHE, *le servant.*

Voilà. Dites donc? et Herbaut?

BRASSAC.

Eh bien?

PIGOCHE.

Il est votre associé : si vous filez, il va être très compromis. On se retournera contre lui.

BRASSAC.

Ça m'ennuie, ça. Ça m'ennuie beaucoup. Ce pauvre Herbaut! moi qui voulais faire sa fortune... Enfin!... c'est la vie. Il s'en tirera toujours.

PIGOCHE.

Oh! oh!

BRASSAC.

Il est innocent, après tout, ce garçon-là! Il n'était au courant de rien. Eh bien! s'il est innocent, que veux-tu qu'il lui arrive! Il y a une justice en France, que diable! Il y a une justice.

PIGOCHE.

Il en faudrait peut-être deux.

BRASSAC.

Et toi, mon vieux Pigoche, que vas-tu devenir?

PIGOCHE.

Ne vous inquiétez pas, j'ai des rentes.

BRASSAC.

Tu as des rentes?

PIGOCHE.

Des petites...

BRASSAC.

Tu avais de l'argent de côté et tu ne le plaçais pas dans ma maison!

PIGOCHE.

Je vous demande pardon.

BRASSAC, *tombant dans un fauteuil.*
Qu'est-ce qu'on va dire sur le boulevard ?

PIGOCHE.
Les gens à qui vous serriez la main comme ça.
(Il refait le geste de Brassac au premier tableau.)

BRASSAC.
Car il n'y a pas d'erreur, c'est un pouf ! Clapotin avait raison. Quelle brute, ce Clapotin ! Il va crier partout : « Ça ne m'étonne pas, je l'aurais parié. » C'est ce qui me vexe le plus... N'importe, je vais regretter Paris.

PIGOCHE.
Peuh !

BRASSAC.
J'étais devenu une personnalité, tu n'as pas l'air de t'en douter. Il manquera quelque chose à Paris quand je n'y serai plus.

PIGOCHE.
Vous reviendrez.

BRASSAC.
Certainement, je reviendrai... Oh ! Je finirai par revenir...

PIGOCHE.
Et vous serrerez encore des mains, les mêmes mains...

BRASSAC.
Espérons-le.

PIGOCHE.
Et vous irez encore à des premières, et on vous appellera encore Bébé ! Et personne ne pensera plus à votre petite histoire dans six mois.

BRASSAC.
Non. Il faut un an.

SCÈNE VI

Les Mêmes, PERVENCHE.

PERVENCHE.

C'est moi, je suis revenue tout de suite. Ecoute, Clapotin sait que tu as sauté aujourd'hui, à Londres.

BRASSAC.

Pas un mot de vrai. Je t'autorise à le lui répéter.

PERVENCHE.

Fais pas le malin. Il n'y a qu'à voir ta figure. Ce que je viens de te dire, c'est que, dans un quart d'heure, tout Paris le saura, parce que Clapotin l'a déjà raconté à vingt personnes.

BRASSAC.

Nom de nom !

PIGOCHE, *bas*.

Filez vite, ça va être envahi ici.

BRASSAC.

Y a-t-il un train ?

PIGOCHE.

L'automobile est en bas, soixante à l'heure.

BRASSAC, *prenant des papiers*.

Et la comtesse?... Mon rendez-vous !...

PIGOCHE.

Vous enverrez une dépêche. Empêchement imprévu. Cas de force majeure. *(Ecoutant à la porte.)* Du monde... hâtez-vous.

BRASSAC, *lui donnant rapidement la main*.

Au revoir ! Poste restante, Bruxelles.

PIGOCHE.

Oui... oui... à bientôt.

BRASSAC, à Pervenche.

Au revoir, ma chère enfant... Amitiés à Clapotin!

(Il sort par la petite porte.)

SCÈNE VII

PIGOCHE, PERVENCHE.

PIGOCHE, entendant du bruit.

Il était temps!

UNE VOIX DE FEMME.

Ouvrez donc!

PERVENCHE.

Ouvrez donc, Pigoche!

SCÈNE VIII

Les Mêmes, MIRETTE et ÉGLANTINE, puis BLANCHE CORSET et OSCAR, puis EMMA et LÉONIE BROQUET.

MIRETTE, affolée.

Ce n'est pas vrai... n'est-ce pas?... Ce n'est pas vrai ce qu'on raconte?

PERVENCHE.

Quoi?

ÉGLANTINE.

Que Brassac a sauté à la Bourse, aujourd'hui.

MIRETTE.

Où est-il, Brassac? Dis, Pervenche, où est-il?

PERVENCHE.

Brassac! Il a fichu le camp, Brassac!

MIRETTE et ÉGLANTINE.

Ah!

BLANCHE CORSET et OSCAR, *entrant*.

Qu'y a-t-il d'exact dans...?

MIRETTE.

Il a levé le pied, ma chère...! Il a levé le pied, nous sommes flambées.

BLANCHE, *se jetant dans les bras de Mirette*.

Ah! ma pauvre Mirette! ma pauvre Mirette!

OSCAR.

Il en a de bonnes, votre banquier.

ÉGLANTINE.

Tout ce que m'a donné Le Houssel y passe, tout!

MIRETTE.

Quel métier!

BLANCHE.

Savez-vous comment je me retrouve aujourd'hui? Comme il y a dix ans, quand je suis arrivée de Saint-Malo. J'aurais pu rester honnête, c'était le même prix!

MIRETTE.

Il va falloir recommencer.

TOTO.

Est-ce vrai ce qu'on dit?

LÉONIE, *qui vient d'entrer, se jetant dans les bras de sa sœur*.

Mon rêve, j'en étais sûre! Ah! ma pauvre sœur!

EMMA.

Ah! ma pauvre sœur!

ACTE III

CHEZ HERBAUT
Un hall de petit hôtel. Portes à droite et à gauche.

SCÈNE PREMIÈRE

JACQUES, LE HOUSSEL, PLESNOIS, MOLINEUF, HÉLÈNE, MADAME PLESNOIS.

PLESNOIS.

Je vous l'avais toujours dit : « Brassac est un casse-cou. Méfiez-vous de lui comme de la peste. » Enfin! Vous n'êtes pincés ni les uns ni les autres. Tant mieux. J'avais craint un instant pour vous, Herbaut... On vous avait vu avec lui.

JACQUES.

Ça n'a pas été plus loin.

MADAME PLESNOIS.

Où est-il, Brassac? En Belgique?

PLESNOIS.

Probablement.

MOLINEUF.

Je regrette, je l'aurais eu comme pensionnaire.

PLESNOIS.

En effet, et je trouve qu'on ne félicite pas assez

Molineuf de sa nomination... Nous avons lu ça ce matin dans les journaux : « Un de nos clubmen les plus répandus vient d'être nommé...

MOLINEUF.

« ... Directeur de la nouvelle prison de la Douillette. » Je faisais des démarches depuis quelque temps, comme vous savez, pour avoir une place, mais je ne m'attendais pas...

PLESNOIS.

Vous êtes content ?

MOLINEUF.

Enchanté !... Je n'aurais pas osé espérer...

PLESNOIS.

C'est bien, la Douillette ?

MOLINEUF.

Aux environs de Paris, à une demi-heure du boulevard, la prison la plus confortable et j'ajouterai même la plus élégante de l'Europe. Electricité, téléphone, hydrothérapie.

PLESNOIS.

Il faut avoir passé par là.

MOLINEUF.

Mais on n'y reçoit pas tout le monde.

PLESNOIS.

Quel genre de malfaiteurs avez-vous ?

MOLINEUF.

Aucun. Je n'aurais jamais accepté de diriger une prison où il y aurait des malfaiteurs. Nous n'avons que des gens très bien, hommes du monde, hommes politiques, financiers...

HÉLÈNE, à ces messieurs.

Anisette? Kümmel?

PLESNOIS.

Merci, un rien d'anisette.

LE HOUSSEL, à Molineuf séparé à ce moment des autres convives.

Alors, Molineuf, vous faites une fin? Vous prenez votre retraite?

MOLINEUF.

C'est la retraite du sage. Dame!... j'aimerais mieux être gouverneur de la Banque de France, ou tout simplement avoir votre fortune.

LE HOUSSEL, détaché.

Oh! Qu'est-ce que vous en feriez?

MOLINEUF.

Si vous voulez faire une expérience, ne vous gênez pas... Donnez, donnez.

LE HOUSSEL.

Je ne vous la donne pas, parce qu'il n'est pas dans les usages de donner sa fortune à ses amis... Mais à quoi me sert-elle? Oui, j'y ai bien réfléchi depuis quelque temps, à quoi me sert-elle?

MOLINEUF.

Vous en avez de bonnes.

LE HOUSSEL.

Les gens qui n'ont pas d'argent attachent beaucoup trop d'importance à la fortune.

MOLINEUF.

Les gens qui ont de la fortune en attachent encore plus à l'argent.

LE HOUSSEL.

Peuh! ma fortune est impuissante à me donner

la seule femme peut-être que j'aie jamais désirée, voilà ce que je vois de plus clair.

MOLINEUF.

Pourquoi diable vous acharnez-vous? Je vous avais prévenu.

LE HOUSSEL.

J'avais eu une lueur d'espoir.

MOLINEUF.

Et ça n'a pas duré?

LE HOUSSEL.

Non. Vous avez raison, il n'y a rien à faire... Elle me parle comme à son oncle... « Mon bon Le Houssel... Mon petit Le Houssel... » Je ne lui fais visiblement pas l'effet d'un homme. Il y a des moments où je la regarde d'une certaine façon, j'espère toujours qu'elle comprendra. Eh bien! elle ne comprend pas. C'est même un peu humiliant, à la longue.

MOLINEUF.

Vous n'avez pas essayé de réagir... de lutter?

LE HOUSSEL.

Mais pardon, j'ai beaucoup lutté.

MOLINEUF.

Comment?

LE HOUSSEL.

D'abord, lorsque je me suis bien convaincu que je n'avais aucune chance, j'ai fait ce que tout homme raisonnable eût fait à ma place.

MOLINEUF.

C'est-à-dire?

LE HOUSSEL.

Je me suis remis avec Églantine.

MOLINEUF.

Ça n'a rien donné, ce moyen-là?

LE HOUSSEL.

Rien du tout, au contraire. Alors j'ai quitté Eglantine définitivement. Ça me coûte même une forte somme entre parenthèses.

MOLINEUF.

Oh! oh!

LE HOUSSEL.

Cette petite dinde a eu la bêtise de confier tout ce qu'elle avait à Brassac... C'est de moi qu'elle le tenait presque entièrement: je suis moralement obligé de le lui rembourser. A une autre époque, cette histoire m'aurait beaucoup distrait. Mais aujourd'hui tout m'est égal. Ça ne m'amuse même plus de donner de l'argent aux femmes.

MOLINEUF.

Essayez de ne pas leur en donner.

LE HOUSSEL.

Je ne pourrais pas... Ah! je suis à un très mauvais tournant, et si je ne trouve pas moyen d'en finir d'une manière ou d'une autre, c'est le gâtisme à bref délai.

MOLINEUF.

Ou le mariage.

LE HOUSSEL.

Ou les deux. Avez-vous remarqué que maintenant, à Paris, ce qu'on appelait autrefois l'âge mûr tend à disparaître. On reste jeune très longtemps, puis tout d'un coup, sans transition, on devient gâteux.

MOLINEUF.

Nous perdons le sens des nuances.

LE HOUSSEL.

Mais, tout de même, moi, Le Houssel, tomber sur la femme qu'on n'a pas pour de l'argent, vous m'avouerez que c'est raide!

MADAME PLESNOIS, *s'approchant d'eux, et bas.*

Je parie que vous, non plus, vous ne savez rien ?

MOLINEUF.

De quoi, chère amie ?

MADAME PLESNOIS, *avec mystère.*

Herbaut était engagé à fond dans l'affaire Brassac ; il boit un gros bouillon.

LE HOUSSEL, *vivement.*

Allons donc !

MADAME PLESNOIS.

Il sauterait complètement que ça ne m'étonnerait pas. Je le sais de très bonne source. Ne le répétez pas trop.

LE HOUSSEL.

Ah ! ah ! *(A part.)* Je vais revenir, moi.

HÉLÈNE, *à Plesnois qui prend congé.*

Vous partez déjà ?

PLESNOIS.

Il le faut.

MOLINEUF.

Moi aussi, je m'en vais, je rentre dans mon établissement.

LE HOUSSEL, *prenant également congé.*

Chère madame... Cher ami...

JACQUES.

A bientôt... Au revoir !

SCÈNE II

JACQUES, HÉLÈNE.

JACQUES.

Enfin ! Ils sont partis... Quelle drôle d'idée d'inviter des gens à déjeuner quand on est embêté comme nous le sommes.

HÉLÈNE.

Plus on est embêté, plus on doit inviter de gens à déjeuner.

JACQUES.

Ah! Je me suis embarqué dans une jolie histoire!

HÉLÈNE.

Tu en verras bien d'autres, dans les affaires!

JACQUES.

Merci, j'en ai assez...

HÉLÈNE.

Voilà bien les hommes... A la moindre difficulté, ils perdent la tête et ils se découragent... Eh bien! moi, j'ai autant de confiance qu'avant...

ROSALIE, *entrant avec une carte.*

Une visite pour monsieur.

JACQUES, *lisant.*

Tiens!...

HÉLÈNE.

Qui est-ce?

JACQUES.

Le commissaire de police.

HÉLÈNE.

Eh bien! il faut le faire entrer...

JACQUES.

Ici?

HÉLÈNE.

Mais oui, ici, c'est un homme charmant. *(A Rosalie.)* Faites entrer. *(A Jacques, quand Rosalie est sortie.)* Quand un commissaire de police se présente quelque part, ce qu'on a de mieux à faire, c'est de le recevoir poliment.

SCÈNE III

Les Mêmes, Le Commissaire, *très élégant, très homme du monde.*

LE COMMISSAIRE, *tendant la main à Herbaut.*

Bonjour, cher monsieur. Comment vous portez-vous ?

JACQUES.

Fort bien, je vous remercie.

LE COMMISSAIRE.

Madame, veuillez agréer mes hommages.

HÉLÈNE.

Monsieur...

LE COMMISSAIRE, *à Jacques.*

Il y a quelque temps déjà que je n'avais eu l'avantage de vous rencontrer.

JACQUES.

En effet, depuis...

LE COMMISSAIRE.

Depuis la dernière fête donnée par le cercle, en plein air, et qui fut très brillante. Il y avait un monde fou. J'étais chargé d'assurer le service d'ordre. A l'issue de la représentation, ces messieurs m'invitèrent à souper, car ils sont toujours charmants avec moi et daignent me traiter un peu comme un de leurs camarades. Hé ! mon Dieu, j'ai la prétention... chacun a ses petites faiblesses, n'est-il pas vrai ?... j'ai la prétention d'être autre chose qu'un magistrat et qu'un commissaire. Je m'efforce dans un quartier qui est le quartier parisien par excellence, d'exercer mes délicates fonctions plutôt en homme du monde qu'en chef de police et je crois y réussir.

JACQUES, non sans étonnement.

Cela est unanimement reconnu, mais puis-je savoir ?...

LE COMMISSAIRE.

C'est moi, et je m'en flatte, qui, l'an dernier, évitai un scandale à la haute société parisienne... l'histoire a couru dans les petits journaux, vous devez vous la rappeler ? Le comte de X..., un de mes plus élégants administrés, avait pour maîtresse la femme d'un négociant de la rue des Blancs-Manteaux. Le mari eut le mauvais goût de vouloir faire constater le flagrant délit. Il vint me chercher. Je fis un signe discret à un jeune secrétaire, et nous partîmes... lentement. Le comte de X..., sur ma sommation, ouvrit la porte sans difficulté, et nous trouvâmes, au lieu de la femme du négociant, mademoiselle Germaine Piston, qui demeure à côté. Je dois ajouter que le mari regarda sous le lit pour voir si elles n'y étaient pas toutes les deux.

HÉLÈNE.

Je m'en souviens très bien, de cette histoire.

JACQUES.

Elle est fort piquante, mais je ne suppose pas que...

LE COMMISSAIRE.

C'est moi également qui arrangeai l'affaire de la petite Mirette, quand elle jeta un pot de confitures à la tête d'un huissier qui la venait saisir... Je donnai tous les torts à l'huissier, dans mon rapport... Oh ! je sais bien qu'avec ces manières-là je finirai par me faire révoquer. Mais que voulez-vous?... Le magistrat, chez moi, s'efface toujours devant l'homme du monde.

JACQUES.

Quel que soit, cher monsieur, l'intérêt des petites histoires que vous voulez bien me raconter, je serais surpris que vous vous soyez dérangé uniquement pour...

LE COMMISSAIRE.

Ma visite a un autre but effectivement.

JACQUES.

Ah !

LE COMMISSAIRE.

Ma parole, je le perdais de vue dans le plaisir que j'ai à causer avec vous.

JACQUES.

Est-ce que la présence de ma femme ?...

LE COMMISSAIRE.

La présence de madame Herbaut ne me gêne en aucune façon, au contraire, ce que j'ai à vous dire n'ayant qu'une gravité relative.

JACQUES.

Ah !... je vous écoute.

LE COMMISSAIRE.

Je viens vous prier de vouloir bien m'accompagner jusqu'à la Douillette. Nous en avons pour une heure en voiture. J'ai pris une voiture de cercle; à moins que vous ne préfériez aller en chemin de fer, je suis entièrement à votre disposition.

JACQUES, *cherchant.*

La Douillette... Mais c'est une prison, la Douillette!

HÉLÈNE.

Une prison !

LE COMMISSAIRE.

Ne vous alarmez pas, madame... Je vous assure qu'il n'y a pas de quoi... C'est une prison, en effet, dont votre ami, M. Molineuf, vient d'être nommé directeur. Monsieur Herbaut sera là à merveille, en attendant que se soit dissipé ce ridicule malentendu qui s'est élevé entre lui et le juge d'instruction. Voilà tout ! Et comment se portent ces messieurs ? monsieur Plesnois, monsieur Le Houssel ?

JACQUES.

Pardon. Je ne comprends pas du tout. Vous me conduisez à la Douillette !... Mais alors, vous venez m'arrêter ?

LE COMMISSAIRE.

Autant qu'un homme du monde peut en arrêter un autre, bien entendu.

HÉLÈNE.

Arrêter mon mari, par exemple !

JACQUES.

C'est une plaisanterie, n'est-ce pas ?

LE COMMISSAIRE.

Croyez bien, cher monsieur, que je suis incapable de vous faire une plaisanterie pareille.

HÉLÈNE.

Mais il faut une raison, je suppose, un prétexte ! De quoi mon mari est-il accusé ?

JACQUES.

Oui, je ne serais pas fâché de le savoir.

LE COMMISSAIRE.

Vous êtes accusé de complicité avec Brassac, — un charmant garçon, entre parenthèses, — dans un certain nombre d'opérations. Je connais votre affaire comme ma poche. Brassac vous a roulé, vous n'étiez pas de sa force. Moi, à la place du juge d'instruction, je vous aurais mandé dans mon cabinet et vous aurais dit : « Voilà! votre bonne foi est hors de doute. Payez les deux cent cinquante à trois cent mille francs dont vous êtes responsable... C'est le chiffre... et étouffons cette petite histoire. » Moi, je suis pour qu'on étouffe les scandales. Si j'étais préfet de police, les journaux ne signaleraient jamais que des actes de dévouement, des sauvetages, enfin des choses gaies et réconfortantes. Vous êtes malheureusement tombé sur un magistrat, fort intelligent, certes, mais pas parisien pour un sou. Vous ne vous imaginez pas la quantité de personnes fort honorables qu'il a déjà fait arrêter à tort et à travers.

HÉLÈNE.

Eh bien! elle est forte, celle-là!

JACQUES.

C'est excessivement comique!... Je vous affirme, cher monsieur, que c'est excessivement comique.

LE COMMISSAIRE.

Voilà le mot... C'est comique, ce n'est pas autre chose. Et je suis heureux de vous voir envisager la situation sous ce jour-là.

JACQUES.

Quand le verrai-je, ce juge?

LE COMMISSAIRE.

Demain, très probablement. Vous paierez et vous serez relâché, je n'en doute pas, dans le plus bref délai. Vous en aurez été quitte pour passer quelques jours à la Douillette, en tête à tête avec cet excellent directeur qui est certainement un des hommes les plus charmants que je connaisse.

LE COMMISSAIRE.

Il n'y a pas à discuter pour le moment. Cela ne servirait à rien. Je suis prêt à vous suivre.

LE COMMISSAIRE.

Nous avons le temps, rien ne presse.

JACQUES.

Voyez-vous un inconvénient quelconque à me laisser échanger quelques mots avec ma femme?

LE COMMISSAIRE.

Mais, comment donc? Je vais fumer une cigarette sur le boulevard... Rendez-vous au café de la Paix, voulez-vous?

JACQUES.

Non. Attendez-moi une minute dans le petit salon d'à côté... Vous trouverez des cigares et des cigarettes.

LE COMMISSAIRE.

Trop aimable. Madame, je vous présente mes très humbles hommages.

(Il sort à droite.)

SCÈNE IV

JACQUES, HÉLÈNE.

JACQUES.

La vie de Paris me dégoûte de plus en plus!

HÉLÈNE, *se jetant à son cou.*

Ah! mon pauvre chéri! mon pauvre chéri!

JACQUES.

Voyons, voyons, ne nous affolons pas.

HÉLÈNE.

Je ne te quitte plus, je veux t'accompagner... Car c'est de ma faute tout ce qui arrive, c'est de ma faute...

JACQUES.

C'est de ma faute autant que de la tienne...

HÉLÈNE.

Tu ne m'en veux pas au moins, dis?

JACQUES.

Quelle bêtise ! *(Il l'embrasse.)* Je trouve même en y réfléchissant, que notre situation s'éclaircit. Maintenant, nous savons où nous allons...

HÉLÈNE, *moitié riant, moitié pleurant.*

Nous allons à la Douillette.

JACQUES.

Nous sommes dans la situation de voyageurs qui se sont aventurés dans des pays pas très sûrs, et qui ont été pris par des brigands. Nous en serons quittes pour payer une rançon, voilà tout.

HÉLÈNE.

Où la trouverons-nous?

JACQUES.

Je vais réfléchir... écrire à mon notaire... N'aie pas peur.

HÉLÈNE.

Tu n'es pas trop ennuyé, alors?

JACQUES.

Du tout, du tout. Je ne comprends même pas comment ça se fait, mais je suis très calme. Je suis presque de bonne humeur... Qu'est-ce que je t'avais toujours dit? Ça finira mal! Ça finira très mal!... Et ça a très mal fini. Eh bien! c'est une grande satisfaction, quand les choses qu'on a prévues arrivent.

HÉLÈNE, *se mettant sur ses genoux.*

Tu sais, mon Jacquot, que tu laisses ici quelqu'un qui t'aime, qui t'adore...

JACQUES.

Ne nous attendrissons pas...

HÉLÈNE.

Tout ce que j'ai fait, je l'ai fait parce que je t'aimais... parce que je voulais que tu sois heureux...

JACQUES.

Nous sommes très heureux. Qu'est-ce qui nous manque?

HÉLÈNE.

Et toi, tu m'aimes toujours?

JACQUES.

Je serais le dernier des ingrats...

HÉLÈNE.

Ne ris pas. Tu m'aimes autant qu'avant?

JACQUES.

Davantage, ma chérie.

HÉLÈNE.

Pas davantage, autant. Et tu penseras à moi tout le temps, n'est-ce pas?

JACQUES.

Tout le temps... Mais ne faisons pas trop attendre ce brave commissaire.

(Il se lève.)

HÉLÈNE.

Au revoir, mon chéri... A demain, je pourrai aller là-bas demain, j'espère ?

JACQUES.

Très facilement. A demain, ma petite Hélène.

HÉLÈNE.

Soigne-toi bien. Tâche de bien dormir... Tu n'emportes rien ?

JACQUES.

Molineuf me prêtera ce dont j'aurai besoin.

HÉLÈNE.

Tu lui diras bien des choses de ma part, à Molineuf. Dire qu'il a déjeuné ici ce matin !

JACQUES.

Je dîne chez lui ce soir, rien de plus naturel.

HÉLÈNE.

A demain... A demain... *(Le tâtant.)* Tu n'es pas très couvert, prends ton gros pardessus.

JACQUES.

Oui... Et à demain, ma chérie... surtout ne perdons pas la tête... *(Riant.)* Ça finira très bien !...

(Ils s'embrassent encore et il sort par la droite.)

SCÈNE V

HÉLÈNE, *seule.*

Le fait est que, quand je me répéterais mille fois que tout ça c'est de ma faute, ça ne servirait à rien, n'est-ce pas ? *(Allant à la fenêtre.)* Il est parti... Maintenant, il s'agit de se débrouiller... Qu'est-ce que je vais faire?... Où allons-nous trouver cette somme?... Oh! (*Hésitant.*) Hum...! (*Se décidant.*) Tant pis, il faut le tirer de là...

(*Elle va à un petit bureau et commence à écrire.*)

ROSALIE, annonçant.

M. Le Houssel.

HÉLÈNE.

Ah! qu'il entre.

(*Entre Le Houssel, Rosalie sort.*)

SCÈNE VI

LE HOUSSEL, HÉLÈNE.

HÉLÈNE.

Je vous écrivais justement, Le Houssel, je vous écrivais de venir me voir.

LE HOUSSEL.

Me voici à vos ordres, chère madame... Qu'y a-t-il?

HÉLÈNE.

Ah! mon Dieu, je ne vais pas y aller par quatre chemins avec vous...

LE HOUSSEL.

C'est ça. Vous savez bien que je suis votre ami... Vous le savez... n'est-ce pas?

HÉLÈNE.

Oui, Le Houssel, oui, je le sais.

LE HOUSSEL.

Et j'ai non seulement beaucoup d'amitié pour vous, mais encore de l'affection.

HÉLÈNE.

Moi aussi.

LE HOUSSEL.

Une grande affection... une très grande.

HÉLÈNE.

Moi aussi.

LE HOUSSEL.

Une très, très grande.

HÉLÈNE.

J'en suis sûre, Le Houssel.

LE HOUSSEL.

Maintenant, dites-moi ce que vous avez à me dire.

HÉLÈNE.

Voici en deux mots. Il nous arrive des ennuis, c'est incroyable! Jacques s'est laissé rouler comme un enfant par ce Brassac.

LE HOUSSEL.

Ah! ah! il n'est pas le seul.

HÉLÈNE.

Est-ce que par hasard, vous?...

LE HOUSSEL.

Oh! non, pas moi... il avait bien essayé de me mettre dans une de ses affaires...

HÉLÈNE.

Vous avez refusé?

LE HOUSSEL.

Energiquement!

HÉLÈNE.

Vous êtes plus malin que les autres.

LE HOUSSEL.

Je connais ces gaillards-là. Il est vrai qu'en y réfléchissant le résultat est le même. Il me repince par un crochet. Continuez. Votre mari?...

HÉLÈNE.

Jacques a été entortillé par lui. Les détails ne vous intéresseraient pas. Bref, nous avons besoin de trois cent mille francs. Avez-vous trois cent mille francs à me prêter?

LE HOUSSEL, *sans broncher*.

Trois cent mille?

HÉLÈNE.

Oui.

LE HOUSSEL.

Nous disons trois cent mille?

HÉLÈNE.

C'est beaucoup peut-être?

LE HOUSSEL.

Mais non, mais non, ce n'est pas beaucoup. Je suis enchanté, croyez bien, véritablement heureux...

HÉLÈNE.

Ah!

LE HOUSSEL.

Vous vous seriez demandé: « Tiens, comment vais-je faire plaisir à Le Houssel? » Vous n'auriez pas trouvé mieux.

HÉLÈNE.

Alors, vous pouvez?

LE HOUSSEL.

Je le peux certainement, chère madame.

HÉLÈNE, *lui prenant les deux mains*.

J'en étais sûre. Ah! mon bon Le Houssel, je ne vous fais pas de phrases, mais vous êtes un être délicieux, vous êtes l'ami. Ça ne vous gêne pas?

LE HOUSSEL.

Du tout, du tout... Il n'y a qu'à signer un chèque.

HÉLÈNE.

Bon !

LE HOUSSEL.

Et vous irez le toucher, à moins que vous ne préfériez que j'envoie toucher et que je vous remette...

HÉLÈNE.

Non, j'irai moi-même... Et quand, Le Houssel, pouvez-vous me le donner, ce chèque ?

LE HOUSSEL.

Quand je pourrai vous le donner ?...

HÉLÈNE.

Oui... faites vos petits calculs.

LE HOUSSEL, à part.

La voilà, l'occasion ! Mais il faudrait un tact ?...

HÉLÈNE.

Ce sera long ?

LE HOUSSEL, se décidant.

Ecoutez, madame...

HÉLÈNE.

Quoi ?

LE HOUSSEL.

Ecoutez, chère madame... Nous vivrions à une époque où les mœurs seraient pures, je ne vous dirais certainement pas ce que je vais vous dire, parce que c'est un peu raide, je ne me le dissimule pas. D'ailleurs, si les mœurs avaient été pures, l'idée ne m'en serait pas venue. Mais aujourd'hui, les mœurs sont corrompues, effroyablement corrompues. Ce n'est pas moi qui les ai faites, je les ai trouvées dans cet état-là.

HÉLÈNE, qui écoute avec stupéfaction.

Evidemment, Le Houssel, mais je vous avoue que je ne comprends pas...

LE HOUSSEL, *continuant.*

Il y a un relâchement général dans la moralité publique. Telles choses qui auraient paru des monstruosités, il y a seulement cinquante ans, semblent maintenant les plus naturelles du monde; des situations qu'on n'aurait pas tolérées autrefois sont aujourd'hui admises dans la meilleure société. Que sera-ce demain? Tranchons le mot: nous vivons à une époque de décadence.

HÉLÈNE.

Je suis bien de votre avis, mais je veux être pendue...

LE HOUSSEL, *l'interrompant.*

Nous vivons à une époque de décadence, je le répète. Eh bien! je vais vous parler comme à une époque de décadence. Ce chèque de trois cent mille francs dont vous avez besoin, je vous le donnerai, mais à une condition, c'est que vous viendrez le chercher chez moi. *(A part.)* Ça y est.

HÉLÈNE, *très simplement.*

Chez vous?

LE HOUSSEL, *avec intention.*

Oui, chez moi.

HÉLÈNE.

Mais oui, j'irai chez vous, si vous le préférez... A quelle heure?

LE HOUSSEL, *la regardant.*

Elle ne comprend pas encore!... Vous ne comprenez donc pas?...

HÉLÈNE, *riant.*

Je vous demande pardon de rire, Le Houssel, mais je vous affirme que depuis cinq minutes vous n'êtes pas dans votre état normal... Vous avez l'air un peu ahuri.

LE HOUSSEL.

Je ne suis pas ahuri. Je suis furieux d'être amoureux de vous et de constater que vous ne vous en apercevez même pas. Voilà !

HÉLÈNE, *stupéfaite.*

Vous êtes amoureux de moi ?

LE HOUSSEL.

C'est idiot, mais c'est comme ça.

HÉLÈNE *se met à rire franchement.*

Ah ! ah ! Celle-là est drôle...

LE HOUSSEL.

Vous trouvez ?

HÉLÈNE.

Vous m'avez souvent dit des choses très drôles, Le Houssel... mais jamais à ce point-là.

LE HOUSSEL.

Je ne plaisante pas, je vous prie de le croire.

HÉLÈNE.

Voyons !... Vous ne m'avez pas dit ça pour vous amuser ? C'est sérieux ?

LE HOUSSEL.

Je vous en donne ma parole d'honneur.

HÉLÈNE.

Allons donc ! Ce n'est pas possible... ce n'est pas possible.

LE HOUSSEL.

Si, c'est possible ! Je vous adore, je vous aime follement.

HÉLÈNE.

Ah ! par exemple !... Et vous m'aimez depuis combien de temps, si je ne suis pas indiscrète ?

LE HOUSSEL.

Depuis six ou sept mois, je ne sais pas au juste.

Mais il y a plutôt sept mois que six... Je n'osais pas vous l'avouer, je ne trouvais pas les mots, parce que je vous aimais vraiment. Si j'avais éprouvé pour vous le même genre d'amour que j'ai eu pour un tas d'autres femmes, je n'aurais pas hésité, je vous jure. Je vous aurais dit ce que je dis toujours en pareil cas.

HÉLÈNE.

Que dites-vous, par curiosité ?

LE HOUSSEL.

Je dis toujours la même chose.

HÉLÈNE.

Mais encore ?

LE HOUSSEL.

Oh ! ce n'est pas très fort...

HÉLÈNE.

Vous dites ?

LE HOUSSEL.

« Ma parole, mon enfant, vous me plaisez beaucoup... »

HÉLÈNE.

Je vous remercie de m'avoir épargné cette épreuve... Mais alors, je le comprends très bien, votre petit discours de tout à l'heure.

LE HOUSSEL.

Il était clair.

HÉLÈNE.

Très clair, très clair, j'y suis parfaitement. Vous désireriez que je trompe... que je trompasse... on doit dire que je trompasse, c'est plus correct, mon mari avec vous, en échange du service que je vous ai demandé.

LE HOUSSEL.

J'en mourrais de bonheur, probablement. *(A part.)* Ça va très bien.

HÉLÈNE, *le regardant*.

Mais je parie même, tellement vous êtes généreux, que si je vous demandais un service plus considérable...

LE HOUSSEL, *vivement*.

Je me ferais un devoir, une joie... *(A part.)* J'ai été bête d'attendre si longtemps.

HÉLÈNE.

Et si, après vous avoir demandé de l'argent une seconde fois, je vous en demandais une troisième?

LE HOUSSEL.

Et une quatrième et toujours... Je vous en donnerais toujours, sans compter, tant que vous voudriez... vous n'auriez qu'un signe à faire toute la vie...

HÉLÈNE *va ouvrir la porte et, revenant vers Le Houssel*.

Le Houssel?

LE HOUSSEL.

Chère amie?...

HÉLÈNE.

Mon petit Le Houssel...

LE HOUSSEL.

Quoi?

HÉLÈNE, *doucement*.

Sortez!

LE HOUSSEL.

Hein?

HÉLÈNE.

Sortez, vous et votre chèque! Je ne veux pas vous dire de mots trop durs parce que nous avons eu de bons rapports jusqu'ici, mais je vous prie de sortir et de ne plus revenir jamais!

LE HOUSSEL.

Ne vous fâchez pas, voyons, ne vous fâchez pas!

HÉLÈNE.

Je ne me fâche pas, au contraire, mais vous, il faut que vous soyez fou ! Il faut que vous soyez...

LE HOUSSEL.

Fermez la porte, je vous en supplie, on peut entendre.

HÉLÈNE, *allant fermer la porte.*

Oui, oui... *(Revenant.)* Tenez, Le Houssel, vous n'êtes pas bête, vous avez des qualités, de l'esprit, avec cinquante mille francs de rente vous auriez été un homme charmant ; mais vous êtes trop riche, c'est ce qui vous a perdu. Aujourd'hui, vous avez tellement pris l'habitude d'acheter et de payer des femmes, et de les voir se déshabiller devant vous pendant que vous ouvrez votre portefeuille, que vous ne faites plus entre elles d'autre différence que le prix. La femme honnête vous semble simplement une femme plus chère que les autres à cause de la rareté. Mais je parie que, maintenant, vous auriez entre les bras une femme qui vous plairait follement et qui ne vous demanderait rien, vous seriez si stupéfait que vous ne trouveriez pas... un mot à lui dire !

LE HOUSSEL.

Il y a un malentendu entre nous, c'est bien simple, il n'y a qu'un malentendu.

HÉLÈNE.

Ah ! Le Houssel, je croyais au moins que vous étiez resté un galant homme.

LE HOUSSEL.

Je ne suis pas un galant homme, moi ?

HÉLÈNE.

Non ! Vous ne l'êtes pas...

LE HOUSSEL.

Pardon. Seulement, je suis un galant homme qui vous a parlé comme on parle à une époque de décadence... Vous, vous me répondez comme aux âges héroïques, voilà où est le malentendu.

HÉLÈNE.

Si vous aviez été véritablement un galant homme, Le Houssel, je vais vous dire ce que vous auriez dû faire.

LE HOUSSEL.

Je serais curieux de le savoir.

HÉLÈNE.

Eh bien! quand je vous ai demandé ces trois cent mille francs, comme à un camarade, ces trois cent mille francs qui ne sont rien pour vous, vous auriez dû, sachant pourquoi il me les fallait, me les donner immédiatement; ensuite vous auriez dû, me connaissant comme vous me connaissez, ne pas me parler de votre amour, ni ce jour-là, ni le lendemain, ni jamais; et plus tard, lorsque vous seriez devenu vieux et décati, encore plus décati que maintenant, vous auriez pu vous dire : « Oui, c'est vrai, j'ai mené une vie imbécile, et je ne me suis servi d'une fortune énorme que pour forcer des femmes, qui n'en avaient pas envie, à faire semblant de m'aimer. Mais, au moins, une fois, j'ai été vraiment très chic. Une femme, une femme gentille m'a donné la plus grande preuve de confiance qu'une femme puisse donner à un homme: elle est venue m'emprunter de l'argent pour sauver son mari. Cette femme, je la désirais ardemment, et l'idée m'est venue tout à coup d'abuser de sa situation. Mais je me suis rappelé qu'elle était non seulement gentille, mais honnête. Alors, j'ai compris que j'avais là une occasion exceptionnelle de faire quelque chose de très bien. Je me suis tu, et j'ai rendu le service qu'on attendait de moi, simplement, le sourire sur les lèvres. Et aujourd'hui, je ne le regrette pas, car cela m'a créé un souvenir comme il n'y en a pas beaucoup dans les existences des bambocheurs. » Voilà ce que vous auriez dû faire, Le Houssel, si vous aviez été véritablement un galant homme!

LE HOUSSEL, *après un silence.*

Il n'y a pas à dire, je me suis conduit comme un saligaud!

HÉLÈNE.

Adieu, Le Houssel!

LE HOUSSEL, *avec véhémence.*

Je ne m'en irai pas!... Vous m'entendez, je ne m'en irai pas avant que vous ne m'ayez pardonné!

HÉLÈNE.

S'il ne vous manque que ça, je vous pardonne.

LE HOUSSEL.

Pas de cette façon. Il faut me pardonner sincèrement, sans arrière-pensée, et il n'y a qu'une façon de me montrer que vous me pardonnez sans arrière-pensée, c'est d'accepter cet argent!... C'est moi qui vous supplie de l'accepter maintenant.

HÉLÈNE.

Jamais de la vie! Pour que demain vous vous croyiez des droits et que vous m'accusiez d'être déloyale!

LE HOUSSEL.

Je vous jure que je ne vous reparlerai de ma vie de cet... incident... de ce maudit incident... J'oublie tout ce que je vous ai dit, je l'oublie, c'est fini... Et je vais vous donner le chèque tout de suite, vous entendez; car j'allais justement porter de l'argent à une personne, et j'ai mon carnet de chèques sur moi. *(Il tire un carnet de sa poche et va au petit bureau.)* Donnez-moi de quoi écrire.

HÉLÈNE.

Je n'ai plus confiance en vous!

LE HOUSSEL.

Si vous persistez à refuser, je suis capable de faire un malheur.

HÉLÈNE.

Oh!

LE HOUSSEL.

Oui... Je prendrai ces trois cent mille francs en billets de banque, vous m'entendez, en un gros paquet de billets de banque, je descendrai dans la rue, et la première femme laide, très laide que je rencontrerai, je me mettrai à genoux devant elle et je les lui offrirai. Et on m'enfermera. Et c'est vous qui en serez la cause.

HÉLÈNE.

Que voulez-vous? Je ne peux pas croire à la sincérité de votre repentir.

LE HOUSSEL.

Mais pourquoi? Pourquoi à la fin?... Est-ce que, à part l'incident que nous oublions tous les deux, je n'ai pas toujours été correct vis-à-vis de vous? Est-ce que je ne me suis pas toujours comporté en homme du monde? Vous l'avez reconnu vous-même souvent... Je faisais vos commissions aux courses... Quand vous vouliez une loge au théâtre, c'est à moi que vous vous adressiez... J'étais votre ami, et la première fois que je vous demande de faire quelque chose pour moi, vous me refusez ! C'est mal ! c'est très mal ! Prenez, prenez... un bon mouvement, voyons... *(Hélène ne prend pas le chèque.)* D'ailleurs, je vais aller l'offrir à Herbaut tout simplement. Où est-il, ce bon Herbaut ?

HÉLÈNE.

A la Douillette ! Victime des machinations de Brassac !

LE HOUSSEL, *indigné.*

A la Douillette ? Et pendant ce temps-là, moi, Le Houssel !... Oh ! oh ! oh !

HÉLÈNE.

Vous voyez les remords que vous vous prépariez.

LE HOUSSEL.

Le voici, le chèque, le voici. Vous l'offrirez à votre mari de ma part et vous aurez la générosité de ne jamais lui révéler l'inconvenance que j'ai commise.

HÉLÈNE, *radoucie, mais sans prendre le chèque.*

Et c'est d'autant plus absurde, Le Houssel, que vous ne m'aimez pas du tout !

LE HOUSSEL.

Oh !

HÉLÈNE.

Vous ne pouvez pas m'aimer, c'est impossible, vous aimez les femmes bruyantes, tapageuses, moi, je suis plutôt calme. Vous aimez les toilettes excentriques, moi, je m'habille très simplement, avec élégance, mais très simplement. Vous avez en horreur les femmes mariées, vous leur avez toujours préféré les cocottes. Votre vie tout entière est là pour le prouver. Je ne réunis donc aucune des qualités que vous recherchez

chez la femme, et voilà pourquoi il est impossible que vous m'aimiez... Reconnaissez-le vous-même, Le Houssel, vous ne m'aimez pas, vous avez rêvé !

LE HOUSSEL.

Eh ! bien, oui, là... c'est vrai... j'ai rêvé, je ne vous aime pas, je ne vous ai jamais aimée, je ne vous ai jamais parlé d'amour. J'ai été la proie d'une hallucination. Etes-vous contente ? Mais faites-moi la grâce de me dire que je suis redevenu un galant homme.

HÉLÈNE, *un temps.*

Vous êtes redevenu un très galant homme, Le Houssel, et je vous remercie du service que vous me rendez.

(Elle prend le chèque que lui tend Le Houssel.)

LE HOUSSEL.

Ce n'est pas la peine d'en parler. Toutes mes amitiés à votre mari.

HÉLÈNE.

Je n'y manquerai pas.

LE HOUSSEL, *prenant congé.*

Chère madame... *(A part, en sortant.)* Voilà une sensation qu'un homme qui n'aime pas donner de l'argent aux femmes ne connaîtra jamais !

ACTE IV

A LA DOUILLETTE

La scène est divisée en deux parties. A gauche, le cabinet du directeur. — A droite, une pièce meublée à peu près comme le salon d'un train de luxe. — Beaux fauteuils de cuir. Tables acajou. Chaque partie de la scène a une porte à droite pour la partie de droite; à gauche, pour la partie de gauche. Il n'y a pas de porte faisant communiquer les deux pièces.

SCÈNE PREMIÈRE

A droite: LE MONSIEUR, GEORGES, LE VALET DE PIED.

(Au lever du rideau, à gauche, Jacques et Molineuf jouent aux échecs. A droite, un Monsieur, assis sur un vaste fauteuil, fume un cigare et achève une tasse de thé. Un valet de pied est devant lui, en uniforme. Georges, également en uniforme, mais avec des galons, se tient à la porte.)

LE MONSIEUR, *reposant sa tasse sur une petite table, au valet de pied.*

Vous pouvez desservir, j'ai fini.

LE VALET DE PIED.

Monsieur rentre chez lui?

LE MONSIEUR.

Je vais me reposer. A propos, a-t-on prévenu le gardien chef que j'ai à lui parler?

GEORGES, *s'avançant.*

Me voici, monsieur.

LE MONSIEUR.

C'est vous le gardien chef ?

GEORGES.

C'est moi.

LE MONSIEUR.

Eh bien ! je vous signale que vos hommes font un potin de tous les diables dans le couloir dès huit heures du matin. Il n'y a pas moyen de fermer l'œil.

GEORGES.

Je leur recommanderai plus de silence.

LE MONSIEUR.

Je vous en prie, sans cela je me verrai forcé de m'adresser à qui de droit.

(Il sort par la porte de gauche.)

SCÈNE II

A droite : GEORGES, Le Valet de pied.
A gauche : MOLINEUF et HERBAUT *jouent toujours aux échecs.*

LE VALET DE PIED, *désignant la porte par laquelle vient de sortir le monsieur.*

Il n'est pas content, le Quatre.

GEORGES.

Il est insupportable. Heureusement qu'il n'a plus qu'un mois à faire.

LE VALET DE PIED.

Est-ce vrai que c'est un homme qui a soixante mille francs de rentes ?

GEORGES.

Parfaitement, mais il voulait en avoir cent mille. Alors il a commis certains actes qui l'ont fait condamner à six mois de prison.

LE VALET DE PIED.

Ça a-t-il réussi, au moins?

GEORGES.

Ça a réussi. En sortant de la Douillette il pourra jouir tranquillement de ses cent mille livres de rentes.

LE VALET DE PIED.

Il aura même fait des économies pendant six mois.

GEORGES.

Et il ne se sera pas embêté.

LE VALET DE PIED.

Trois repas par jour.

GEORGES.

Le thé à deux heures.

LE VALET DE PIED.

De gros cigares et une chambre meublée à l'anglaise avec salle de bains et hydrothérapie.

GEORGES.

Et pendant ce temps-là, moi qui suis bachelier ès lettres et bachelier ès sciences, je gagne quatorze cent cinquante francs par an et je suis logé dans une mansarde. Voyez-vous, Eugène, nous vivons à une époque où un riche malfaiteur coûte plus cher à la société qu'un modeste fonctionnaire.

LE VALET DE PIED.

Comment! monsieur Georges, vous êtes bachelier?

GEORGES.

Deux fois.

LE VALET DE PIED.

Vous n'avez pas eu de chance, il me semble?

GEORGES.

Je le mérite, j'expie mes fautes.

LE VALET DE PIED.

Vous avez commis une faute, monsieur Georges ?

GEORGES.

Et une grande.

LE VALET DE PIED.

Ah !

GEORGES.

Etant jeune, j'ai séduit une jeune fille en lui promettant le mariage et... *(Coup de sonnette.)* Je vous raconterai ça demain.

LE VALET DE PIED.

C'est le Quatre qui appelle...

GEORGES.

Venez...

(Ils sortent tous les deux.)

SCÈNE III

A gauche : JACQUES, MOLINEUF, *jouant aux échecs.*

MOLINEUF.

Alors, il a été gentil, ce juge ?

JACQUES.

Charmant... Au bout de cinq minutes de conversation, il m'a dit que j'étais certainement un très honnête homme, mais que je n'avais pas le génie des affaires. Puis, il m'a fait réintégrer à la Douillette, le tout avec un sourire paternel.

MOLINEUF.

Au total, cette petite histoire va vous coûter assez cher ?

JACQUES.

Elle va me coûter très cher... Enfin ! je m'arrangerai. En tout cas, Molineuf, je vous remercie de la façon dont vous m'avez reçu dans votre établissement. C'est princier...

MOLINEUF.

J'ai fait de mon mieux. Quand attendez-vous la visite de madame Herbaut?

JACQUES.

Cette après-midi.
(Entre le valet de pied de la scène première qui remet une carte à Molineuf.)

MOLINEUF.

Tiens! Plesnois!

JACQUES.

Ce bon Plesnois?...

MOLINEUF.

On peut le faire entrer, n'est-ce pas?
(Il fait un signe au valet de pied qui sort.)

JACQUES.

Certes...

SCÈNE IV

Les Mêmes, PLESNOIS.

PLESNOIS.

Ah! il est là... Bonjour, Molineuf... *(S'avançant vers Jacques et lui prenant les deux mains.)* Je suis heureux de vous serrer la main, cher ami, bien heureux... et de vous apporter toutes mes sympathies. Nous avons su la nouvelle tout à l'heure, au cercle, à déjeuner, par votre avocat... Vous avez été roulé et dévalisé par ce fripon, qui, lui, est en fuite... et j'ai tenu à venir immédiatement.
(Il lui serre encore la main.)

JACQUES.

Merci, mon bon Plesnois.

PLESNOIS, à *Molineuf*.

Ah! vous... que je n'oublie pas... j'ai une commission à vous faire. Ma femme, en apprenant que je venais vous voir, n'a pas voulu venir le même jour. Elle m'a prié de vous dire qu'elle viendrait demain.

MOLINEUF.

A quelle heure?

PLESNOIS.

A trois heures. *(A Jacques.)* Oui, cher ami, l'opinion au cercle est unanime en votre faveur. Vous n'avez eu qu'un détracteur, mais il a été remisé vertement, je vous prie de le croire.

JACQUES.

Qui ça, mon Dieu?

PLESNOIS.

Revinel, naturellement, le célèbre tapeur.

JACQUES.

Il me doit cent louis, il me débine. Nous sommes quittes.

PLESNOIS.

Ces gens-là, mon cher, il faut leur donner tout de suite des calottes ou les mépriser absolument. C'est ce dernier parti que j'ai adopté et aujourd'hui il peut dire tout ce qu'il voudra contre moi... il peut même aller raconter partout que ma femme a un amant... ça m'est parfaitement égal.

JACQUES.

Comment! il ose?...

PLESNOIS.

Et devinez quel est l'amant qu'il donne à madame Plesnois?

MOLINEUF.

Je serais curieux de le savoir.

PLESNOIS, à *Molineuf.*

Vous. Ça devenait comique.

MOLINEUF.

Moi? En effet, il vaut mieux en rire.

PLESNOIS, à *Jacques.*

Mais, madame Herbaut elle-même, mon cher, votre femme, qui est au-dessus de tout soupçon et dont je répondrais plus encore que de la mienne...

JACQUES, *machinalement.*

Mais je l'espère... *(Se reprenant.)* Continuez, cher ami.

PLESNOIS.

Madame Herbaut n'a pas trouvé grâce devant ses petites perfidies.

JACQUES.

Tiens! tiens! Il dit que ma femme a un amant?...

PLESNOIS.

Il n'oserait pas. Il se contente d'insinuer qu'un de nos collègues la serre de près.

JACQUES.

Pas de très près, alors, parce que je ne m'en suis pas aperçu. Et quel est ce collègue?

PLESNOIS.

Préparez-vous à vous amuser énormément.

JACQUES.

Je suis prêt.

PLESNOIS.

Le Houssel!... Le Houssel!...

JACQUES.

Très gentil.

PLESNOIS.

Voilà à quelles bouffonneries conduit la maladie du débinage !...

MOLINEUF, *riant aux éclats.*

Ah! Le Houssel!... Il faudrait lui dire ça... *(Au valet de pied qui lui dit un mot à l'oreille.)* Mais tout de suite... *(Sort le valet de pied. Molineuf à Jacques.)* Madame Herbaut.

JACQUES.

Ah!

(Entre Hélène.)

SCÈNE V

Les Mêmes, HÉLÈNE.

HÉLÈNE, *se jetant dans les bras de Jacques.*

Mon chéri, mon pauvre chéri !... *(A Molineuf et à Plesnois.)* Pardon, messieurs.

(Elle va leur serrer la main.)

MOLINEUF.

Chère madame...

HÉLÈNE, *embrassant encore Jacques.*

Voyons ta figure?... Tu n'as pas trop mauvaise mine... Est-ce que tu as bien dormi, cette nuit?

JACQUES.

Très bien.

HÉLÈNE.

Comment étais-tu couché?... Mal, je suis sûre...

MOLINEUF.

Mal! Je vous garantis, chère madame, qu'il n'y a pas un hôtel à Paris, ni nulle part...

HÉLÈNE, *à Jacques.*

C'est vrai?

JACQUES.

Tu peux le croire.

HÉLÈNE.

As-tu eu ton chocolat, ce matin?

JACQUES.

Oui, ma chérie.

HÉLÈNE.

Il était bon? Aussi bon que chez nous?

JACQUES.

Meilleur.

HÉLÈNE.

Oh!

JACQUES.

Meilleur, je te dis!

MOLINEUF.

Ici, c'est la renommée du chocolat.. Chère madame, nous vous laissons avec votre mari. Plesnois, je vous emmène faire le tour du propriétaire.

PLESNOIS.

Avec plaisir...

(Ils sortent.)

SCÈNE VI

JACQUES, HÉLÈNE.

HÉLÈNE.

Nous sommes sauvés, mon petit Jacquot!... J'ai l'argent!

JACQUES.

Quel argent?

HÉLÈNE.

Celui qu'il nous faut... Les trois cent mille!

JACQUES.

Qu'est-ce que tu me chantes là? Tu as trois cent mille francs?

HÉLÈNE.

Oui... Oui... Oui...

JACQUES.

Par exemple, je serais curieux de savoir...

HÉLÈNE.

Où je les ai trouvés, n'est-ce pas? Pardi! je les ai empruntés.

JACQUES.

Tu as emprunté, toi!... Et à qui, s'il te plaît?

HÉLÈNE.

A Le Houssel!... A ce bon Le Houssel!

JACQUES.

A Le Houssel!... Tu as eu l'aplomb de!... Ça, c'est trop fort! C'est trop fort!

HÉLÈNE.

Dans la situation où tu étais, j'aurais emprunté au Pape!

JACQUES.

Ça aurait mieux valu... Mais à Le Houssel!... A un homme qui... Non, c'est d'une inconscience! d'une indélicatesse!...

HÉLÈNE.

Indélicat! Qu'est-ce que ça a d'indélicat, je te prie de me le dire! Non, je te prie de me le dire?... Cite-moi un précepte de morale qui blâme ce que j'ai fait, je t'en défie!

JACQUES.

Il n'y a pas que la morale... Il y a les convenances, les préjugés, un tas de considérations. Je suis furieux... et ce qu'il y a d'exaspérant, c'est que tu n'as pas l'air de te douter que tu as fait quelque chose d'énorme! Tu ne t'en doutes pas, n'est-ce pas?

HÉLÈNE.

Non... Oh ! non.

JACQUES.

C'est ta lacune... Tu as une lacune... Je frémis en pensant à ce que tu ferais, si tu n'étais pas une honnête femme... Et il ne t'a rien dit, Le Houssel ?

HÉLÈNE.

Il a été très gentil... Il m'a donné un chèque. Tiens, le voici.

JACQUES.

Alors, il t'a donné un chèque comme ça... tranquillement.

HÉLÈNE.

Oui... *(le regardant.)* Eh bien ! non, je ne veux pas te dire de mensonge... Je vais te dire la vérité...

JACQUES.

Qu'est-ce qu'il y a encore, nom d'un chien !

HÉLÈNE.

Il y a... ah ! ah ! c'est amusant quand on y réfléchit.

JACQUES.

Mais va donc !

HÉLÈNE.

Voilà que cet imbécile de Le Houssel était devenu amoureux de moi !...

JACQUES.

C'est le comble !...

HÉLÈNE.

Et il a eu l'audace de me déclarer sa flamme quand je lui ai demandé l'argent... Je l'ai flanqué à la porte à ce moment-là, tu penses... Après quoi, je l'ai abreuvé d'outrages... Laisse donc, ne t'indigne pas, ça a fini par être plutôt drôle. Car il m'a suppliée de lui pardonner, il m'a juré qu'il avait eu une minute d'égarement et qu'il ne recommencerait jamais, jamais! Si tu l'avais vu, il n'y avait plus moyen de se fâcher... Je lui ai pardonné et il faut que tu lui pardonnes aussi, car il nous rend tout de même un fier service...

JACQUES.

Un fier service! Alors, tu t'imagines que je vais accepter un service d'un monsieur, dans ces conditions-là... Ecoute, ma petite Hélène, écoute bien ce que je vais te dire. J'ai toujours fait ce que tu as voulu; tu as voulu que je me ruinasse, nous nous sommes ruinés ; tu n'as pas voulu quitter Paris, nous sommes restés à Paris; tu as voulu que je fisse la connaissance de Brassac, je l'ai faite ; tu as voulu mener la grande vie, nous l'avons menée et même nous la menons encore ! Mais en voilà assez, cette fois, en voilà assez! Donc, à partir de maintenant, ma petite Hélène, je t'en supplie, je t'en conjure, ne me donne plus d'idées, ne me donne plus de conseils, tiens-toi tranquille!

HÉLÈNE, vexée.

C'est bon, mon ami, c'est bon, je ne m'occuperai plus de tes affaires, je te le promets.

JACQUES.

Ça vaudra mieux, ma chérie, je t'assure que ça vaudra mieux. Tu m'aimes bien, n'est-ce pas?

HÉLÈNE.

C'est toi qui ne m'aimes plus.

JACQUES.

Quelle folie! Seulement, veux-tu que je te fasse un aveu? J'ai assez d'émotions comme ça, et je commence à éprouver le besoin d'être un peu tranquille. On est très bien ici, je ne me plains pas ; mais enfin, je préférerais le coin de mon feu...

HÉLÈNE.

Mais comment vas-tu en sortir d'ici... Comment ? Je ne vois que ça, moi.

JACQUES.

J'en sortirai... je ne sais pas exactement de quelle façon... mais je finirai par en sortir. Mais il me faut jurer que tu seras raisonnable.

HÉLÈNE.

Oui, mon chéri.

JACQUES.

Tu m'obéiras à ton tour ?

HÉLÈNE.

Oui, mon chéri.

JACQUES.

Et nous nous retirerons à la campagne ?

HÉLÈNE.

Quand tu voudras...

JACQUES, *l'embrassant.*

Alors, ça finira très bien... Au fait, donne-moi le chèque que je le renvoie à Le Houssel, le plus poliment que je pourrai.

(*Il prend le chèque et se dispose à le mettre sous enveloppe. — Entre Pervenche.*)

SCÈNE VII

Les Mêmes, PERVENCHE.

PERVENCHE, *allant vivement à Hélène.*

Je cours après vous depuis ce matin... enfin j'ai pensé que vous étiez ici... Bonjour, monsieur Herbaut.

JACQUES.

Bonjour, mademoiselle, bonjour.

PERVENCHE.

Avez-vous des nouvelles de Brassac ?

JACQUES.

Non, fichtre pas !

PERVENCHE.

Eh bien ! moi, j'en ai : savez-vous où il est, Brassac ? à Paris !

HÉLÈNE.

A Paris ? Vous l'avez vu ?

PERVENCHE.

Pas moi, c'est Eglantine qui l'a aperçu hier soir, vers minuit, qui montait dans un fiacre. Il avait une fausse barbe, mais elle l'a reconnu tout de même. Il devait aller chez une femme. Il en a un toupet.

HÉLÈNE, à Jacques.

Il faudra dire ça au juge d'instruction.

SCÈNE VIII

A droite : GEORGES, *puis* BRASSAC.

GEORGES.

Si monsieur veut se donner la peine d'entrer ?

BRASSAC, *entrant en costume de voyage, un élégant sac à la main.*

Tenez, mon garçon, débarrassez-moi de ma valise. *(Regardant autour de lui.)* Où suis-je ici ?

GEORGES.

Dans le parloir de messieurs les détenus.

BRASSAC.

On se croirait dans un train de luxe.

GEORGES.

C'est ici que ces messieurs peuvent recevoir leur famille et leurs amis.

BRASSAC.

Et où va-t-on me mettre?

GEORGES.

Au cinq, très probablement.

BRASSAC.

J'espère que je pourrai faire venir mes repas du dehors?

GEORGES.

Je ne le conseille pas à monsieur. Nous avons un ancien chef du prince de Galles.

BRASSAC.

Ah!

GEORGES.

Et ce sont les gens du dehors qui font venir leurs repas d'ici.

BRASSAC, *tirant un étui.*

On peut fumer?

GEORGES.

On peut tout faire... excepté s'en aller... Et encore, si on insistait beaucoup!...

BRASSAC.

Dites-moi, quand aurai-je l'avantage de voir monsieur le directeur?

GEORGES.

On vient de le prévenir qu'il y avait un nouveau... Il ne va pas tarder... Le voici.

(*Entre Molineuf pendant que sort Georges.*)

SCÈNE IX

BRASSAC, MOLINEUF.

MOLINEUF.

Bonjour, cher ami.

BRASSAC.

Je n'en crois pas mes yeux... C'est vous, Molineuf, qui êtes directeur de la Douillette ?

MOLINEUF.

Enchanté de vous recevoir...

BRASSAC.

Si on m'avait dit ça ?...

MOLINEUF.

Vous seriez venu plus tôt ?...

BRASSAC.

Non, mais je vous aurais envoyé mes félicitations.

MOLINEUF.

Comment se fait-il que vous vous soyez laissé arrêter ? Vous, un malin ! Ce n'est pas pour vous le reprocher, remarquez bien.

BRASSAC.

Oui, mon ami, je me suis laissé coffrer comme un benêt... C'est l'amour...

MOLINEUF.

L'amour ?...

BRASSAC.

La passion, si vous préférez. La passion, mère de l'imprudence. Je n'étais pas à Bruxelles depuis deux heures, qu'une idée romanesque s'emparait de mon cerveau. Tomber à l'improviste chez cette femme — une femme, Molineuf, dont je suis éperdument épris, — l'étonner par mon audace et mon mépris du danger, et la posséder à la faveur de cet étonnement.

MOLINEUF.

Bigre! C'était risqué!...

BRASSAC.

J'hésite un instant, je ne vous le cache pas. Mais la passion finit par l'emporter. Je me déguise, je prends le train, j'arrive à Paris à minuit, je saute dans un fiacre et à minuit et demi je sonne à sa porte. Une camériste vient m'ouvrir. Je lui tends ma carte et je suis reçu immédiatement. Alors, j'enlève ma fausse barbe et tombant à genoux : « Vous vouliez une preuve d'amour, comtesse. Il me semble que la voilà, la preuve d'amour. »

MOLINEUF.

Et qu'a-t-elle dit, la comtesse?

BRASSAC.

Elle a balbutié des paroles incompréhensibles dans le langage de son pays.

MOLINEUF.

Elle est étrangère?

BRASSAC.

Chilienne... Puis, elle s'est précipitée dans mes bras, en m'appelant : « Antonio! Antonio! »

MOLINEUF.

Mes compliments.

BRASSAC.

Ah! mon ami, ça c'est une femme! Seulement, à sept heures du matin, nous avons été réveillés par le commissaire de police.

MOLINEUF.

Diable!

BRASSAC.

Nous n'avons eu que le temps de nous faire des adieux déchirants. Puis je me suis habillé à la hâte, et me voici.

MOLINEUF.

Je ferai de mon mieux pour vous rendre le séjour agréable.

BRASSAC.

Merci, Molineuf.

MOLINEUF.

D'ailleurs, vous serez en pays de connaissance...

BRASSAC.

Tiens! qui donc?

MOLINEUF.

Herbaut.

BRASSAC.

Ah! ah! Herbaut!... Charmant garçon! Je serai enchanté de lui serrer la main.

MOLINEUF.

Est-ce que ce n'est pas un peu à cause de vous?...

BRASSAC.

J'ai quelques torts envers lui, mais si je peux lui sauver la mise, je le ferai, je l'aime beaucoup.

MOLINEUF.

Vous n'avez besoin de rien?

BRASSAC.

Je vous demanderai la permission d'aller faire un brin de toilette.

MOLINEUF.

Je vais vous conduire chez vous. Voulez-vous être au cinq?

BRASSAC.

Je n'ai pas de préférence.

MOLINEUF.

Alors, au cinq. C'est ma meilleure cabine. Venez donc.

BRASSAC.

Après vous.

MOLINEUF.

Je n'en ferai rien.

BRASSAC, *passant le premier.*

C'est bien pour ne pas vous désobliger.

(*Ils sortent tous les deux.*)

SCÈNE X

A gauche : JACQUES, *qui cachète sa lettre,* HÉLÈNE, PERVENCHE, GEORGES.

JACQUES, *écrivant l'adresse.*

« Monsieur Le Houssel. » (*A Georges qui vient d'entrer.*) Pouvez-vous me faire porter cette lettre à la poste, tout de suite ?

GEORGES.

Oui, monsieur.

JACQUES, *à Hélène.*

Allons faire un tour dans le parc.

HÉLÈNE.

Si tu veux, mon ami. Au revoir, Juliette !

JACQUES.

Mademoiselle...

PERVENCHE.

Au revoir, monsieur Herbaut !

SCÈNE XI

PERVENCHE, GEORGES, *à gauche.*

PERVENCHE, *à part, regardant Georges.*
Mais, je connais ce monsieur...

GEORGES, *apercevant Pervenche.*
Oh!

PERVENCHE.
Georges!... Mon premier!...

GEORGES.
C'est vous?... C'est vous, Juliette?

PERVENCHE.
Et vous?

GEORGES.
Georges!

PERVENCHE.
Ah! ah! C'est vous!...

GEORGES.
Oui... oui... C'est moi... Moi qui...
(Silence embarrassé.)

PERVENCHE.
Oh! Je ne vous en veux plus...

GEORGES.
Vous m'avez pardonné, bien vrai?

PERVENCHE.
Bien vrai. Il y a si longtemps!...

GEORGES.
Ah! Si on m'avait dit que je vous reverrais aujourd'hui...

PERVENCHE.
Et qu'est-ce que vous avez fait pour être ici?...

GEORGES.

J'ai fait beaucoup de démarches... Ce sont des places qui ne rapportent rien et qui sont très difficiles à obtenir.

PERVENCHE.

C'est vous qui avez tenu à être en prison?

GEORGES, *étonné.*

Oui, c'est moi...

PERVENCHE.

Vous n'avez commis aucun crime, aucun délit?

GEORGES.

Mais non... Ah! Vous croyiez que?... Je suis gardien... Je suis gardien chef, je ne suis pas détenu.

Oh! pardon...

PERVENCHE.

GEORGES.

Mes moyens ne me permettent pas d'être détenu, malheureusement.

PERVENCHE.

Je vois que vous n'avez guère réussi.

GEORGES.

Et vous?

PERVENCHE.

Moi?

GEORGES.

Oui... Qu'est-ce que vous êtes devenue? *(Pervenche baisse les yeux.)* Ah! je comprends.

PERVENCHE.

J'ai été cocotte, mais je ne le suis plus.

GEORGES.

Qu'est-ce que vous êtes?

PERVENCHE.

Je ne suis plus rien. C'est fini... Oh! C'est bien

fini... Tenez, hier, j'allais me mettre avec un monsieur, un nommé Clapotin, parce qu'il me faisait la blague de vouloir m'épouser, comme vous. Qu'est-ce que j'apprends au moment de dîner avec lui? Il est fiancé depuis quinze jours. Je lui ai dit : « Monsieur, fichez-moi la paix, et plus vite que ça ! » Parce que, maintenant, j'aimerais mieux travailler de mes dix doigts plutôt que de rester une grue... à moins que je ne puisse pas faire autrement. Et vous, vous êtes marié?

GEORGES.

Non, je suis resté garçon.

PERVENCHE

Vraiment?

GEORGES.

Oui, vraiment.

PERVENCHE, *après un silence.*

Pourquoi ne m'épouseriez-vous pas?

GEORGES.

Hum!

PERVENCHE.

Vous hésitez peut-être à cause de la vie que j'ai menée pendant dix ans...

GEORGES.

Dame!

PERVENCHE.

Je comprendrais ça, si vous n'aviez pas été mon premier amant, si vous étiez seulement le second ou le troisième. Alors, vous n'auriez aucune raison de m'épouser. Mais vous êtes le premier, vous m'avez eue sage, vous devez vous le rappeler. Eh bien! l'important pour épouser un homme, c'est de n'avoir connu personne avant lui. Moi, je n'ai connu personne avant vous. Voilà comment il faut raisonner dans l'existence.

GEORGES.

Je ferai ce que voudrez, Juliette.

PERVENCHE.

A demain, alors. Venez me voir, on causera mieux. Au fait, vous ne savez pas où je demeure, 28, rue de Copenhague. Vous demanderez mademoiselle Pervenche — c'est moi. — Au revoir, mon petit Georges, je t'aime encore, tu sais...

(Elle sort en lui envoyant un baiser. Georges sort par la porte du fond.)

SCÈNE XII

A droite : LA COMTESSE, LE DOMESTIQUE, *puis* BRASSAC.

LE DOMESTIQUE, *introduisant la comtesse.*

Je vais prévenir le Cinq.

LA COMTESSE, *seule.*

Le Cinq. Est-ce ainsi qu'on vous appelle maintenant, mon Antonio?

(Entre Brassac.)

BRASSAC.

Vous, Miquita, ma Miquita chérie !

LA COMTESSE.

Mon amour, mon cher amour, je vous vois en prison.

BRASSAC.

Hélas !

LA COMTESSE.

Et combien allez-vous y rester de temps dans ce maudit cachot?

BRASSAC.

Je l'ignore, ma reine, cela dépendra uniquement de la Justice.

LA COMTESSE.

Quelle horreur, mais je veux vous sauver, mon Antonio! Je vous adore, j'ai une passion folle, je ne saurais plus me passer de vous...

BRASSAC.

Moi aussi, je vous adore.

LA COMTESSE.

Vous êtes mon amant, aujourd'hui, j'ai des droits sur vous.

BRASSAC.

Je ne m'y oppose pas, ma Miquita !

LA COMTESSE.

C'est pourquoi il ne faut rien me cacher. Vous êtes en prison pour avoir fait ce qu'on appelle en français un pouf?...

BRASSAC.

Oui... C'est l'expression.

LA COMTESSE.

C'est-à-dire pour avoir perdu à la Bourse ou dans des opérations véreuses...

BRASSAC.

Vous connaissez admirablement la langue française, ma chérie...

LA COMTESSE.

Laissez-moi continuer... pour avoir perdu de l'argent qu'on vous avait confié... Je ne me trompe pas, je crois...

BRASSAC.

Du tout, comtesse.

LA COMTESSE.

Et vous voyez, à ce propos, combien j'avais raison de me méfier de vous comme banquier.

BRASSAC.

Vous êtes la sagesse même..

LA COMTESSE.

Mais il n'est pas question de cela. Arrivons à la réalité, qui est celle-ci : je vous aime, vous êtes mon Antonio et je vous sauverai. J'ai quatre millions, peut-être même davantage.

BRASSAC.

Vous?

LA COMTESSE.

Et je vous offre ma main. Voulez-vous être mon mari?

BRASSAC.

Mais, c'est la joie... le bonheur... le...

LA COMTESSE.

Par exemple, il faudra payer intégralement tout ce que vous devez à tout le monde. Je veux d'un époux qui soit considéré à Paris, et qui ait une bonne réputation.

BRASSAC.

Je m'y engage.

LA COMTESSE.

Serez-vous considéré de nouveau, quand vous aurez payé?

BRASSAC.

Je vous crois!

LA COMTESSE.

Autant que vous l'étiez autrefois?

BRASSAC.

Davantage...

LA COMTESSE.

Alors, vous êtes heureux, mon Bébé?

BRASSAC.

Vous pouvez le dire, ma reine.

LA COMTESSE.

Je vous quitte, je vais faire ce qu'il faut. Vous, dites au juge que vous ne faites plus un pouf, et soyez bientôt à moi. Venez, que je vous embrasse encore, mon Antonio.

BRASSAC.

Au revoir, au revoir !

LA COMTESSE.

Bébé !

(Elle l'embrasse une dernière fois et sort.)

SCÈNE XIII

A droite : BRASSAC, *seul, puis* JACQUES et HÉLÈNE.

BRASSAC, *seul.*

Je n'irai pas jusqu'à dire que je n'ai que ce que je mérite... mais enfin...

(Entrent Hélène et Jacques.)

JACQUES, *à Hélène.*

Et voici le parloir... Beaucoup de chic, n'est-ce pas ?

BRASSAC, *l'apercevant.*

Enchanté de vous rencontrer, cher ami. Comment ça va ?

HÉLÈNE, *stupéfaite.*

Brassac !

JACQUES.

Ah ! par exemple...

BRASSAC.

Madame, je vous présente mes très humbles hommages !

JACQUES.

Vous ici ?... Tiens ! tiens ! tiens !

BRASSAC.

Vous avez l'air étonné. Vous aviez donc douté de moi? C'est très mal, mon cher Herbaut, c'est très mal, je n'abandonne jamais mes amis. Et la preuve, c'est que je viens vous sauver. Je paye tout!

JACQUES.

Hein?

BRASSAC.

Tout, mon bon! On me fera une ovation sur le boulevard.

(Il refait le geste du deuxième acte, le bras tendu.)

HÉLÈNE.

C'est bien, ce que vous faites là, c'est très bien.

JACQUES.

Et avec quoi payez-vous, sans indiscrétion?

BRASSAC.

Je me marie, mon cher. Je vous raconterai ça. Je fais le mariage rêvé!

JACQUES.

Le mariage de tout premier ordre.

BRASSAC, à Hélène.

Ai-je reconquis votre estime, madame?

HÉLÈNE, poliment.

Mais vous ne l'aviez pas perdue.

BRASSAC, à Jacques.

Quant à vous, mon bon, je vous dois une revanche et je vous la donnerai. Je ferai votre fortune.

JACQUES.

Vous l'avez déjà faite une fois.

BRASSAC.

Cette fois-ci, ce sera la bonne... oh! il me vient même une idée. Attendez une minute, je reviens.

(Il sort vivement.)

SCÈNE XIV

JACQUES, HÉLÈNE.

JACQUES.

C'est une fripouille, mais qui ne manque pas d'une certaine bonhomie.

HÉLÈNE.

Brassac! C'est un homme de génie... Ah! mon petit Jacquot, que je suis contente!

(Elle lui prend les deux mains.)

JACQUES.

Crois-tu qu'on sera bien à Limoges, après toutes ces émotions!

HÉLÈNE.

A Limoges?

JACQUES.

Mais oui, chez nous... dans notre petite maison.

HÉLÈNE.

Comment! tu tiens encore à aller à Limoges?

JACQUES.

Si j'y tiens! Je le crois fichtre bien, que j'y tiens!

HÉLÈNE.

Mais c'est absurde... Moi, j'ai dans Brassac

une confiance énorme ! Je suis sûre que maintenant !...

JACQUES, levant les bras au ciel.

La lacune ! la lacune ! Mais, malheureuse, tu n'es donc pas guérie ? Tu veux donc recommencer ?...

HÉLÈNE, changeant de ton.

Non, non, je n'y pensais plus. Je te demande pardon... Nous irons à Limoges, mon chéri, nous partirons quand tu voudras ! Je t'adore !

(Elle l'embrasse.)

SCÈNE XV

Les Mêmes, BRASSAC.

BRASSAC, avec un papier à la main, à Jacques.

Tenez... signez là... et là...

JACQUES.

Ah non ! celle-là, vous ne me la ferez plus !

LA VEINE

COMÉDIE EN QUATRE ACTES

Représentée pour la première fois sur la scène du théâtre
des Variétés, le 2 avril 1901,
reprise au théâtre du Vaudeville, le 21 décembre 1907.

A LUCIEN GUITRY
ET
A JEANNE GRANIER

Leur ami,
A. C.

PERSONNAGES

	Aux Variétés.	Au Vaudeville.
	MM.	MM.
JULIEN BRÉARD	Lucien Guitry,	Dumény,
EDMOND TOURNEUR	Albert Brasseur,	Louis Gauthier.
CHANTEREAU	Guy.	Joffre,
SIGISMOND	Prince,	Levesque,
LEBRANCARD	Simon,	Marcel Numa,
POUSSIER	Demay.	Camille Bert.
	Mmes	Mmes
CHARLOTTE LANIER	Jeanne Granier.	Jeanne Granier.
SIMONE BAUDRIN	Marcelle Lender,	Gabrielle Dorziat
JOSÉPHINE	Ève Lavallière,	Jeanne Heller.
GENEVIÈVE	Debbyre,	Cécile Caron.
CLÉMENCE	Lauthenay,	Delza,
LOUISE	Brésil,	Dhermlay,
ROSALIE	Angèle Delys,	Vernières,
Une Bonne	Delphine.	J. Marie-Laurent.

Deux Messieurs. — Un Commissionnaire.
Un Domestique.

A Paris, de nos jours.

LA VEINE

ACTE PREMIER

La scène représente une boutique de fleuriste, à Paris. La devanture de la boutique est garnie de plantes et de fleurs. A droite, une table sur laquelle sont des guirlandes et des corbeilles. A gauche, le comptoir. La porte donnant sur la rue est au fond.

SCÈNE PREMIÈRE

JOSÉPHINE, CLÉMENCE, LOUISE,
Un Garçon de Magasin.

(*Louise et Clémence travaillent à droite, arrangeant les guirlandes et les corbeilles qui sont sur la table. A gauche, Joséphine assoupie sur une chaise, près du comptoir.*)

LE GARÇON DE MAGASIN, *entrant à droite, un paquet à la main.*

Il arrive deux paniers... roses et violettes de Parme.

LOUISE.

Eh bien ! recevez-les. Madame n'est pas encore rentrée.

LE GARÇON.

Et puis ce paquet... de la part de la lingère. Ce sont des modèles. On attend la réponse.

CLÉMENCE.

Ah ! voyons...

LOUISE, *lisant.*

Chemises de nuit... chemises de jour... Madame répondra tout à l'heure.

LE GARÇON.

Bon !

(Il dépose le paquet et sort par la droite.)

CLÉMENCE, *se remettant au travail.*

Dépêchons-nous. Il faut cette guirlande pour ce soir, vous le savez.

(Entre Rosalie.)

SCÈNE II

Les Mêmes, ROSALIE.

ROSALIE.

Bonjour, mesdemoiselles. Madame Baudrin m'envoie vous demander si elle peut compter sur vous.

LOUISE.

Ça va être fini.

ROSALIE.

Vous aviez promis pour deux heures. Vous êtes en retard, comme toujours. Madame ne sera pas contente.

LOUISE.

Puisqu'on vous dit que c'est fait !

ROSALIE.

Alors, je peux dire à madame...

LOUISE.

Que tout sera chez elle dans une heure.

ROSALIE.

Bien. Au revoir, mesdemoiselles !

(Elle sort.)

CLÉMENCE.

Elle en fait des manières, celle-là !

LOUISE.

Autant que sa maîtresse.

CLÉMENCE.

La belle madame Baudrin.

LOUISE.

On disait la belle Simone, l'an dernier. Cette année-ci, on dit la belle madame Baudrin, parce que, dans l'intervalle, un imbécile lui a laissé trois millions en mourant.

CLÉMENCE.

C'est ce qu'on peut appeler une belle mort.

LOUISE, à Clémence, désignant Joséphine.

Regardez-moi cette fille-là... De quoi a-t-elle l'air ?

CLÉMENCE.

Elle a l'air d'une personne qui a passé la nuit à courir.

LOUISE, élevant la voix.

Eh bien ! Joséphine, vous n'avez pas honte de dormir à cinq heures de l'après-midi ?

JOSÉPHINE, s'étirant.

C'est vrai que je dormais... J'étais même en train de rêver que je tombais, que je tombais...

CLÉMENCE.

A quelle heure vous êtes-vous couchée ?

JOSÉPHINE.

A quatre heures du matin.

LOUISE.

Vous vous abîmerez la figure, à cette vie-là, et vous vous ruinerez la santé.

CLÉMENCE.

Et qu'est-ce que vous avez fait, pour vous coucher si tard?

JOSÉPHINE.

Nous sommes allés souper, Henri et moi.

CLÉMENCE.

Où cela, si je ne suis pas indiscrète?

JOSÉPHINE.

Chez une dame de nos amies qui pendait la crémaillère.

CLÉMENCE.

Une cocotte, probablement.

JOSÉPHINE.

Une femme entretenue, ce qui n'est pas la même chose.

CLÉMENCE.

Comment s'appelle-t-elle?

JOSÉPHINE.

Laure... Laure de...

LOUISE.

Vous ne savez même pas son nom!

JOSÉPHINE.

Je l'ai oublié... Ça n'empêche pas que nous nous sommes amusés follement.

CLÉMENCE.

Je suis sûre, Joséphine, que cette existence vous plairait?

JOSÉPHINE.

Beaucoup. J'aimerais avoir un appartement superbe, ou même un petit hôtel, avec une voiture, et des robes de deux à trois mille francs.

LOUISE.

Vous raisonnez comme une ouvrière d'il y a trente ans. Vous êtes vieux jeu, ma chère!

CLÉMENCE.

Vous me rappelez les grisettes d'autrefois, qui soupiraient après des cachemires.

JOSÉPHINE.

Chacun a ses idées.

CLÉMENCE.

Alors, quand vous voyez une femme couverte de diamants, cela vous épate?

JOSÉPHINE.

Non, mais...

CLÉMENCE.

Cela excite votre envie ou votre admiration? Vous regrettez de ne pas être à sa place?

JOSÉPHINE.

Certainement.

LOUISE.

Ah! ma pauvre enfant, vous êtes bien naïve! Quel âge avez-vous donc?

JOSÉPHINE.

Dix-neuf ans.

LOUISE.

Moi, j'en ai vingt et un, et Clémence que voilà est dans sa vingtième année. Vous pouvez donc vous en rapporter à notre expérience. Eh bien! la vie de ces femmes-là est aussi dure que la nôtre; et, pour gagner un collier de perles qu'elles seront peut-être obligées de porter au clou le lendemain, elles font des machines que je ne vous souhaite pas.

JOSÉPHINE.

Tenez, vous et Clémence, vous avez l'esprit gâté par la lecture des journaux. Vous êtes socialistes.

CLÉMENCE.

Absolument.

JOSÉPHINE.

Vous avez tort. Moi, je suis pour l'ancien système : les bijoux, les toilettes, le luxe.

LOUISE.

Vous me faites pitié.

CLÉMENCE.

Et vous accepteriez cela du premier venu?

JOSÉPHINE.

Un homme capable d'offrir un hôtel à une femme n'est jamais le premier venu.

CLÉMENCE, *riant*.

Est-ce qu'on vous en a déjà offert souvent, ma petite ?

JOSÉPHINE.

Pas encore.

LOUISE.

C'est dommage.

CLÉMENCE.

Ça ne tardera pas, espérons-le.

JOSÉPHINE.

Qui sait ?

LOUISE, *à Clémence*.

Elle est étonnante !

JOSÉPHINE.

Apprenez, mesdemoiselles, que pas plus tard qu'avant-hier j'ai été suivie par un monsieur depuis le coin de l'avenue de l'Opéra jusqu'ici.

LOUISE.

Qui était ce monsieur ?

JOSÉPHINE.

Un monsieur très bien, qui avait fait arrêter son coupé. Je l'ai parfaitement vu.

CLÉMENCE.

Et vous a-t-il parlé, ce monsieur très bien ?

JOSÉPHINE.

Il ne m'a pas parlé, parce que j'étais avec Henri. *(Elle est à ce moment près de la devanture et regarde dans la rue.)* Ah ! par exemple !

LOUISE.

Eh bien ! qu'y a-t-il ?

JOSÉPHINE.

Le voilà encore... Je le reconnais... Oh ! c'est bien lui.
(Elle se redresse.)

LOUISE.

Ne vous pavanez donc pas comme ça devant la fenêtre. Ma parole ! vous êtes indécente !

JOSÉPHINE, *se reculant un peu.*

Il regarde par ici.
(Elle s'éloigne après avoir jeté un dernier coup d'œil.)

CLÉMENCE.

N'ayez donc pas peur ; s'il veut vous retrouver, il vous retrouvera.

JOSÉPHINE, *avec dignité.*

Et surtout, si moi je le veux.

LOUISE.

Oh !...

CLÉMENCE.

Et ce pauvre Henri, qu'est-ce qu'il deviendrait dans cette combinaison ?

JOSÉPHINE.

Il est convenu avec lui que, du jour où je trouverais une situation, on se quitterait comme de bons amis.

CLÉMENCE.

On n'est jamais si bons amis que quand on se quitte.

LOUISE, avec ironie.

Ce que je vois de plus clair là dedans, c'est que Joséphine va rouler carrosse.

JOSÉPHINE.

Vous seriez bien étonnées, mesdemoiselles!

LOUISE.

En aucune façon. Vous êtes assez jolie pour tourner la tête à quelqu'un.

CLÉMENCE.

Certes!... J'espère que vous reviendrez voir vos anciennes camarades?

JOSÉPHINE.

Moquez-vous de moi. Je suis bonne fille.

LOUISE, venant vers elle.

Ma chère petite, je vais vous parler sérieusement, maintenant. Vous êtes dans une très mauvaise voie. Vous croyez encore aux gens qui viennent mettre leur fortune aux pieds de la femme aimée? Il n'y en a plus. Il n'y a plus que des boursiers qui vous paient tout juste à souper, ce qui est très fatigant, et des gommeux qui mettent leur amour-propre à ne pas vous offrir seulement un chapeau. Résignez-vous à rester ici. Le métier n'est pas mauvais, on gagne sa vie; nous avons une patronne intelligente et pas rosse du tout... Contentez-vous donc de cela, ma chère; c'est un conseil d'amie que je vous donne.

(Charlotte a ouvert la porte de droite; elle entre en entendant ces derniers mots.)

SCÈNE III

Les Mêmes, CHARLOTTE, puis CHANTEREAU.

CHARLOTTE.

C'est très bien, Louise, de ne pas dire du mal de la patronne quand elle est absente.

LOUISE.

Je dis ce que je pense, madame.

CHARLOTTE.

Vous êtes très gentilles toutes les trois... Est-ce que monsieur Chantereau est venu?...

CLÉMENCE.

Pas encore, madame... Il n'est venu que la lingère.

CHARLOTTE.

A-t-elle apporté mes modèles?

CLÉMENCE.

Oui, madame.

CHARLOTTE.

Voyons... *(Elle entr'ouvre le paquet.)* Mais c'est du linge de cocotte, ça!... Je n'en veux pas... Pour qui me prend-elle! *(Allant à la table de droite.)* Et la guirlande de madame Baudrin, où en est-ce?

CLÉMENCE.

Regardez, madame.

CHARLOTTE.

Pas mal... *(Prenant un des bouquets.)* Il faudrait m'incliner ces fleurs-là un peu à gauche... Je ne vois pas autre chose à changer. *(Prenant l'autre.)* Et pour ceci je voudrais un ruban orange au lieu d'un grenat.

LOUISE, *prenant un bouquet et s'apprêtant à sortir par la droite.*

N'est-ce pas, madame, qu'à notre époque il vaut mieux pour une femme avoir un métier honorable que de faire la noce?

CHARLOTTE.

Qu'est-ce que vous dites?

LOUISE.

Nous discutions ça quand vous êtes entrée, madame.

CLÉMENCE.

Et nous voudrions avoir votre avis.

CHARLOTTE.

Vous me posez là une question très délicate, mes enfants. Pour bien vous répondre, il faudrait que j'aie pu comparer. Or, je n'ai pas été cocotte.

JOSÉPHINE.

Et pourtant, il n'aurait tenu qu'à vous, patronne, élégante comme vous l'êtes...

CHARLOTTE.

Je n'ai aucun mérite : l'occasion ne s'est pas présentée. Cependant je vais vous dire à peu près ce que je pense.

LOUISE.

Ah!

(*Elles entourent Charlotte toutes les trois.*)

CHARLOTTE.

Eh bien! je pense que toutes les professions sont pleines de difficultés, et que les femmes ne doivent pas se mépriser entre elles. Si c'est un conseil que vous me demandez, je vous dirai de rester honnêtes le plus longtemps que vous pourrez; d'abord, vous ne risquez rien. Mais le jour où le hasard vous fera rencontrer un homme qui vous aimera et que vous aimerez aussi, tâchez de ne plus le quitter et de l'aider de toutes vos forces, car c'est encore avec un homme qu'une femme se tire le mieux d'affaire dans l'existence.

LOUISE.

Pourtant, vous, patronne, vous êtes seule, et vous avez fait votre fortune.

CHARLOTTE.

Ma fortune! Elle n'est pas faite, hélas! il s'en faut de beaucoup. Et puis, je ne suis pas un modèle de toutes les vertus, il ne faudrait pas croire cela; j'ai fait des bêtises comme tout le monde.

TOUTES LES TROIS, avec curiosité, se rapprochant.

Vraiment?

JOSÉPHINE, joignant les mains.

Oh! racontez-nous-le, patronne?

CHARLOTTE.

Ce sera pour une autre séance, mes enfants. *(Paraît Chantereau, serviette sous le bras, tenue et gestes d'homme d'affaires.)* Bonjour, monsieur Chantereau, je vous attendais.

CHANTEREAU.

Madame... mesdemoiselles... votre serviteur.

CHARLOTTE, aux ouvrières.

Allez donc défaire les paniers qui viennent d'arriver. Je vous rejoins.

(Clémence, Louise et Joséphine se retirent par la droite.)

SCÈNE IV

CHARLOTTE, CHANTEREAU.

CHARLOTTE, vivement.

Vous êtes-vous occupé de moi?

CHANTEREAU.

Tous ces jours-ci.

CHARLOTTE.

Où en sommes-nous ?

CHANTEREAU.

Voilà. J'ai établi votre actif et votre passif, sou par sou, comme c'était convenu. Vous devez beaucoup plus que vous ne croyiez... N'en soyez pas surprise. On doit toujours beaucoup plus qu'on ne croit.

CHARLOTTE.

Mais alors, comment vais-je faire ?

CHANTEREAU.

C'est très grave.

CHARLOTTE.

Est-ce que je vais être obligée de liquider ?

CHANTEREAU.

Hum !...

CHARLOTTE.

Vous n'avez donc pas expliqué aux créanciers que leur intérêt est de patienter ? que la maison n'a que deux ans d'existence et qu'il faut donner à la clientèle le temps de venir ? Nous avons vu beaucoup de monde aujourd'hui. *(Entre un monsieur.)* Tenez, voilà encore quelqu'un. *(Au monsieur.)* Vous désirez, monsieur ?

LE MONSIEUR.

Une botte de violettes.

CHARLOTTE.

Voici, monsieur. Comme cela, n'est-ce pas ?

LE MONSIEUR.

A merveille... Combien ?

CHARLOTTE.

Trois francs...

(Le monsieur paie et sort.)

CHARLOTTE, à *Chantereau*.

Il suffit d'un rien pour lancer une maison à Paris. C'est insensé que les gens ne comprennent pas ça!

CHANTEREAU.

Les créanciers n'entrent pas dans ces considérations.

CHARLOTTE.

Quels idiots!

CHANTEREAU.

Tenez, ce qu'il vous faudrait, ce serait une bonne somme de vingt à vingt-cinq mille francs qui vous permettrait de tenir le coup et de vous débarrasser de tous ces gêneurs.

CHARLOTTE.

Vous devriez me trouver cela, mon cher monsieur Chantereau.

CHANTEREAU.

C'est fait.

CHARLOTTE.

Vous avez trouvé quelqu'un qui consentirait à me prêter?...

CHANTEREAU.

Oui.

CHARLOTTE.

Qui?

CHANTEREAU.

Moi.

CHARLOTTE, *lui serrant la main*.

Mais il fallait me dire cela tout de suite, au lieu de me mettre la mort dans l'âme. Asseyez-vous donc.

CHANTEREAU.

Par exemple, il y a une petite condition.

CHARLOTTE.

Tout ce que vous voudrez. Et laquelle?

CHANTEREAU.

Laquelle?... Vous me demandez laquelle! *(Hésitant.)* Heu!... Vous vous appelez Charlotte Lanier, n'est-ce pas? Mademoiselle Charlotte Lanier?

CHARLOTTE.

Vous le savez bien.

CHANTEREAU.

Moi, je m'appelle Chantereau, Jules Chantereau. J'ai quarante-deux ans.

CHARLOTTE.

Vous ne les paraissez pas.

CHANTEREAU.

Parce que j'ai mené une existence régulière... Eh bien! la condition, c'est que vous ne vous appeliez plus mademoiselle Lanier, mais madame Chantereau.

CHARLOTTE.

Ah bah!

CHANTEREAU.

Voilà.

CHARLOTTE.

Vous voulez m'épouser, vous!... Qu'est-ce qui vous a donné cette idée-là?

CHANTEREAU.

Plusieurs choses. D'abord je suis amoureux de vous.

CHARLOTTE.

Celle-là, par exemple!

CHANTEREAU.

Vous ne vous en étiez jamais aperçue?

CHARLOTTE.

Non, je l'avoue.

CHANTEREAU.

C'était pourtant facile à deviner.

CHARLOTTE.

A quoi, mon Dieu?

CHANTEREAU.

A des détails... Ainsi, quand j'ai commencé à m'occuper de vos affaires, il y a un mois, est-ce que je vous ai demandé une provision?

CHARLOTTE.

Une provision?

CHANTEREAU.

De l'argent d'avance... Je ne vous en ai pas demandé, n'est-ce pas?

CHARLOTTE.

C'est vrai.

CHANTEREAU.

Un homme d'affaires qui ne demande pas d'argent d'avance, rien que cela aurait dû vous donner une indication.

CHARLOTTE.

Mon pauvre monsieur Chantereau, il n'y a qu'un obstacle à ce beau projet : c'est que je ne veux pas me marier.

CHANTEREAU.

Laissez-moi ajouter un mot... Je connais votre existence à fond; vous n'auriez pas grand'chose à me cacher.

CHARLOTTE.

Est-ce que vous seriez de la police?

CHANTEREAU.

Si j'étais de la police, je ne saurais rien. J'ai pris des informations sur vous, ce n'était pas bien difficile. Vous êtes une très brave personne. A vingt ans, vous habitiez les Batignolles avec vos parents qui étaient vieux et qui sont morts. Vous avez été séduite par un employé de la place Clichy, avec qui vous avez vécu cinq ans; il vous a quittée. Depuis, vous vous êtes très bien conduite et vous n'avez pas pris d'amant. Vous avez travaillé de votre état. Il y a deux ans, une cousine éloignée vous a laissé quelques billets de mille francs. Vous avez monté un magasin de fleurs; mais vous avez fini par manger vos capitaux. Aujourd'hui vous êtes à la veille de liquider et de vous trouver sans ressources, obligée de retravailler de vos dix doigts... Réfléchissez donc bien avant de me répondre définitivement.

CHARLOTTE.

Oh! c'est tout réfléchi.

CHANTEREAU.

Vous refusez?

CHARLOTTE.

En vous remerciant de la bonne opinion que vous avez de moi, cependant.

CHANTEREAU.

Vous avez le plus grand tort de refuser. Entre autres avantages pratiques, ce mariage aurait celui de vous éviter une folie... une folie que vous êtes sur le point de commettre.

CHARLOTTE.

Moi?

CHANTEREAU.

Vous.

CHARLOTTE.

Et en quoi consisterait cette folie?

CHANTEREAU.

Elle consisterait à devenir la maîtresse de monsieur Julien Bréard, avocat, demeurant au quatrième étage de cet immeuble, trois étages au-dessus du vôtre.

CHARLOTTE.

Il paraît que vous avez pris aussi des renseignements sur monsieur Bréard?

CHANTEREAU.

Je n'avais pas besoin de les prendre, je les avais. Avocat sans clients, paresseux et ambitieux à la fois, égoïste; aucun avenir, à moins d'une chance extraordinaire que rien ne fait prévoir; couvert de dettes. Je lui ai fait prêter plusieurs fois de l'argent, il ne l'a rendu que contraint et forcé; il m'en doit encore personnellement. Un de ces jours, je vais le poursuivre à blanc.

CHARLOTTE.

Dites tout de suite que c'est un malhonnête homme.

CHANTEREAU.

Non, je ne crois pas; mais c'est la pire connaissance que puisse faire une femme comme vous. Comment! vous êtes intelligente, vous êtes active, vous avez de l'initiative, des idées — si vous aviez reçu de l'instruction, vous auriez été une femme remarquable — et vous allez !... Mais Bréard ne vous comprendra jamais! il vous traitera comme la première venue et vous plantera là, son caprice satisfait...

CHARLOTTE.

D'abord, ce serait mon affaire et non la vôtre. Et puis, qui vous a raconté cette histoire?... Je le connais à peine, moi, votre monsieur Bréard ; je l'ai vu peut-être dix fois dans ma vie... C'est un voisin, voilà tout.

CHANTEREAU.

Il est toujours fourré ici.

CHARLOTTE.

C'est une erreur. Il vient de temps en temps Il nous apporte des billets de théâtre.

CHANTEREAU.

Il ne vous a jamais fait de déclaration?

CHARLOTTE.

Jamais ! ma parole !... Qu'est-ce qui vous prouve, d'ailleurs, que c'est pour moi qu'il vient? Il y a trois ouvrières très gentilles.

CHANTEREAU.

Oh !...

CHARLOTTE.

Pourquoi pas?

CHANTEREAU.

Evidemment, ce n'est pas impossible.

CHARLOTTE.

Vous voyez !

CHANTEREAU, *avec intention*.

Le fait est que je l'ai rencontré une fois, sous la voûte, causant d'assez près avec Joséphine.

CHARLOTTE, *vivement*.

Lui ! avec Joséphine !... Allons donc !... Où l'avez-vous rencontré? Sous la voûte.

CHANTEREAU.

Rassurez-vous : ce n'est pas vrai. Je voulais m'assurer s'il y avait encore de l'espoir. Il n'y en a plus.

CHARLOTTE.

Comme c'est malin !

CHANTEREAU.

Vous aimez mieux être la maîtresse d'un gommeux que la femme légitime d'un homme qui s'habille mal.

CHARLOTTE.

Je ne serai jamais la femme légitime ou la maîtresse que d'un homme que j'aimerai... et je ne vous aime pas.

CHANTEREAU

Et vous aimez monsieur Bréard, d'après ce que je vois?

CHARLOTTE.

Ça ne vous regarde pas... Allons, monsieur Chantereau, sans rancune?

CHANTEREAU.

Oh! sans rancune. Nous ne sommes plus, moi qu'un homme d'affaires, vous que ma cliente. Ne parlons donc que de vos intérêts et pas d'autre chose. Quand comptez-vous payer les divers fournisseurs qui réclament leur argent?

CHARLOTTE.

Je ne sais pas.

CHANTEREAU.

Alors, il faut vous attendre à tout de leur part.

CHARLOTTE.

C'est bon. Je m'arrangerai.

CHANTEREAU, *changeant de ton.*

Voyons... une dernière fois?... Non?

CHARLOTTE.

Non! Je me passerai de vous. J'en ai vu bien d'autres dans la vie!

CHANTEREAU.

Et ce n'est pas fini!

CHARLOTTE.

Advienne que pourra! Adieu, Chantereau.

CHANTEREAU.

Adieu, madame. (*Voyant Julien Bréard qui entre.*) (A part.) Ah! ah! voici le pistolet!...

SCÈNE V

Les Mêmes, JULIEN.

JULIEN.

Madame... Tiens! Chantereau... Ça va bien?

CHANTEREAU, *sèchement.*

Pas mal.

(Il s'éloigne.)

JULIEN.

Eh! nous sommes de mauvaise humeur, à ce qu'il paraît?

CHANTEREAU.

Très mauvaise.

JULIEN.

Ne faites pas les gros yeux, Chantereau. On sait bien que vous êtes un bon garçon.

CHANTEREAU.

Non, monsieur, je ne suis pas un bon garçon, et vous ne tarderez pas à vous en apercevoir.

(Il sort après avoir salué Charlotte.)

SCÈNE VI

JULIEN, CHARLOTTE.

JULIEN, *allant prendre la main de Charlotte.*

Je vous demande pardon d'avoir répondu à cet imbécile devant vous.

CHARLOTTE.

Méfiez-vous de lui.

JULIEN, *riant.*

Et vous aussi.

CHARLOTTE.

Soyez tranquille.

JULIEN.

Je ne vous dérange pas?

CHARLOTTE.

Pas pour le moment.

JULIEN, *souriant.*

Dites-moi, est-ce que vous connaissez le Havre?

CHARLOTTE, *étonnée.*

Le Havre? Non.

JULIEN.

Tant mieux. Je parie même que vous n'avez pas vu la mer depuis longtemps?

CHARLOTTE.

Depuis cinq ans. Je suis allée au Mont-Saint-Michel en train de plaisir. Ça et les environs de Paris, voilà tous mes déplacements.

JULIEN.

C'est parfait! Alors, vous iriez au Havre volontiers, avouez-le?

CHARLOTTE.

C'est même un projet que j'avais fait depuis longtemps, de profiter d'un jour de vacances.

JULIEN.

Tout va bien. Figurez-vous que j'ai un procès au Havre lundi.

CHARLOTTE.

Un procès que vous plaidez?

JULIEN.

Dame!...

CHARLOTTE.

Vous plaidez donc quelquefois?

JULIEN.

C'est mon état... Il faut donc que je sois là-bas lundi à midi. On pourrait partir ce soir samedi, et on aurait toute la journée du dimanche pour visiter la ville et les environs.

CHARLOTTE.

Partir, qui?

JULIEN.

Mais, nous deux.

CHARLOTTE.

Nous deux!

JULIEN.

Vous et moi.

CHARLOTTE.

Vous voulez rire?

JULIEN.

Je voudrais bien!... Il y a un train ce soir à sept heures cinquante; on arrive à onze heures. Nous dînerions dans le wagon-restaurant en bons camarades... et demain...

CHARLOTTE.

Et demain?

JULIEN.

Nous ferions une jolie promenade en bateau.

CHARLOTTE.

Comme si de rien n'était.

JULIEN.

Voilà!

CHARLOTTE.

Eh bien! votre petite combinaison n'est pas pratique du tout.

JULIEN, *s'approchant d'elle, tout près.*

Vous ne voulez pas?

CHARLOTTE, *troublée.*

Non... c'est impossible... Éloignez-vous, voyons. Si on entrait!

JULIEN.

Je vous aime beaucoup.

CHARLOTTE.

Vous ne m'aimez pas du tout. Vous passeriez volontiers une journée au Havre avec moi, je ne dis pas non...

JULIEN.

Je ne vous inspire donc pas un peu de sympathie?

CHARLOTTE.

J'en aurai toujours trop.

JULIEN.

C'est convenu, alors?

CHARLOTTE.

Non.

JULIEN.

Si. Ce voyage avec vous, ce sera exquis. Je ne pense plus qu'à cela... Acceptez, ma petite Charlotte. D'abord, je suis sûr que vous en avez envie.

CHARLOTTE.

Une autre fois, nous verrons. Pas cette fois-ci.

JULIEN.

Une autre fois, ce sera moins bien. Et puis, ce ne sera plus improvisé. Je rêve d'être une journée entière tout seul avec vous, de voir votre figure si animée, vos yeux si brillants, les jolis mouvements que vous avez pour faire la moindre des choses; et j'ai tant de plaisir aussi à causer avec vous!

CHARLOTTE, *riant*.

Du plaisir à causer avec moi!... Celle-là est drôle!... Mais je ne suis qu'une bête!

JULIEN, *indigné*.

Qui vous a dit ça?

CHARLOTTE.

Je m'en rends compte... D'ailleurs, je n'ai pas été à l'école seulement six mois. Vous, vous êtes un savant... un avocat.

JULIEN.

J'ai oublié tout ce que vous n'avez pas appris. Le résultat est le même.

CHARLOTTE.

Taratata! Croyez-vous que je ne sente pas la différence qu'il y a entre nous? Je vous plais, par hasard; au bout de deux jours, vous auriez de moi par-dessus la tête, tant j'aurais dit de sottises.

(Entre un monsieur.)

LE MONSIEUR.

Combien cette corbeille?

CHARLOTTE.

Soixante francs.

LE MONSIEUR, *après quelques mots à voix basse.*

Je compte sur votre exactitude.

(Sort le monsieur.)

JULIEN.

Ça va, la clientèle, ça va...

CHARLOTTE.

Savez-vous ce que vous devriez faire, à votre âge? Vous devriez vous marier, au lieu de faire la cour à vos voisines. Vous n'y avez jamais songé?

JULIEN.

A me marier?

CHARLOTTE.

Oui.

JULIEN.

Pas un instant.

CHARLOTTE.

Qu'est donc devenue cette femme avec qui on vous rencontrait tout le temps, le mois dernier?

JULIEN.

Elle ne me l'a pas envoyé dire.

CHARLOTTE.

Comment vous êtes-vous séparés? Est-ce vous qui l'avez quittée, ou elle?

JULIEN.

Je cherche.

CHARLOTTE.
Ce doit être vous.
JULIEN.
Je crois en effet que c'est moi.
CHARLOTTE.
Et pourquoi ?
JULIEN.
Pourquoi je l'ai quittée ?... Je l'ai quittée parce qu'elle a pris un autre amant.
CHARLOTTE.
Tenez, vous n'êtes pas sérieux. Je commence à croire que j'ai plus d'expérience de la vie que vous.
JULIEN.
Vous êtes exquise, voilà ce que vous êtes.
CHARLOTTE.
Une chose qui me tenterait, ce serait d'être un peu votre confidente... Je suis sûre que je vous donnerais de très bons conseils.
JULIEN.
Bons ou mauvais, je les suivrais.
CHARLOTTE.
Et, qui sait ? je vous éviterais peut-être bien des sottises... Vous devez en faire beaucoup.
JULIEN.
Ça dépend.
CHARLOTTE.
On dit que vous êtes très paresseux.
JULIEN.
Qui... on ?...
CHARLOTTE.
N'importe... on dit que vous êtes très négligent... Oh ! je n'ai pas de bonnes notes sur votre compte !

JULIEN.

Je parie que c'est Chantereau ? Sous prétexte que je lui dois de l'argent...

CHARLOTTE.

Comment ! vous avez des dettes ?

JULIEN.

Pourquoi n'en aurais-je pas ?

CHARLOTTE.

Et vous ne les payez pas, probablement.

JULIEN.

C'est pour ça que je les ai.

CHARLOTTE.

Vous allez gâcher votre vie, si vous n'êtes pas plus raisonnable, monsieur Julien. Moi, à votre place, avec l'éducation que vous avez reçue, je voudrais arriver très haut. Vous n'êtes donc pas ambitieux ?

JULIEN.

Mais si !

CHARLOTTE.

Je voudrais être un grand avocat, ou bien un député, un ministre... je ne sais pas, moi... quelqu'un de célèbre.

JULIEN, *riant*.

J'y songe.

CHARLOTTE.

Mais vous ne faites rien pour cela.

JULIEN.

J'attends la veine.

CHARLOTTE.

Vous pourriez l'attendre longtemps.

JULIEN.

Qui sait ?

CHARLOTTE.

Oh ! si vous êtes superstitieux...

JULIEN.

Je ne suis pas superstitieux... Je crois que tout homme un peu bien doué, pas trop sot, pas trop timide, a dans la vie son heure de veine, un moment où les autres hommes semblent travailler pour lui, où les fruits viennent se mettre à portée de sa main pour qu'il les cueille. Cette heure-là, ma petite Charlotte, c'est triste à dire, mais ce n'est ni le travail, ni le courage, ni la patience qui nous la donnent. Elle sonne à une horloge qu'on ne voit pas, et tant qu'elle n'a pas sonné pour nous, nous avons beau déployer tous les talents et toutes les vertus, il n'y a rien à faire, nous sommes des fétus de paille.

CHARLOTTE.

Comme c'est faux, ce que vous dites là, et surtout décourageant !

JULIEN, *regardant sa montre.*

Aussi, je m'arrête. Parlons de choses sérieuses. Le train du Havre est à sept heures cinquante. Nous nous rendrons à la gare chacun de son côté, afin d'enlever au concierge un sujet de conversation, et...

CHARLOTTE.

Vous avez trouvé cela ?

JULIEN.

A propos... est-ce que vous avez un sac de voyage ? Non, n'est-ce pas ? Vous ne voyagez jamais.

CHARLOTTE, *riant.*

Et ce ne sera pas aujourd'hui.

JULIEN.

Pas d'observations. Je vais vous envoyer tout

à l'heure un petit sac, gentil comme tout, que je choisirai moi-même. Vous y mettrez tout ce qu'il faut...

CHARLOTTE.

Merci du cadeau. Ça me servira plus tard. Mais ce soir, monsieur Julien, je crois bien que vous voyagerez seul. C'est samedi, et tous les samedis je dîne avec mon amie Geneviève, une amie d'enfance que vous avez déjà rencontrée ici, et qui va même arriver bientôt, car la classe doit être finie.

JULIEN.

Ah! oui, elle est institutrice, mademoiselle Geneviève.

CHARLOTTE.

Nous étions à l'école ensemble, toutes petites. Seulement, elle, elle a continué ses études.

JULIEN.

Est-elle plus heureuse que vous?

CHARLOTTE.

En tous cas, avec les goûts qu'elle a, elle ne sera jamais malheureuse... tandis que moi...

JULIEN.

Vous, vous serez très heureuse, et vous rendrez très heureux aussi les gens qui seront autour de vous... C'est pourquoi je veux être autour de vous. Au revoir, je vais acheter votre petit sac... *(Ouvrant la porte pendant qu'entre Joséphine.)* Alors, madame, je peux compter sur votre exactitude : sept heures cinquante!

(Il sort.)

JOSÉPHINE.

Si madame veut venir voir?

CHARLOTTE.

J'y vais... j'y vais...

JOSÉPHINE.

Les roses et les violettes sont très belles, madame. Je crois qu'elles peuvent attendre jusqu'à lundi.

CHARLOTTE.

Ça vaudrait mieux.

(Elle sort.)

SCÈNE VII

JOSÉPHINE, TOURNEUR.

TOURNEUR, *entrant, à part.*

Ah! elle est seule!

JOSÉPHINE.

Monsieur désire? *(A part.)* Oh! le monsieur!

TOURNEUR.

Ce que je désire?

JOSÉPHINE.

Oui...

TOURNEUR, *à part.*

Charmante... charmante... *(Haut.)* Je désire une fleur, une simple fleur, pour ma redingote.

JOSÉPHINE.

Œillet... Muguet?...

TOURNEUR.

Un œillet.

JOSÉPHINE.

Celui-ci?

TOURNEUR.

Celui-ci, délicieuse petite Joséphine

JOSÉPHINE, *stupéfaite.*

Vous savez mon nom!

TOURNEUR.

J'adore ce nom-là, et vous aussi, je vous adore. Vous me plaisez follement. Il faut absolument que vous veniez dîner avec moi ce soir.

JOSÉPHINE

Mais, monsieur...

TOURNEUR.

Excusez-moi si je me dépêche, mais nous n'avons probablement que quelques minutes... Est-elle délicieuse!... *(Joséphine sourit.)* Oui, c'est ça, riez... moquez-vous de moi... Au fond, vous sentez que je suis sincère... un peu brutal, mais très sincère... Vous ferez de moi tout ce que vous voudrez, vous savez... Mais parlons sérieusement, car je suis très sérieux...

JOSÉPHINE.

Oh !

TOURNEUR.

Voici votre nouvelle adresse : c'est là que vous habiterez à partir de demain, 52, rue de Courcelles. Un petit hôtel que je suis en train de faire installer pour vous. Il va être prêt. Nous irons choisir demain deux jolis chevaux et les voitures. Vous serez gentille comme un ange là dedans ! *(Joséphine, pendant ces phrases, a la figure abasourdie et n'a pas l'idée de faire un mouvement. Tourneur continue.)* Ah !... si vous avez une mère, vous pouvez l'emmener, ça ne me gêne pas... J'ai oublié de vous dire qui je suis : Edmond Tourneur, pas tout à fait un va-nu-pieds... Alors, c'est convenu, délicieuse petite Joséphine ? Je vous attends ce soir, à huit heures, au coin de l'avenue de l'Opéra et de la rue des Pyramides... Je serai dans mon coupé... vous monterez. Et n'ayez pas peur ! dites-vous que vous avez affaire à un bon garçon... Maintenant, si vous ne voulez pas que je m'en aille en larmes, vous allez accepter ce machin-là *(Il donne à Joséphine un écrin avec sa carte.)* C'est gentil, ma parole!... A ce soir huit heures. *(Prenant une pièce de monnaie.)* Et voici les vingt sous pour la boutonnière.

JOSÉPHINE, *levant les yeux.*

Ça, par exemple!...

(Entre Charlotte, puis, derrière elle, Louise et Clémence.)

SCÈNE VIII

CHARLOTTE, JOSÉPHINE, LOUISE, CLÉMENCE.

CHARLOTTE, *entrant.*

Mais oui, chaque fois que l'on peut garder des fleurs en panier, ça vaut beaucoup mieux. Maintenant, mes enfants, vous pouvez vous en aller... Je n'ai plus besoin de vous.

LOUISE, *qui s'est approchée de Joséphine, apercevant l'écrin que celle-ci tient encore à la main.*

Qu'est-ce que vous avez-là, Joséphine!... Un écrin... *(Elle l'ouvre.)* Oh! mais c'est un bijou magnifique!... Voyez, madame.

CHARLOTTE.

En effet.

LOUISE.

C'est à vous, ça?

JOSÉPHINE *murmure.*

Oui.

LOUISE, *ironiquement.*

Mes compliments...

(Elle lit la carte de Tourneur que Joséphine a laissée sur la table.)

CLÉMENCE.

Edmond Tourneur !

LOUISE, à Charlotte.

Est-ce que ce n'est pas le monsieur si riche et qui fait courir ?

CHARLOTTE, prenant la carte et lisant.

C'est lui-même.

CLÉMENCE.

C'est donc votre conquête, Joséphine ? *(Mouvement de tête de Joséphine.)* Eh bien ! ma chère, vous voilà millionnaire...

LOUISE, raillant.

Femme à la mode !

CLÉMENCE, même jeu.

On entendra parler de vous dans les journaux.

CHARLOTTE.

Voyons, mesdemoiselles, laissez Joséphine tranquille... et à lundi.

CLÉMENCE et LOUISE ont rapidement mis leurs chapeaux.

A lundi donc, madame... Adieu, Joséphine !

CLÉMENCE.

Vous nous enverrez des bonbons au jour de l'an, j'espère.

(Elles sortent.)

SCÈNE IX

CHARLOTTE, JOSÉPHINE.

(Joséphine, une fois seule avec Charlotte, s'assied brusquement sur une chaise et se met à sangloter.)

CHARLOTTE.

Eh bien ! qu'est-ce que tu as, gamine ? Tu pleures ?

JOSÉPHINE, *en larmes*.

Oh ! patronne...

CHARLOTTE.

C'est vrai ? C'est ce monsieur qui t'a envoyé ?...

JOSÉPHINE, *toujours entre deux sanglots*.

Oui... Il est venu tout à l'heure... Je ne lui avais jamais parlé, moi... Il m'a donné ça...

CHARLOTTE, *souriant*.

Tu l'as accepté ?

JOSÉPHINE, *même jeu*.

Non... Ah ! oui... Il m'a offert un hôtel, des chevaux, une voiture... Tenez, là, à cette adresse.

CHARLOTTE.

Je vois bien... Ce n'est pas la peine de sangloter comme ça.

JOSÉPHINE, *se remettant peu à peu*.

Je ne sais pas quoi faire, moi...

CHARLOTTE.

Tu ne me demandes pas un conseil, j'espère ?

JOSÉPHINE.

Oh ! non... Vous êtes sage, vous, vous êtes raisonnable.

CHARLOTTE.

Je vois que tu ne te feras pas beaucoup prier.

JOSÉPHINE, *timidement*.

C'est bien difficile de refuser, dites ?

CHARLOTTE.

Il paraît que c'est très difficile. Te plaît-il au moins un peu, ce monsieur ?

JOSÉPHINE.

Il a l'air d'un bon garçon.

CHARLOTTE.

Allons! je devine qu'on ne te verra pas ici lundi?

JOSÉPHINE.

Je ne... pense pas. Vous ne me gardez pas rancune?

CHARLOTTE.

Moi? Je ne te souhaite qu'une chose, c'est d'être parfaitement heureuse. Tu vas mener la vie que tu désirais. Tu voulais des bijoux et des toilettes, tu les as tout d'un coup, comme dans un rêve. Tâche de ne pas perdre la tête.

JOSÉPHINE, *émue.*

Dites, patronne?

CHARLOTTE.

Quoi?

JOSÉPHINE.

Voulez-vous me permettre de vous embrasser?

CHARLOTTE.

Avec plaisir, mon enfant.

(*Elle l'embrasse. — Entre Geneviève.*)

SCÈNE X

Les Mêmes, GENEVIÈVE.

GENEVIÈVE.

Bonsoir, toi... Bonsoir, Joséphine.

JOSÉPHINE.

Bonsoir, mademoiselle Geneviève. Au revoir, patronne.

CHARLOTTE.

Au revoir, petite.

(*Joséphine sort.*)

SCÈNE XI

CHARLOTTE, GENEVIÈVE.

CHARLOTTE, *embrassant Geneviève.*

Tu ne t'imagines pas comme je suis contente de te voir !

GENEVIÈVE.

Plus contente que les autres fois ?

CHARLOTTE.

Beaucoup plus. Comment va ta mère ?

GENEVIÈVE.

Un peu mieux. Elle t'attend ce soir pour dîner. Nous dînons ensemble, n'est-ce pas, comme tous les samedis ?

CHARLOTTE, *distraite.*

C'est donc samedi, aujourd'hui ?

GENEVIÈVE, *riant.*

Où as-tu la tête ?

CHARLOTTE.

En effet... je te demande pardon... Oui, certainement, nous dînons ensemble... et plutôt deux fois qu'une.

GENEVIÈVE.

Tu veux dîner deux fois ?

CHARLOTTE.

C'est une façon de parler.

GENEVIÈVE.

En attendant sept heures, si nous allions faire un tour de promenade dans le jardin des Tuileries ? Il fait un temps superbe !

CHARLOTTE.

Pourquoi pas?... Oui, un tour de promenade... Mais avant, je vais ranger ces lettres... et puis, j'ai les comptes de la semaine à établir.

GENEVIÈVE.

Je ne suis pas pressée... A propos de comptes, et ces petits ennuis avec tes fournisseurs, dont tu me parlais l'autre jour?

CHARLOTTE.

Ces petits ennuis... ils sont devenus grands.

GENEVIÈVE.

Qu'est-ce que tu dis?

CHARLOTTE.

Je t'expliquerai ça plus tard... Il est possible que je sois amenée à liquider... Oh! ne t'effraie pas! Ce n'est pas un désastre. Je m'en tirerai, j'espère.

GENEVIÈVE.

Ma pauvre Charlotte!

CHARLOTTE.

Bah! on n'en meurt pas... Je recommencerai.

GENEVIÈVE.

Tu sais que j'ai de vagues économies.

CHARLOTTE.

Ah bien! me vois-tu touchant à tes économies!... Il faut les garder pour notre vieillesse... Chut! ne nous attristons pas... Et toi, où en sont tes démarches?

GENEVIÈVE.

Pour être nommée de première classe?... Elles vont tout doucement. Je suis au mieux avec l'inspectrice. Je l'ai menée jeudi à l'Opéra-Comique, avec les places que monsieur Bréard m'avait promises. *(Mouvement de Charlotte.)* et qu'il m'a envoyées.

CHARLOTTE.

Oui, je me rappelle.

GENEVIÈVE.

On jouait *Carmen*. Il est très galant, ton voisin. Tu l'as revu ?

CHARLOTTE.

Oui, tout à l'heure.

GENEVIÈVE.

Je le soupçonne d'être un peu amoureux de toi.

CHARLOTTE.

Je ne sais pas s'il est amoureux ; mais... devine ce qu'il a eu l'aplomb de me proposer, il y a un instant ?

GENEVIÈVE.

Ce n'est pas difficile à deviner.

CHARLOTTE.

Oui... Mais devine le truc qu'il a employé ?

GENEVIÈVE.

Ça, j'avoue...

CHARLOTTE.

Eh bien ! il a un procès à plaider au Havre, lundi. Tu comprends ? Alors, il m'a tout bonnement offert d'aller au Havre avec lui !

GENEVIÈVE.

Lundi ?

CHARLOTTE.

Non, ma chère, ce soir.

GENEVIÈVE.

Oh !

CHARLOTTE.

A sept heures... Il y a un train à sept heures, il paraît. *(Regardant sa montre.)* Dans une heure... Comment la trouves-tu, celle-là ?

GENEVIÈVE.

C'est vif! Qu'est-ce que tu lui as répondu? Tu as refusé?

CHARLOTTE.

Tu penses!...

GENEVIÈVE.

Et il a été bien attrapé?

CHARLOTTE.

Bien attrapé!... Tu ne le connais pas! Il est tranquillement sorti en me disant : « A ce soir, alors. »

GENEVIÈVE.

C'est de l'aplomb, en effet!

CHARLOTTE.

Je suis sûre qu'il m'attendra à la gare.

GENEVIÈVE.

Et tu n'y seras pas.

CHARLOTTE.

Non, je n'y serai pas! Voilà une question! Je n'y serai certainement pas.

GENEVIÈVE, *la regardant, après un silence.*

Est-ce que tu l'aimerais, par hasard?

CHARLOTTE.

Lui?

GENEVIÈVE.

Oui.

CHARLOTTE, *brusquement.*

Mais, naturellement, je l'aime!... Si je ne l'aimais pas, il y a longtemps que nous serions parties nous promener. Je l'aime à en être à moitié folle! Je pense à lui du matin au soir!... *(Changeant de ton.)* Qu'est-ce que tu dis de ça?

GENEVIÈVE.

Dame!...

CHARLOTTE.

C'est tout ce que ça t'inspire, cette situation?

GENEVIÈVE.

Que veux-tu que je te dise?

CHARLOTTE.

Je voudrais que tu m'arrêtes, que tu me raisonnes... que tu me fasses sentir que je fais une folie!... Est-ce qu'il est capable d'aimer vraiment une femme comme moi... qui ne suis pas de son monde, qui n'ai pas d'éducation! Est-il même capable d'aimer? Est-ce que je sais? Je ne le connais pas. Il me gardera huit jours... Moi, au contraire, je suis seule depuis des années; je n'ai jamais aimé personne depuis Fernand, et encore, Fernand, je ne l'aimais pas, j'étais trop jeune. Je vais me mettre à aimer Julien avec tout mon cœur, avec passion... Il ne s'en apercevra seulement pas, et je serai malheureuse comme les pierres!... Voilà où je vais! Et tu es là à me regarder sans rien dire, comme une curiosité. Ah! je serais en train de me noyer, il ne faudrait pas compter sur toi!...

GENEVIÈVE, *lui prenant les mains.*

Ma chérie... je ne sais pas, moi, je ne sais pas...

CHARLOTTE.

Il y a des choses qu'on devine... Heureusement que j'ai de la raison pour nous deux!... Viens, partons... *(On frappe.)* Ah! bon! on frappe... C'est peut-être lui... Si c'est lui, tant pis! je n'irai pas ouvrir... *(On frappe encore.)* Vas-y, toi...

GENEVIÈVE.

Oui.

(Elle sort par la droite et disparaît un instant.)

CHARLOTTE.

Qui est-ce?...

GENEVIÈVE, *rentrant.*

C'est un commissionnaire, avec un paquet et une lettre.

CHARLOTTE, *ouvrant la lettre.*

C'est de lui... *(A Geneviève.)* Défais ce paquet, toi...

GENEVIÈVE.

Oui... oui...

(Elle défait le paquet.)

CHARLOTTE, *lisant à voix basse quelques mots de la lettre.*

... « Je t'adore... Viens... viens, ce soir... Ma Charlotte chérie... »

(Elle s'assied.)

GENEVIÈVE, *qui a ouvert le paquet.*

C'est un sac de voyage. Oh! qu'il est joli!... *(Elle ouvre le sac qui est très élégant et contient un nécessaire.)* Qui te fait ce cadeau-là?

CHARLOTTE.

C'est lui... Il m'avait dit qu'il m'enverrait un sac de voyage pour aller au Havre.

GENEVIÈVE.

Et il te l'envoie. C'est un garçon de parole.

CHARLOTTE. *Elle relit la lettre. Un grand temps; puis, doucement, se retournant vers Geneviève.*

Tu m'excuseras auprès de ta mère, n'est-ce pas?

GENEVIÈVE.

Oui, ma chérie. Je t'aime bien, va.

CHARLOTTE.

Enfin!... Je voyagerai avec cette robe... et ma pèlerine... *(Elle prend la pèlerine.)* et ce chapeau-là... *(Elle prend un chapeau sur la cheminée.)*

GENEVIÈVE.

Qu'est-ce que tu emportes?

CHARLOTTE.

Ce que j'emporte... *(Elle prend le paquet de linge apporté au début de l'acte.)* J'ai envie d'emporter ça... *(Regardant l'heure, et brusquement.)* Oh ! je vais manquer le train... Arrête-moi une voiture, vite, vite... Dépêche-toi...

GENEVIÈVE, *allant à la porte.*

Oui... oui...

CHARLOTTE.

En as-tu une ?

GENEVIÈVE, *devant la porte.*

Oui... j'ai fait signe à un cocher... Il s'arrête.

CHARLOTTE.

Bon ! *(Elle s'est arrangée et prend son sac à la main.)* Je te laisse le magasin, tu le fermeras. *(Au garçon de magasin qui entre.)* Emportez la guirlande de madame Baudrin tout de suite et cette gerbe, la carte est sur le bureau. *(A Geneviève.)* Dépêchons-nous... Je n'ai que le temps... Au revoir, ma chérie ! Au revoir !... Viens jeter un coup d'œil lundi... Je reviendrai lundi soir, ou mardi... plutôt mardi !...

(Elle sort vivement.)

ACTE II

Cabinet de travail de Bréard : bureau, bibliothèque, canapé; le tout convenable, mais sans luxe.

SCÈNE PREMIÈRE

CHANTEREAU, LA BONNE, puis BRÉARD.

CHANTEREAU, *entrant, introduit par la bonne.*

C'est un peu fort! Voilà dix fois que je viens sans rencontrer monsieur Bréard... Il se moque de moi!

LA BONNE.

Vous n'avez pas de chance, monsieur Chantereau.

CHANTEREAU.

Mais, cette fois-ci, j'attendrai, j'attendrai jusqu'à ce qu'il vienne.

LA BONNE.

C'est du temps perdu.

CHANTEREAU.

Comment ai-je pu prêter de l'argent à un être pareil!

LA BONNE.

Ce doit être dans un moment de distraction.

CHANTEREAU.

Vous êtes sûre qu'il n'est pas chez lui?

LA BONNE.

Oh ! sûre...

CHANTEREAU.

Avez-vous bien cherché?

LA BONNE.

J'ai cherché partout... Monsieur est sorti... Faut-il vous le jurer ?
(Entre Bréard par la droite.)

CHANTEREAU.

Ah ! ah !

LA BONNE, à *Bréard.*

Monsieur a bien fait d'entrer : j'allais jurer. Mais c'est de la faute de monsieur Chantereau, qui est d'un entêtement !

BRÉARD.

C'est bon, Justine, laissez-nous.
(Sort la bonne.)

SCÈNE II

BRÉARD, CHANTEREAU.

CHANTEREAU.

On vous trouve !

BRÉARD, *s'avançant vers Chantereau.*

Chantereau, mon ami, nous allons nous fâcher, vous savez ?...

CHANTEREAU.

Ça m'est égal ! Mais vous ne vous moquerez pas de moi plus longtemps. Payez-moi, ou, dans huit jours, vous aurez affaire à mon huissier.

BRÉARD.

J'aurai affaire à votre huissier ?

CHANTEREAU.

Parfaitement!

BRÉARD.

Eh bien ! du moment que j'aurai affaire à votre huissier, c'est à votre huissier que je parlerai. Sortez !

CHANTEREAU.

On vendra tout !

BRÉARD, *ouvrant la porte.*

Allons, Chantereau... quand vous voudrez...

CHANTEREAU.

Ce sera un scandale !

BRÉARD, *tranquillement.*

Un scandale affreux. Ça ne se sera jamais vu !

CHANTEREAU.

Ah ! si vous croyez que...

BRÉARD.

Pas de phrases inutiles... Allez chez votre huissier et dépêchez-vous !

(*Il le pousse légèrement dehors.*)

CHANTEREAU, *sortant, furieux.*

Oh ! vous ne m'effrayez pas !...

BRÉARD, *désignant la porte du palier.*

Tenez... la porte là... et faites attention : il y a une marche...

(*On entend un bruit de porte qui claque.*)

SCÈNE III

BRÉARD *seul*, puis CHARLOTTE.

(*Bréard s'assied, allume une cigarette et réfléchit une seconde. — Entre Charlotte, en costume d'intérieur simple et élégant.*)

CHARLOTTE.

Il t'arrive quelque ennui, n'est-ce pas ?

JULIEN.

Rien de mortel, ni même de grave. Une altercation avec cet imbécile de Chantereau, comme nous en avons tous les quinze jours, à la suite de quoi il me menace généralement de son huissier...

CHARLOTTE.

Il t'a menacé... toi ?

JULIEN.

Parfaitement. Je l'ai mis à la porte. Demain il viendra me faire des excuses. Car, au fond, c'est un homme qui est enchanté d'être mon créancier.

CHARLOTTE, *riant*.

Tu le gâtes !...

JULIEN, *lui prenant la taille*.

On ira au théâtre ce soir, veux-tu ?

CHARLOTTE.

Oui... Tu as vraiment un caractère heureux, mon chéri. Tu conserves ta bonne humeur au milieu d'un tas de tracas... Je suis sûre que tu réussiras bientôt... je ne sais pas par quel hasard, par quelle combinaison ; mais il n'est pas possible qu'avec ton talent...

JULIEN.

Oh ! oh !...

CHARLOTTE.

Et, d'ailleurs, tu n'aurais pas de talent, tu réussirais tout de même, par ta tranquillité, ta confiance dans la vie, ton sang-froid. Regarde tes camarades, les gens que tu connais, comme ils sont inquiets et nerveux ! comme ils ont peur de tout ! comme ils perdent la tête devant le moindre obstacle ! Tu es bien mieux organisé qu'eux ; tu les dépasseras !...

JULIEN.

Je n'ai pas grande inquiétude pour l'avenir... Quand on observe bien, on remarque que chacun a dans sa vie un phénomène, toujours le même, qui se reproduit continuellement...

CHARLOTTE, très intéressée.

Oui... Va... Je t'écoute.

JULIEN.

Dans la mienne, il y en a un que j'ai constaté plus de dix fois... J'arrive à deux doigts d'une catastrophe, et, au dernier moment, je l'évite par un vrai miracle, une histoire imprévue sur laquelle j'étais à cent lieues de compter.

CHARLOTTE.

Et ce sera encore comme ça, cette fois-ci.

JULIEN.

Sans aucun doute. D'autant plus que j'ai l'intention d'aider un peu mon miracle habituel.

CHARLOTTE.

Ah !

JULIEN.

Oui... Je vais me décider à payer mes dettes par un sacrifice devant lequel je recule depuis des années... Mais j'ai besoin de toute ma liberté d'esprit; j'ai à travailler beaucoup.

CHARLOTTE.

Un sacrifice ?...

JULIEN.

Il me reste, — combien péniblement conservée ! — une espèce de petite terre, en province...

CHARLOTTE.

A Nevers ?

JULIEN.

Aux environs de Nevers. Elle représente à peu

près ce que je dois... Les fermiers sont là de père en fils ; ce sont de fort braves gens, mais ils me paient très irrégulièrement, pour ne pas dire jamais.

CHARLOTTE.

C'est peut-être même eux qui t'ont donné cette habitude...

JULIEN.

Je commence à le croire... Il n'y a donc aucun inconvénient à me débarrasser de cette propriété qui ne rapporte rien, et je vais la vendre.

CHARLOTTE.

Comment est-elle ? Est-elle jolie ?

JULIEN.

C'est une métairie.

CHARLOTTE.

Avec des vaches, des moutons ?

JULIEN.

Je le suppose...

CHARLOTTE.

Est-elle près d'une rivière ?

JULIEN.

Tout près... Une rivière délicieuse, entre des peupliers. L'eau est très claire ; elle forme même, avec l'aide d'un rocher, une petite cascade dont le bruit est très suffisant pour vous empêcher de dormir.

CHARLOTTE.

Ça ne fait rien, ce doit être charmant !

JULIEN.

De mon temps, il y avait beaucoup de poisson ; j'allais y pêcher à la ligne et m'y baigner, quand j'étais gosse... J'ajoute, pour être juste, que la maison tombe en ruines.

CHARLOTTE.

N'importe! quel dommage de la vendre!... Tu ne devrais pas la vendre.

JULIEN.

Hélas!

CHARLOTTE.

Attends encore! C'est tout ce qui te reste de ce que ta famille t'a laissé?

JULIEN.

Oh! oui!

CHARLOTTE.

Raison de plus pour attendre jusqu'à la dernière extrémité. Est-ce qu'on sait ce qui arrive? Plus tard, si tu es assez riche pour faire reconstruire ta maison, tu seras peut-être bien content d'aller te retirer au bord de la rivière, après la vie enragée que tu auras menée à Paris. C'est un bonheur, je trouve, d'être né dans un petit endroit tranquille, dont on connaît tous les arbres, toutes les pierres... Rien que d'y penser, il me semble que ce doit être un repos et une joie. Et ça vaut mieux que d'être né, comme moi, au fond de l'avenue de Clichy, où les maisons se ressemblent toutes et où le ruisseau sert à tout le monde.

JULIEN.

Eh!... j'ai hésité longtemps; mais, quand il le faut, il le faut.

CHARLOTTE.

En quoi la situation est-elle plus grave qu'autrefois?... A cause de moi!

JULIEN.

Veux-tu bien ne pas dire ça!

CHARLOTTE.

Au contraire, je veux t'en parler. Car je devine ce que tu penses quelquefois. Tu te dis que tu es eu la chance jusqu'à présent, quoique tu aies eu beaucoup de maîtresses, d'éviter l'affreux collage. Tu comptais bien que tu ne courais plus aucun risque, et voilà qu'un jour il tombe chez toi une femme qui s'installe peu à peu et qui, maintenant, a tout l'air de ne plus vouloir s'en aller. Et tu te demandes comment tu t'y prendras pour t'en débarrasser plus tard.

JULIEN.

Je t'assure, ma chérie, que je ne fais pas des réflexions aussi noires!

CHARLOTTE.

Si, tu les fais; tu ne peux pas ne pas les faire. Eh bien! je veux te rassurer : le jour où il faudra que je disparaisse, soit que tu te maries, soit que tu aimes une autre femme, ou, tout simplement, que tu préfères vivre de nouveau tout seul, ce jour-là tu n'auras pas besoin de te creuser la cervelle pour me le faire comprendre, je le devinerai tout de suite, et le lendemain tu ne me trouveras plus chez toi. Je m'arrangerai même de façon que tu n'aies pas de remords... Dame! je ne sortirai pas en te disant « zut! », d'abord, ça ne te ferait pas plaisir, mais je m'en irai d'une façon très intelligente, je te le promets.

JULIEN.

Tu ne tiens pas à ce que ce soit aujourd'hui?

CHARLOTTE.

Tu peux le dire, que je n'y tiens pas! Mais, va, je n'ai pas d'illusions... Et jamais, quoi que tu fasses, je ne me croirai le droit de t'adresser des reproches, car je n'ai pas même le mérite de t'avoir un peu résisté! Je t'aimais; tu m'as prise dès que tu en as manifesté le désir, ça n'a pas été long, et, quand je me suis aperçue que je me conduisais sans la moindre dignité, j'étais dans tes bras; il était trop tard!

JULIEN.

Absolument. Et, quelques jours après ce drame...

CHARLOTTE.

Je fermais la grande maison de fleurs Charlotte Lanier, parce qu'elle ne faisait plus ses affaires; nous déménagions tous les deux, et il y a déjà six mois que cela dure. *(Embrassant Julien avec passion.)* Ecoute, mon Julien chéri, je ne sais pas si nous devons rester ensemble quelques heures seulement, ou quelques années; mais, ce que je sais bien, c'est que personne ne m'enlèvera ces six mois que j'ai passés à tes côtés. Que je sois obligée de retravailler demain et de me débattre encore dans la vie comme une malheureuse, ça m'est égal maintenant : j'ai eu de belles vacances!

JULIEN.

Vivent les vacances!

CHARLOTTE.

C'est très sérieux, ce que je te dis.

JULIEN.

Je crois bien!

CHARLOTTE.

Avoue que j'ai un peu deviné ce que tu penses!

JULIEN.

Non, ma parole! J'ai horreur de prévoir. Je trouve qu'aujourd'hui, à Paris, dans les conditions où les gens comme nous sont obligés de vivre, le hasard est tellement notre maître, notre maître absolu, tellement plus fort que nous, que c'est une folie de le contrarier. Tout projet que l'on fait est comme un défi qu'on lui adresse, et, alors, gare à nous! Laissons-nous donc conduire par lui, ma petite Charlotte. Notre liaison est née un beau soir à l'aventure, c'est une raison de plus qu'elle a de durer.

CHARLOTTE.

Si elle devait durer autant que mon amour pour toi, je m'en moquerais bien, de ton hasard!

JULIEN.

Avec tout ça, il est l'heure d'aller gagner ma vie.

CHARLOTTE.

Tu vas au Palais?

JULIEN.

Un instant: j'y ai un rendez-vous avec un monsieur, pour affaires. Et toi, tu sors?

CHARLOTTE.

Oh! non. C'est le jour de Geneviève, c'est même son heure.

JULIEN.

Diable! j'oubliais... Ça va bien, ces leçons?

CHARLOTTE.

Pas mal, tu verras.

JULIEN.

Ne t'applique pas trop : tu serais vite plus savante que moi.

CHARLOTTE.

C'est méchant, ça!

JULIEN.

C'est l'affreuse vérité. *(Entre Geneviève.)* Bonjour, Geneviève ! Je vous laisse; je vous retrouverai peut-être. A bientôt.

(Il sort.)

SCÈNE IV

CHARLOTTE, GENEVIÈVE.

GENEVIÈVE.

Sommes-nous disposées à bien travailler aujourd'hui, élève Charlotte?

CHARLOTTE.

Comme toujours : j'ai mon après-midi libre.

GENEVIÈVE.

Alors, asseyons-nous.

CHARLOTTE.

Dis-moi d'abord une chose?

GENEVIÈVE.

Laquelle?

CHARLOTTE.

Tu me promets d'être sincère?

GENEVIÈVE.

Mais oui.

CHARLOTTE.

Est-ce que je fais des progrès?

GENEVIÈVE.

Beaucoup. Des progrès énormes, mais tu dois t'en apercevoir toi-même?

CHARLOTTE.

Oui... un peu. Mais je me demande si ces progrès seront jamais suffisants pour que je paraisse un peu moins sotte qu'autrefois.

GENEVIÈVE.

Tu n'étais pas sotte, et tu le savais bien. Tu es même très intelligente, très fine. Tu juges bien les gens.

CHARLOTTE.

Merci.

GENEVIÈVE.

Mais, par exemple, tu étais d'une ignorance !...

CHARLOTTE.

Crasse.

GENEVIÈVE.

C'est le mot.

CHARLOTTE.

Oh ! je me rends bien compte que je ne deviendrai jamais très savante... D'ailleurs, je m'y prendrais un peu tard, à mon âge !

GENEVIÈVE.

Nous avons le même. Ne dirait-on pas que nous sommes de vieilles personnes ?

CHARLOTTE.

Non... Mais ça n'empêche pas que nous aurons vingt-neuf ans... l'année dernière.

GENEVIÈVE.

Nous n'avons que le temps.

CHARLOTTE.

Ne le perdons pas... J'allais donc te dire que ce que à quoi je tiens surtout, c'est que tu m'apprennes le strict nécessaire, de quoi juste n'avoir pas trop l'air d'une dinde, si l'occasion s'en présente. Pour le reste, avec de l'adresse, de l'attention, et en trichant un peu, je crois qu'une femme peut toujours s'en tirer... Tiens ! l'autre jour... Oh ! j'ai bien failli être pincée !... J'étais avec Julien et un de ses amis ; ils causaient littérature, voyages. Voilà que l'ami se tourne vers moi et me demande : « Vous connaissez *La Chartreuse de Parme*, n'est-ce pas, madame ? » J'étais distraite ; je pensais à autre chose. Figure-toi que j'ai été sur le point de lui répondre : « Non, monsieur, je n'y suis jamais allée. »

GENEVIÈVE.
C'était la gaffe !

CHARLOTTE.
Heureusement, je me suis mordu les lèvres, parce que le soupçon m'est venu tout d'un coup que c'était peut-être le titre d'un livre.

GENEVIÈVE.
En effet... Je l'ai lu.

CHARLOTTE.
Moi, je l'ai deviné : c'est bien plus malin.

GENEVIÈVE.
Et qu'est-ce que tu as répondu ?

CHARLOTTE.
J'ai répondu en souriant : « Je vous avoue à ma honte, monsieur, que je ne me la rappelle plus. » Ce n'était pas fort comme réponse, mais ça pouvait s'appliquer aussi bien à un livre qu'à un monument, et j'étais sauvée. Julien était enchanté, et, quand nous avons été seuls, il m'a embrassée pour la peine.

GENEVIÈVE.
Ce qui est l'essentiel.

CHARLOTTE.
Comme tu dis. N'empêche que je l'avais échappé belle. Et dans les premiers temps, j'étais menacée à chaque instant d'histoires encore plus bêtes, à cause de l'orthographe, quand il me fallait écrire le moindre mot.

GENEVIÈVE.
Le fait est que tu étais terrible... Et maintenant encore, si tu ne t'appliques pas...

CHARLOTTE.
Oui, mais quelle différence ! Je sais bien que tout ça est égal à Julien et que même ça l'amuse.

Mais, à la longue, ça finirait peut-être par le choquer... Je dis à la longue, hélas ! comme si nous devions rester ensemble toute la vie !

GENEVIÈVE.

Pourquoi pas?

CHARLOTTE.

Oh! oh! tu es bonne, toi!... Mais n'appelons pas le malheur; il sera toujours temps de souffrir, quand il nous tombera sur la tête.

GENEVIÈVE.

Et en attendant ce malheur, qui ne me paraît pas prochain... mettons-nous au travail.

CHARLOTTE.

Piochons l'orthographe.

GENEVIÈVE.

As-tu rédigé ce que je t'avais dit? Le récit de ta journée d'hier, des courses que tu as faites?... C'est un excellent exercice.

CHARLOTTE, *prenant un papier dans son corsage.*

Voilà le pensum... J'ai écrit comme si je te racontais.

GENEVIÈVE.

Voyons... *(Elle lit.)* Mais c'est bien ! ton écriture devient plus courante... Tu ne fais presque plus de fautes... Pourtant ici: « une main de papier que j'ai acheté pour Julien »... acheté... t...é...e... Tu as oublié l'e muet. Le complément est avant : qu'est-ce que tu as acheté?

CHARLOTTE.

Une main. Ça s'accorde.

GENEVIÈVE.

Le reste m'a l'air irréprochable... *(Lisant.)* « Julien est rentré à la maison à sept heures moins un quart; nous nous sommes mis à table à sept heures et demie... Nous avons mangé. » *(Parlé.)* Bon ! bon ! pas de fautes... *(Lisant.)* « ... et à dix heures nous nous sommes couché... » *(Parlé.)* Ah ! une faute !

CHARLOTTE.

Où ça ?

GENEVIÈVE.

A « couché »... tu écris sans s... il faut le pluriel. Vous étiez plusieurs.

CHARLOTTE.

Nous étions deux.

GENEVIÈVE.

Mais, malgré ces petites erreurs, l'ensemble est excellent.

CHARLOTTE.

On ne récapitule pas un peu les préfectures ?

GENEVIÈVE.

Je veux bien.

CHARLOTTE.

Je les sais à fond.

GENEVIÈVE.

Même les petites ?

CHARLOTTE.

Toutes !

GENEVIÈVE.

Le Gers ?

CHARLOTTE.

Chef-lieu Auch.

GENEVIÈVE.

La Lozère ?

CHARLOTTE.

Mende.

GENEVIÈVE.

Le Morbihan ?

CHARLOTTE.

Chef-lieu Vannes.

GENEVIÈVE.

La Nièvre ?

CHARLOTTE.
Nevers. Julien a une propriété aux environs.

GENEVIÈVE, riant.
Tu en sais plus long que moi!

CHARLOTTE.
Es-tu satisfaite de ton élève?

GENEVIÈVE.
Très satisfaite.

CHARLOTTE.
Hein?... me vois-tu devenant une femme du monde?

GENEVIÈVE.
Je t'assure que tu n'as pas grand'chose à faire. C'est vrai... Je te regarde... Tu as beaucoup de goût... tu n'as aucune vulgarité; tu te donnes la peine de réfléchir, d'observer... tu t'habilles parfaitement... Et depuis six mois, tu ne peux pas t'imaginer comme tu as pris de la distinction! Il y a des moments où je t'admire... Je te vois parfaitement un jour faisant les honneurs d'un salon.

CHARLOTTE.
Elle serait drôle, dis?

GENEVIÈVE.
On a vu des choses plus extraordinaires!

(Entre la bonne.)

SCÈNE V

Les Mêmes, La Bonne.

LA BONNE.
Une dame demande madame.

CHARLOTTE.

Qui est cette dame? Lui avez-vous demandé son nom?

LA BONNE.

Elle n'a pas voulu me le dire. Elle vient de la part de mademoiselle Joséphine, fleuriste.

CHARLOTTE.

De la part de Joséphine! Par exemple!... Faites entrer.

LA BONNE.

Bien, madame.

(Elle sort.)

CHARLOTTE, à Geneviève.

Reste donc. Tu te rappelles la petite Joséphine du magasin?

GENEVIÈVE.

Je crois bien!

(La porte s'ouvre. Entre Joséphine, extrêmement élégante, avec de l'excentricité.)

SCÈNE VI

CHARLOTTE, JOSÉPHINE, GENEVIÈVE.

CHARLOTTE, s'avançant.

Mais c'est Joséphine elle-même!

JOSÉPHINE.

En personne. Bonjour, patronne. Comment ça va, depuis le temps?... Tiens? mademoiselle Geneviève!

GENEVIÈVE.

Bonjour, mademoiselle.

CHARLOTTE.

Mais ça va très bien, Joséphine, je vous remercie. Et vous-même?

JOSÉPHINE.

Vous-même!... Mais il faut me tutoyer comme autrefois... Si! si!... Et vous, ça ne vous ennuie pas que je continue à vous appeler patronne?

CHARLOTTE.

Au contraire. Assieds-toi donc... Tu as une jolie robe!

JOSÉPHINE.

N'est-ce pas? Oh! je suis très heureuse! Et vous aussi, j'espère?

CHARLOTTE.

Très heureuse.

JOSÉPHINE.

Et vous, mademoiselle Geneviève?

GENEVIÈVE.

Moi aussi.

JOSÉPHINE.

Alors, tout va bien!... Au fait, patronne, je ne vous dis pas comment j'ai su votre adresse et ce qui vous était arrivé...

CHARLOTTE.

Et comment?

JOSÉPHINE.

C'est Clémence et Louise, que j'ai rencontrées un jour... Nous sommes allées toutes les trois goûter chez un pâtissier... et elles m'ont donné de vos nouvelles. C'est comme ça que j'ai su toute l'histoire.

CHARLOTTE.

Quelle histoire, mon Dieu?

JOSÉPHINE.

Dame!... que vous vous étiez retirée des affaires... et puis...

CHARLOTTE.

Et puis quoi?

JOSÉPHINE.

Et puis... M. Bréard... Elles se sont peut-être trompées?

CHARLOTTE.

Mais non, Joséphine, ces demoiselles ne se sont pas trompées. Elles étaient bien renseignées.

JOSÉPHINE.

Ah! tant mieux! Il est gentil, monsieur Bréard. Vous faites bon ménage, je suis sûre.

CHARLOTTE.

Excellent.

JOSÉPHINE.

Dites donc, au fait, il n'y a pas d'erreur, il est bien avocat, monsieur Bréard?

CHARLOTTE.

Mais certainement, il est avocat.

JOSÉPHINE.

C'est ce qui me semblait.

CHARLOTTE, *riant*.

Aurais-tu un procès, par hasard?

JOSÉPHINE.

Pas moi : Edmond.

CHARLOTTE

Qui est Edmond?

JOSÉPHINE.

Tourneur... vous savez?

CHARLOTTE, *vivement*.

Monsieur Tourneur?

JOSÉPHINE.

Oui, il a un procès... Des journalistes qui ont insulté sa famille... je ne me rappelle pas exactement... Il voudrait prendre un grand avocat, le plus grand... je ne sais pas qui c'est. Je lui ai dit : « Mon petit, j'ai ton affaire ; tu vas prendre un avocat que je connais et qui venait au magasin... *(A Charlotte.)* C'est pour ça que je vous demandais tout à l'heure s'il n'y avait pas d'erreur.

CHARLOTTE.

Oui... oui... continue... Qu'a répondu monsieur Tourneur ?

JOSÉPHINE.

D'abord, il n'a pas voulu. Il ne connaissait pas monsieur Bréard.

CHARLOTTE.

Il le connaissait au moins de nom, je suppose ?

JOSÉPHINE, *pour ne pas froisser Charlotte.*

Oh ! ça, certainement... il le connaissait beaucoup de nom... Mais il avait une autre idée... Enfin, j'ai insisté... j'ai même exigé... parce que je pensais : « Ça fera plaisir à la patronne. »

CHARLOTTE, *prenant la main de Joséphine.*

Que tu es gentille, ma petite Joséphine !... Certes oui, ça me fait plaisir ! *(A Geneviève.)* N'est-ce pas, Geneviève, que c'est tout plein gentil, ce qu'elle a fait là ?

GENEVIÈVE.

Certainement. Ça prouve un très bon cœur.

JOSÉPHINE.

Alors, Tourneur va venir dans un instant.

CHARLOTTE.

Aujourd'hui ?

JOSÉPHINE.

Nous avons pris rendez-vous ici. Il est allé chez son avoué... Oh ! ça ne traînera pas ! Il est furieux !

CHARLOTTE, à Geneviève.

Quelle chance pour Julien! Tu ne trouves pas?

GENEVIÈVE.

C'est une grosse chance. Un procès contre des journalistes, ça fait toujours beaucoup de bruit. On en parle dans les journaux, naturellement...

CHARLOTTE, à Joséphine.

Je te remercie encore, tu sais...

JOSÉPHINE.

Vous êtes contente, alors?... Eh bien! c'est comme moi!... D'abord, ça me procure le plaisir de vous revoir... et j'espère que ça ne sera pas la dernière fois.

CHARLOTTE.

Certes non!... Pourvu que Julien rentre assez tôt pour voir M. Tourneur! Il est allé au Palais.

JOSÉPHINE.

On fera attendre Edmond.

CHARLOTTE.

Tu crois?

JOSÉPHINE.

Nous attendrons avec lui. Vous ferez sa connaissance.

CHARLOTTE.

Quel homme est-ce?

JOSÉPHINE.

Tout ce qu'il y a de plus chic!

CHARLOTTE.

Mais comme caractère?

JOSÉPHINE.

C'est un bon garçon, tout rond; il tutoie tout le monde, et avec ses millions il ne demande qu'à s'amuser. Seulement, il n'aime pas qu'on l'embête, et il est très roublard sous son air bon enfant... Moi, j'en fais tout ce que je veux.

CHARLOTTE.

Et tu te plais avec lui?... Tu aimes cette vie-là?

JOSÉPHINE.

C'était mon rêve. D'ailleurs Edmond se conduit admirablement avec moi.

CHARLOTTE.

Et toi, de ton côté, j'espère?...

JOSÉPHINE.

Il n'a pas ça à me reprocher... Et puis on ne se quitte presque pas; il est plus souvent chez moi que chez lui.

CHARLOTTE.

Allons! te voilà tout à fait lancée. Quel genre de monde fréquentes-tu?

JOSÉPHINE.

Des gens très bien... Connaissez-vous Sigismond?

CHARLOTTE.

Non.

JOSÉPHINE.

Ni Poussier?... Ni Lebrancard?...

CHARLOTTE.

Comment veux-tu?...

JOSÉPHINE.

Ce sont des amis d'Edmond. Ils ont été charmants pour moi.

CHARLOTTE.

Et comme femmes?

JOSÉPHINE.

Des masses... Germaine, Toto, Isabelle, la mère Plesnois... Et puis, j'oubliais, la belle Simone, leur passion à tous! Mais vous ne connaissez qu'elle!

CHARLOTTE.

Je connais Simone, moi?

JOSÉPHINE.

C'est madame Baudrin, notre ancienne cliente.

CHARLOTTE.

Ah bah! Je crois bien que je me la rappelle! Comment! elle va?...

JOSÉPHINE.

Oui. Vous pensez que j'ai été aussi étonnée que vous en la voyant à tu et à toi avec Toto. Quand je lui vendais des fleurs, je croyais que c'était une grande dame. Et il faut entendre ces messieurs! Lorsqu'ils ont dit Simone Baudrin, ils ont tout dit. Dans les premiers temps, Tourneur lui-même, qui n'est pourtant pas bête, me répétait du matin au soir : « Consulte Simone... Adresse-toi à Simone... Habille-toi comme Simone... » Ça devenait une scie! J'ai fini par lui faire comprendre qu'en matière de toilette, je n'avais besoin des conseils de personne.

GENEVIÈVE.

Dites-moi, mademoiselle Joséphine, quand vous avez passé brusquement de la situation où vous étiez à celle où vous êtes maintenant, vous n'avez pas été un peu... ahurie?

JOSÉPHINE.

Un petit peu, dans les commencements. Mais je m'y suis habituée tout de suite.

GENEVIÈVE, *riant*.

Hein! Je crois que vous ne redeviendriez pas facilement une petite ouvrière?

JOSÉPHINE.

C'est ce qui vous trompe. S'il me fallait retravailler demain, je ne serais pas plus embarrassée qu'avant, et je ne verserais pas toutes les larmes de mon corps, allez !

CHARLOTTE.

Et tu aurais bien raison ! Les femmes sont faites pour supporter toutes les aventures, aussi bien les bonnes que les mauvaises, et nous sommes moins effarées que les hommes devant l'imprévu.

(Entre la bonne.)

SCÈNE VII

Les Mêmes, La Bonne.

LA BONNE, *tendant une carte à Charlotte.*

Pour monsieur.

CHARLOTTE, *lisant, à Joséphine.*

C'est Tourneur.

GENEVIÈVE.

Je me sauve, je vous gênerais... Je peux passer par ta chambre ?

CHARLOTTE.

A après-demain, n'est-ce pas, sans faute ?

GENEVIÈVE.

A après-demain. Au revoir, mademoiselle Joséphine.

JOSÉPHINE.

Au revoir, mademoiselle.

(Sort Geneviève par la droite.)

CHARLOTTE, *à la bonne.*

Faites entrer.

(La bonne sort.)

JOSÉPHINE, *à Charlotte*.
Qu'est-ce que je vous disais ?
(Entre Tourneur par la gauche.)

SCÈNE VIII

TOURNEUR, CHARLOTTE, JOSÉPHINE.

JOSÉPHINE.
Viens donc... Je te présente madame Charlotte Lanier, dont je t'ai parlé si souvent.

TOURNEUR.
Madame, je vous prie de m'excuser, si j'entre chez vous d'une façon qui...

JOSÉPHINE.
Ne fais donc pas de phrases. On est entre bons garçons.

CHARLOTTE.
Monsieur Bréard est absent, monsieur, mais je pense qu'il va rentrer bientôt.

TOURNEUR, *galamment*.
Je ne suis pas pressé... pourvu que je le voie aujourd'hui.

CHARLOTTE.
Vous le verrez certainement.
(Elle lui montre un siège.)

JOSÉPHINE.
Oui... assieds-toi.

TOURNEUR, *sévèrement*.
Joséphine, vous n'avez aucune éducation.
(A Charlotte.) Je vous demande pardon.

JOSÉPHINE.
Elle me connaît depuis plus longtemps que toi. Elle a été ma patronne.

TOURNEUR, à *Charlotte*.

Croyez-vous, madame, que j'arriverai jamais à rendre cette gamine-là plus convenable ?

CHARLOTTE.

Y tenez-vous beaucoup ?

JOSÉPHINE.

Ah ! ah !... il serait le premier embêté !

CHARLOTTE.

C'est probable.

JOSÉPHINE.

Toutes les fois qu'il a été avec une femme convenable, il ne l'a pas gardée plus de huit jours... Il fait des manières devant vous ; mais vous verrez quand vous le connaîtrez davantage !

TOURNEUR.

Ce qui ne tardera pas, j'espère... Irez-vous cet été à Trouville ?

CHARLOTTE.

Je ne pense pas.

JOSÉPHINE.

Il faudra venir. Edmond a une villa magnifique. Nous ferons la fête... A-t-il dû s'en faire des fêtes, là dedans, bon Dieu !

TOURNEUR.

Ça, je suis obligé de l'avouer.

JOSÉPHINE.

Raconte donc celle d'il y a deux ans.

CHARLOTTE.

Les lions ?

TOURNEUR.

Vous avez entendu parler de la fête des lions ?

CHARLOTTE.

Mais je crois bien ! Ça devait être passionnant ! Vous aviez acheté quatre lions...

TOURNEUR.

Six.

CHARLOTTE.

Ah! oui, six... je me rappelle.

TOURNEUR.

J'avais séparé le grand jardin de la villa en deux parties, et entre les deux j'avais établi une grille de fer, très solide. D'un côté j'avais mis les invités, et, de l'autre, les lions dans leur cage. A un moment donné, on a ouvert la cage, le dompteur s'est retiré rapidement, et les lions, se croyant libres, sont sortis en poussant des hurlements épouvantables.

CHARLOTTE.

C'était une idée très originale.

TOURNEUR.

Je m'en flatte. Il y a même eu un épisode délicieux, que je n'espérais pas. Le mur de la villa n'était pas très haut, ce qui fait qu'un des lions, le franchissant d'un bond prodigieux, s'est trouvé tout d'un coup sur le bord de la mer, à quelques pas des baigneurs.

CHARLOTTE.

Oh!... il n'a mordu personne?

TOURNEUR.

Non, mais il ne voulait plus s'en aller. On a été obligé de lui donner du sucre pour le faire rentrer dans sa cage.

CHARLOTTE.

J'aurais voulu être là!... Ah! j'entends la porte s'ouvrir : c'est monsieur Bréard.

(*Elle s'avance vers la porte.*)

TOURNEUR, *à Joséphine.*

Charmante femme!

JOSÉPHINE.

N'est-ce pas ?
(Entre Julien.)

SCÈNE IX

Les Mêmes, JULIEN.

CHARLOTTE.

Mon ami, voici monsieur Tourneur, qui désire te parler pour un procès.

JULIEN.

Monsieur Edmond Tourneur ?... Trop heureux, monsieur. .

TOURNEUR, *lui tendant la main.*

Enchanté de faire votre connaissance.

JOSÉPHINE.

Bonjour, monsieur Bréard.

JULIEN.

Tiens ! Mademoiselle Joséphine !... Vous allez bien depuis l'année dernière ?

JOSÉPHINE.

Comme vous voyez.

CHARLOTTE.

Nous vous laissons, messieurs.

JOSÉPHINE.

Venez, patronne. Allons bavarder... Quand vous aurez fini, vous nous ferez signe.

CHARLOTTE, *passant près de Julien, bas.*

Si c'était le miracle demandé ?

JULIEN, *souriant à Tourneur.*

Je suis à votre disposition.
(Charlotte et Joséphine sortent par la droite.)

SCÈNE X

JULIEN, TOURNEUR.

TOURNEUR.

Je vais vous expliquer mon affaire en deux mots. Le journal *la Boussole* m'attaque déjà depuis longtemps.

JULIEN.

J'ai lu ça.

TOURNEUR.

Bon. S'il ne s'agissait que de blaguer mes fêtes ou ma manière de vivre, cela me serait bien égal, vous pensez! Mais *la Boussole* en est arrivée à de véritables outrages envers moi et envers mon père, ou plutôt la mémoire de mon père, car il est mort, il y a...

(Il cherche.)

JULIEN.

Il y a cinq ans.

TOURNEUR.

C'est cela. Mon père — je n'ai pas besoin d'insister, puisque vous êtes renseigné, — a gagné une grosse fortune, comme entrepreneur. Il a exécuté des travaux considérables pour le compte de l'État et de la Ville, et il s'est fait naturellement des tas d'ennemis, qui ont inventé sur son compte des histoires infâmes qu'on n'a jamais pu prouver. Il est mort officier de la Légion d'honneur, et je prétends empêcher qu'on l'insulte aujourd'hui, et moi par la même occasion. Ai-je raison?

JULIEN.

Profondément.

TOURNEUR, *prenant des coupures de journaux dans son portefeuille.*

Tenez, au cas où vous ne les auriez pas bien

lus, voici quelques articles... A propos d'un bal très chic que j'avais donné : « Il est regrettable que les familles d'ouvriers et les petits industriels réduits à la misère par feu Tourneur n'aient pas été invités... » etc. Un autre jour : « L'Etat, qui a l'habitude d'être volé, — rappelez-vous les affaires de la bande Tourneur et Cie... » Et tout le temps comme ça ! C'est intolérable ! Je suis furieux ! Il faut que cela finisse !

JULIEN.

Ça finira.

TOURNEUR.

J'ai consulté trois de mes amis, Sigismond, Lebrancard et Poussier.

JULIEN.

Qu'ont dit ces messieurs ?

TOURNEUR.

Sigismond m'a conseillé d'aller casser la figure à deux ou trois journalistes ; Lebrancard voulait que j'envoie des témoins.

JULIEN.

Et Poussier ?

TOURNEUR.

C'est lui qui m'a donné l'idée de faire un procès.

JULIEN.

Et vous ? Quelle était votre opinion personnelle ? Vers quelle solution étiez-vous particulièrement attiré ?

TOURNEUR.

Moi, si je m'étais écouté, j'aurais cogné.

JULIEN.

Ah !

TOURNEUR.

D'abord, je suis très vigoureux... Mais j'ai réfléchi qu'après avoir cogné une première fois, il me faudrait cogner une seconde.

JULIEN.

Très bien raisonné.

TOURNEUR.

Et puis, où cogner? dans la rue? au théâtre? C'est très compliqué. Le duel a les mêmes inconvénients, et ça n'aurait pas empêché la campagne de recommencer le lendemain. En outre, on peut tuer son adversaire, et ça m'ennuierait. Je ne suis pas méchant, au fond.

JULIEN.

Et vous vous êtes décidé pour le procès?

TOURNEUR.

Oui. Je demanderai des dommages et intérêts formidables. Je suis bon garçon, c'est vrai, mais je sais me défendre quand on m'attaque. On m'a apporté un petit dossier sur le directeur de *la Boussole*, Vermoulin, je vous le remettrai. Il y a quelques histoires de jeunesse, avec preuves à l'appui, je ne vous dis que ça... Nous le traînerons dans la boue, Vermoulin, en plein tribunal! Ce sera un scandale dans la presse. Je consacrerai six mois de ma vie, s'il le faut, à cette affaire-là, et ça ne m'amuse fichtre pas! Mais j'en finirai avec *la Boussole,* d'une manière ou d'une autre!... Qu'est-ce que vous dites de mon plan?

JULIEN, *se levant.*

Voilà. Eh bien! votre plan n'est pas mauvais dans les grandes lignes, mais il a une foule d'inconvénients. Laissez-moi vous expliquer, vous verrez... Que cherchez-vous? La fin d'une campagne de presse qui vous horripile. Il est certain qu'un procès, sans être un moyen tout à fait radical, est encore ce qu'il y a de mieux dans votre cas. Ce procès, je vous le plaiderai, et je vous le gagnerai probablement...

TOURNEUR.

Comment! probablement!... Vous admettez que je puisse perdre? Ce serait un déni de justice!

JULIEN.

Il faut tout prévoir. Mais j'espère que je vous le gagnerai. Où nous différons d'avis complètement, c'est sur les moyens à employer... Vous voulez traîner Vermoulin dans la boue? C'est une grosse faute. Vous n'aurez pas le tribunal avec vous, ni le public. Vermoulin est un homme qui, depuis dix ans, accuse tout le monde de vol, de concussion, d'immoralité, de lâcheté... A qui ferez-vous croire qu'un monsieur qui a pris cette attitude ait quelque chose à se reprocher? *(Geste de Tourneur.)* Attendez donc, voyons... Oui, vous raconterez des histoires sur son passé. Et, en effet, il est fort obscur, le passé de Vermoulin. Mais justement, à force d'être obscur, il est devenu inattaquable. Je vous le dis carrément : vous n'avez aucune prise sur ce gaillard-là, pas même la ressource de l'acheter. Car pourquoi se vendrait-il? Ça ne lui rapporterait jamais autant que d'être incorruptible.

TOURNEUR, *se calmant.*

Mon cher, vous êtes le premier qui me disiez des choses raisonnables.

JULIEN.

Si je n'écoutais que mon intérêt, je vous dirais le contraire. Je vous pousserais à faire un scandale. Je n'ai qu'à y gagner : je suis avocat. Mais vous m'êtes très sympathique.

TOURNEUR, *louché.*

Et moi de même, mon cher ami, parole d'honneur !

JULIEN.

Alors, vous allez me laisser faire. Au lieu de réclamer cent mille francs de dommages et intérêts à Vermoulin, nous lui réclamerons un franc.

TOURNEUR.

Oui.

JULIEN.

Au lieu de le couvrir de boue, nous nous étonnerons qu'avec son beau talent il s'acharne sur la mémoire d'un homme qui a rendu, après tout, de grands services au pays. Je ferai délicatement comprendre à son avocat que nous aurions pu raconter des histoires assez désagréables pour lui et que nous ne l'avons pas fait, par considération pour la presse. Nous arrangerons cela de confrère à confrère. Alors, vous aurez tout le monde pour vous. Le public dira : « C'est un fils qui défend son père. » Le tribunal vous accordera votre franc de dommages et intérêts, et vous donnerez une fête où vous inviterez Vermoulin, qui trouvera très élégant d'y venir.

TOURNEUR.

Vous avez mille fois raison !... Où avais-je la tête ? J'allais m'embarquer dans une jolie histoire !

JULIEN.

Vous en aviez pour six mois d'ennuis de toutes sortes.

TOURNEUR.

Ma saison était fichue !... *(Serrant la main de Julien.)* Mon cher, vous venez de me rendre, sans raison, uniquement pour ma bonne figure, un gros service ! Voulez-vous être mon ami ?

JULIEN, *affectueusement.*
Ça ne se demande pas!
(*Ils se serrent encore une fois la main.*)

TOURNEUR.
Vous verrez, je ne suis pas aussi banal que j'en ai l'air. Je sais faire la différence entre les gens, et vous êtes plus fort à vous tout seul que tous les fumistes que j'ai consultés jusqu'ici.

JULIEN.
Vous êtes bien aimable.

TOURNEUR.
Maintenant, à nous deux!... Comment se fait-il que vous ne soyez pas plus... (*Il s'arrête.*) Dites donc, on peut vous parler franchement?

JULIEN.
Il le faut.

TOURNEUR.
Comment se fait-il que vous ne soyez pas plus connu que vous ne l'êtes?... Ça ne vous froisse pas que je vous dise ça?

JULIEN.
Du tout. C'est bien simple: j'ai horreur de plaider pour n'importe qui et de courir le client.

TOURNEUR.
Vous devez parler très bien!

JULIEN.
Heu...

TOURNEUR.
Si... si... on devine ça... Vous avez la voix, le geste... On ne vous épaterait pas facilement... C'est fâcheux que vous ne fassiez pas de politique!

JULIEN.
Je n'attends que l'occasion.

TOURNEUR.

Vous voyez, je devine... Ce cher ami! Est-ce que vous avez l'intention de vous présenter quelque part, aux prochaines élections?

JULIEN.

Dans mon pays... la Nièvre.

TOURNEUR.

La Nièvre... Il me semble que je connais un député de ce pays-là... Est-ce que Pétrel n'est pas de la Nièvre?

JULIEN.

C'est contre lui que je me présenterai.

TOURNEUR.

Ah! ah! elle est bonne!... Ce vieux Pétrel!... Mais vous serez nommé, cher ami! C'est un imbécile, Pétrel!

JULIEN.

Il n'est pas fort, c'est vrai.

TOURNEUR.

C'est une brute! Je suis très bien avec lui! mais il n'en faut plus à la Chambre.

JULIEN, *riant*.

Il nous embête!

TOURNEUR, *riant plus fort*.

Il nous rase!... Et puis, il ne parle jamais!

JULIEN.

Qu'est-ce que ce serait, s'il parlait?

TOURNEUR.

Oui!... Dites donc, Bréard, moi je n'y vais pas par quatre chemins avec les gens qui me plaisent. Si on se tutoyait?

JULIEN.

Ça me paraît indispensable.

TOURNEUR.

Dinons-nous ensemble, ce soir? Avec ta bonne amie, cela va sans dire.

JULIEN.

Parbleu!

TOURNEUR.

Allons chercher ces dames.

JULIEN, *ouvrant la porte de droite.*

Charlotte... Nous avons terminé... Venez donc.

SCÈNE XI

Les Mêmes, CHARLOTTE, JOSÉPHINE.

TOURNEUR.

Mesdames, nous dinons tous les quatre ensemble, et pas plus tard que dans une heure... *(A Julien.)* Où veux-tu dîner?

JULIEN.

Où tu voudras.

(Mines stupéfaites de Charlotte et de Joséphine.)

TOURNEUR.

Oui, c'est comme ça... on est une paire d'amis. On vous racontera l'histoire à table.

JOSÉPHINE.

Dieu! que je suis contente.

TOURNEUR.

Assez, gosse! Sur le coup de dix heures, on ira dans un boui-boui. Nous avons rendez-vous, d'ailleurs, avec Poussier et Sigismond qui accompagnent Simone. *(A Charlotte.)* Simone... Simone Baudrin. Est-ce que vous ne la connaissez pas?

CHARLOTTE, *avec un froncement de sourcils.*

Oui... oui... un peu.

TOURNEUR.

Vous nous retrouverez au Café de Paris, à huit heures.

JULIEN.

Entendu.

TOURNEUR, *sortant avec Joséphine et reconduit par Julien.*

Au revoir, les enfants !

SCÈNE XII

JULIEN, CHARLOTTE.

CHARLOTTE.

Tu es content, dis, mon Julien ?

JULIEN.

Ne prenons pas des airs de triomphe parce que nous avons été tutoyés par un monceau d'or.

CHARLOTTE.

Si... si... c'est très heureux !

JULIEN.

Evidemment, ça vaut mieux que la haine mortelle. Va t'habiller.

CHARLOTTE.

C'est la fortune, je te le prédis, moi !

JULIEN.

Peut-être !... Va t'habiller !

ACTE III

A Trouville, chez Tourneur. Grand hall donnant sur des jardins.

SCÈNE PREMIÈRE

SIGISMOND, POUSSIER, LEBRANCARD.

(Tous les trois jouent au whist à une table de jeu, à droite.)

POUSSIER.

Plus qu'un tour, voulez-vous? C'est idiot de jouer au whist tout de suite après dîner!

LEBRANCARD.

Tu as raison. Tourneur et Bréard sont plus malins que nous : ils fument des cigares au grand air.

SIGISMOND, *donnant les cartes.*

Tourneur et Bréard sont plus malins que nous sous tous les rapports.

POUSSIER.

Surtout Tourneur.

SIGISMOND.

Non, surtout Bréard, parce que Tourneur n'a eu qu'à hériter de son père, ce qui est à la portée du premier venu.

LEBRANCARD.

Eh bien ! et Bréard, qu'est-ce qu'il a fait?

SIGISMOND.

Bréard, il y a quelques mois, n'était qu'un

petit avocat sans clientèle, ayant toutes les peines du monde à ne pas mourir de faim.

POUSSIER.

Qui est-ce qui n'a pas toutes les peines du monde à ne pas mourir de faim ?

SIGISMOND.

Toi... Aujourd'hui, il est l'ami intime de Tourneur, il est installé ici à Trouville chez lui, il a accaparé toutes les affaires que le père Tourneur a laissées à son fils, et il est en route pour la grosse situation. Car il a trouvé le moyen de se faire plus de réclame avec le procès Vermoulin, — un petit procès de rien du tout, — qu'un autre avec dix ans de travail.

LEBRANCARD.

Du talent ?

SIGISMOND.

Aucun !

LEBRANCARD.

De l'avenir ?

SIGISMOND.

Beaucoup... D'ailleurs, ce que j'en dis n'est pas pour le débiner : il m'est très sympathique.

POUSSIER.

Et à moi aussi.

SIGISMOND.

J'adore les gens à qui tout réussi, qui ont la veine ; au moins, on sait à quoi s'en tenir. Quand on se bat avec ces gens-là, on est sûr d'être blessé ; quand on fait une affaire avec eux, on est sûr d'être roulé. Ils arrivent toujours au bon moment ; ils s'en vont toujours quand il faut. Ils ont un instinct admirable pour reconnaître les hommes qui leur seront utiles et les femmes qui les rendront heureux, et un flair non moins subtil pour éviter les autres... La chance, voyez-vous, mes enfants, il n'y a plus que cela de vrai dans une société qui est devenue une maison de jeu. Seulement, c'est comme le génie ou comme la beauté : on l'a ou on ne l'a pas !

POUSSIER.

Des gaillards comme Bréard, il n'y a qu'à être leur ami.

LEBRANCARD.

Jusqu'au moment où la veine tourne.

POUSSIER.

Il est toujours temps de les lâcher à ce moment-là.

LEBRANCARD, *baissant un peu la voix*.

Est-ce vrai, ce qu'on m'a dit tantôt?... Simone et Bréard?...

SIGISMOND.

Pas encore.

LEBRANCARD.

Es-tu sûr ?

SIGISMOND.

Absolument. Simone m'aurait prévenu... Je suis son directeur de conscience. Elle ne fait jamais une bêtise sans me demander conseil.

LEBRANCARD.

Tu nous tiendras au courant?

SIGISMOND.

Parbleu ! *(Voyant entrer par le fond Tourneur, Bréard, Charlotte et Joséphine.)* Chut !

SCÈNE II

Les Mêmes, TOURNEUR, BRÉARD, CHARLOTTE, JOSÉPHINE.

TOURNEUR, *donnant le bras à Charlotte*.

Vous n'avez pas honte de rester enfermés par une nuit pareille?

SIGISMOND.

On a fini dans cinq minutes... Mesdames...

JOSÉPHINE.

Ne vous dérangez pas.

TOURNEUR, à Charlotte.

Avouez que c'est amusant, Trouville?

CHARLOTTE.

Je crois bien!

TOURNEUR.

Et encore, cette année-ci, c'est très calme ; on est sage.

CHARLOTTE.

On se couche avant trois heures du matin.

TOURNEUR.

Comme les poules!

CHARLOTTE.

Comme les poules de Trouville.

TOURNEUR, *frappant sur l'épaule de Julien.*

Ce vieux Julien! Je suis content de nous trouver tous les quatre ici!

JULIEN.

Nous sommes tous contents.

TOURNEUR.

Dire que nous ne nous connaissions pas, il y a trois mois!

JOSÉPHINE.

J'étais là heureusement!

TOURNEUR, à Julien.

C'est grâce à toi, pourtant, que je n'ai pas raté ma saison!

JULIEN.

Oh!...

TOURNEUR.

Si! si!... Tout ce que tu m'as prédit est arrivé,

et sans toi je faisais une gaffe terrible! Tandis que j'ai gagné mon procès et que je suis réconcilié avec Vermoulin; à preuve qu'il est à Trouville et qu'il viendra souper avec nous ce soir.

JOSÉPHINE.

Qui est-ce donc, Vermoulin?

TOURNEUR.

C'est le journaliste qui m'a tant injurié.

JOSÉPHINE.

Ah! bon...

TOURNEUR.

Tu le mettras à ta droite.

JOSÉPHINE.

On rira!

TOURNEUR.

Ces messieurs et dames arriveront vers onze heures, après la représentation du Casino. On fera un petit poker jusque vers une heure et demie, et puis on soupera gentiment... Nous n'avons plus que quelques jours à rester au bord de la mer; il faut en profiter.

JOSÉPHINE.

Combien sera-t-on?

TOURNEUR.

Quinze ou vingt, ou peut-être davantage. Je ne me rappelle plus qui j'ai invité.

JOSÉPHINE.

Toto, Juliette, Léontine...

TOURNEUR.

Germaine Bilbot...

SIGISMOND.

Avec Versac, qui est libre ce soir, parce que sa femme est allée à Rouen.

LEBRANCARD.

Comment ! Versac est... Tu fais bien de me le dire, car je connais très bien sa femme !

SIGISMOND.

Maintenant, tu connais aussi sa maîtresse.

CHARLOTTE.

Vous connaissez toute la famille.

SIGISMOND.

Oh ! d'ailleurs, il n'y a pas de danger. Germaine a beaucoup de tact.

CHARLOTTE.

La maîtresse d'un homme marié est obligée de se tenir mieux que sa femme.

TOURNEUR.

Commé c'est vrai, ce que vous dites là !... Je vous ai raconté ce qui s'est passé cet hiver entre elles deux ?

CHARLOTTE.

Non.

TOURNEUR.

A une fête de charité, Germaine vendait des fleurs ; madame de Versac s'amuse à lui en acheter. Peu à peu, elles se mettent à causer, et madame de Versac, qui avait commencé par trouver cela très drôle, finit par dire à l'autre des impertinences.

JOSÉPHINE.

Oh !

TOURNEUR.

Mais Germaine, au lieu de se fâcher, les reçoit avec beaucoup de sang-froid et réplique en souriant : « Au moins, moi, madame, je suis fidèle à votre mari. »

JOSÉPHINE.

Très bien !

SIGISMOND.

Et c'est vrai !

JOSÉPHINE.

Alors, nous disons : Juliette, Toto, Léontine, Germaine...

TOURNEUR.

Simone, naturellement.

JOSÉPHINE.

Oh! oui, naturellement! Le jour où tu ne l'inviteras pas, celle-là...

TOURNEUR.

Ne t'énerve pas! ne t'énerve pas!

JOSÉPHINE.

C'est toi qui es énervant! Tu ne parles que d'elle!... Simone Baudrin, la belle Simone... On ne peut pas la voir sans l'aimer... Oh! je sais que vous en êtes tous toqués, mais ça m'est bien égal!

TOURNEUR.

J'en suis toqué?...

JOSÉPHINE.

Parfaitement! Et Julien aussi!

JULIEN, *souriant.*

Moi?

JOSÉPHINE.

Oui, vous! Vous lui faites la cour dans tous les coins!

JULIEN.

Mais pas du tout!

JOSÉPHINE.

Vous ne lui faites pas la cour?

JULIEN.

Non.

JOSÉPHINE.

Qu'est-ce que vous lui faites, alors?

JULIEN.

Rien.

JOSÉPHINE.

D'abord, vous, si vous aviez le malheur de

tromper Charlotte, je ne vous parlerais plus de ma vie!

CHARLOTTE, à *Julien, gaiement.*

En tout cas, tu n'oublies pas nos conventions? Tu m'avertiras?

JULIEN.

Je te le promets!

TOURNEUR.

Pour quoi faire?

CHARLOTTE.

Pour m'en aller.

TOURNEUR.

Où ça?

CHARLOTTE.

Mais, confectionner des corbeilles!... Vous ne paraissez pas vous douter que j'excelle dans la confection des corbeilles?

TOURNEUR.

Et nous, qu'est-ce que nous deviendrions dans cette combinaison? On ne se verrait donc plus?...

CHARLOTTE.

Vous viendriez me voir au magasin... Ce ne serait pas la première fois.

JOSÉPHINE, à *Tourneur, le menaçant.*

Et tu en paierais, des fleurs, si ça arrivait!

CHARLOTTE.

Ce serait effrayant!

TOURNEUR.

Je trouve stupide ce sujet de conversation, surtout à propos de Simone, qui est à cent lieues de... Elle est devenue une femme sérieuse. Elle a un salon politique... N'est-ce pas, Sigismond?

SIGISMOND.

C'est-à-dire que, si on n'est pas un homme politique, il n'y a rien à faire avec elle.

CHARLOTTE.

Alors, un simple avocat ?...

SIGISMOND.

Poussière !

CHARLOTTE, à Julien.

Attrape !

TOURNEUR.

Elle songerait même à se marier que ça ne m'étonnerait pas.

JOSÉPHINE.

Avec un ministre, j'espère ?

SIGISMOND.

Rien ne s'y oppose. Avec cent mille francs de rentes et une mauvaise réputation intacte, elle peut épouser qui elle veut.

TOURNEUR.

Au fait, Charlotte, je n'ai pas osé inviter votre amie.

CHARLOTTE, riant.

Geneviève ? Ah ! elle ferait une bonne figure au milieu de ces dames !... Je ne vous ai donc pas dit qu'elle était institutrice ?

TOURNEUR.

Il est déjà venu des instutrices chez moi.

CHARLOTTE.

Mais pas comme Geneviève !

JOSÉPHINE.

Non, mon vieux !

CHARLOTTE.

D'ailleurs, elle part ce soir. Elle s'est risquée une fois à Trouville, pour me voir ; mais elle passe ordinairement ses vacances aux Batignolles.

TOURNEUR.

Vous lui ferez bien mes compliments.

CHARLOTTE.

Je n'y manquerai pas.

POUSSIER, *se levant.*

Là! c'est fini... Tourneur, donne-moi un cigare; je vais le fumer sur la terrasse.

TOURNEUR, *à Joséphine.*

Donne donc des cigares à Poussier... Tu ne t'occupes pas du tout de tes invités, c'est désolant!

JOSÉPHINE, *prenant une boîte.*

Tenez, l'invité.

POUSSIER.

Merci.

(*Pendant que Poussier, Joséphine, Lebrancard, Sigismond, Tourneur, s'éloignent vers le fond, Julien et Charlotte restent seuls au premier plan, après quelques répliques.*)

SCÈNE III

JULIEN, CHARLOTTE. Les Autres, *visibles.*

CHARLOTTE.

Tu sais... au fond, je ne le crois pas.

JULIEN.

Quoi?

CHARLOTTE.

Que tu sois amoureux de cette femme.

JULIEN.

Mais je l'espère bien! Quelle folie!

CHARLOTTE.

Tu n'en es pas amoureux, n'est-ce pas?

JULIEN.

Il n'en est pas question.

CHARLOTTE.

Tu en es sûr?

JULIEN.

Très sûr!

CHARLOTTE.

Regarde-moi en face.

JULIEN, souriant.

Voilà.

CHARLOTTE.

Il est vrai que, si cela était, tu me regarderais exactement de la même façon!

JULIEN.

Pardon, je serais très gêné!

CHARLOTTE.

Toi?... Ah! mon pauvre chéri! mais pas du tout! Tu serais encore plus gentil, c'est ce qu'il y a de terrible! Tu es un de ces hommes... quand ils ne vous aiment plus, on ne s'en aperçoit pas... Je te connais.

JULIEN.

Si tu me connais, tu dois savoir, au contraire, que je t'aime et que je ne te ferai jamais de chagrin.

CHARLOTTE.

Ça, j'en suis convaincue... Je crois même que, pour m'éviter un petit chagrin de rien du tout, tu serais capable de me faire souffrir le martyre.

JULIEN.

Mais, chère madame, est-ce une petite scène de jalousie?

CHARLOTTE.

Une bien petite!

JULIEN.

Il me semble que c'est notre début?

CHARLOTTE.

Il n'est pas brillant!

JULIEN.

On ne recommencera pas?

CHARLOTTE.

Je tâcherai. A condition que de ton côté tu t'appliques un peu...

JULIEN.

Je ferai des prodiges !

CHARLOTTE.

Car, ce n'est pas pour insister... mais, depuis que nous sommes à Trouville, Simone et toi, vous ne vous quittez pas d'une semelle.

JULIEN.

Toi non plus, tu ne la quittes pas.

CHARLOTTE.

Mais, moi, je ne demanderais pas mieux !

JULIEN.

Va, tout cela, c'est de la galanterie, sans importance, et pour ainsi dire machinale, dans le monde où nous vivons.

CHARLOTTE.

Quelle figure est-ce que j'ai, au milieu de toutes ces femmes ?

JULIEN.

Tu as une figure parfaite.

CHARLOTTE.

D'ailleurs, elles sont stupides, en général.

JULIEN.

Si tu les voyais en particulier !...

CHARLOTTE.

C'est encore madame Baudrin la plus intelligente, il faut être juste.

JULIEN.

Soyons justes.

CHARLOTTE.

Est-ce qu'on va rester encore longtemps ici ?

JULIEN.

Ça dépendra de Tourneur.

CHARLOTTE.

Lui, par exemple, je l'aime bien !... Te rappelles-tu la première fois qu'il est venu à la maison ? Dans quel état nous étions !

JULIEN.

On était couverts de dettes.

CHARLOTTE.

Tu venais justement de flanquer Chantereau à la porte.

JULIEN.

Oh ! celui-là... Figure-toi qu'il m'a écrit ce matin pour m'emprunter de l'argent !

CHARLOTTE.

Ça, c'est drôle !

JULIEN.

Il me dit : « Je suis complètement ruiné ! Tous les gens à qui j'ai rendu des services me tournent le dos. Alors, je m'adresse à ceux à qui je n'ai causé que des désagréments. Prêtez-moi cinq louis. »

CHARLOTTE, *riant*.

Tu vas les lui prêter?

JULIEN.

Je les lui ai envoyés tout de suite.

CHARLOTTE.

Et tes autres créanciers, qu'est-ce qu'ils deviennent ?

JULIEN.

Tu vois, ils deviennent mes débiteurs. Comme on change !

CHARLOTTE.

Ne change pas trop.

JULIEN.

Non.

CHARLOTTE.

Et puis, de temps en temps, dis, songe que je t'aime de toute mon âme !...

JULIEN, *ému.*

Oui, Charlotte... oui, j'y pense souvent, et je t'aime aussi... je t'aime beaucoup.

SCÈNE IV

Les Mêmes, TOURNEUR, SIGISMOND, JOSÉPHINE.

TOURNEUR, *du fond.*

Si on préparait le souper dans le jardin ? *(A Julien, s'avançant.)* Qu'est-ce que tu dis de ça ?

JULIEN.

Très bonne idée.

TOURNEUR.

N'est-ce pas, Sigismond ?

SIGISMOND.

Le temps le permet et même l'exige.

TOURNEUR.

Ça vous va-t-il, Charlotte ?

CHARLOTTE.

Mais oui, ce sera charmant.

TOURNEUR, *à Joséphine.*

Et toi, gosse ?

JOSÉPHINE.

Ce n'est pas une idée géniale, mais je n'y vois pas d'inconvénient.

TOURNEUR.

Alors, tu vas t'occuper d'arranger tout ça ?

JOSÉPHINE.

Oui. Ne t'émotionne pas pour si peu. Il n'y a

pas besoin de tant d'histoires pour mettre des tables dans un jardin !

TOURNEUR.

Cette petite est une maîtresse de maison déplorable!... *(A un valet de pied qu'il a sonné à l'une des répliques précédentes.)* Vous disposerez quatre tables pour le poker dans la véranda.

LE DOMESTIQUE.

Bien, monsieur.

TOURNEUR.

Vous avez vu les tziganes? Ils seront exacts ?

LE DOMESTIQUE.

Ils seront exacts, mais ce ne sont pas des tziganes. Ce sont des musiciens de l'Eden qui auront des costumes de tziganes.

TOURNEUR.

C'est la même chose.

SIGISMOND.

C'est même mieux.
(Entre Simone.)

TOURNEUR.

Voici notre belle amie.
(Il s'avance vivement vers elle.)

JOSÉPHINE, à *Charlotte.*

Mais regardez-la donc!... A-t-elle assez l'air d'avoir celui de vous dire: « Moi, il y a un imbécile qui m'a laissé trois millions ! »

SCÈNE V

Les Mêmes, SIMONE.

SIMONE.

Mesdames... *(A Bréard.)* Cher monsieur...
(Elle serre des mains.)

SIGISMOND.

Comment! vous n'êtes pas à la représentation du Casino, vous?

SIMONE.

Elle est sans intérêt : un vrai spectacle de ville d'eaux... *(A Tourneur.)* Non, je suis ici de bonne heure, avant tout le monde, parce que je viens intriguer... J'ai quelque chose à vous demander.

TOURNEUR.

A moi?

SIMONE.

A vous.

JOSÉPHINE, *d'un air excessivement aimable.*

Alors, c'est accordé d'avance.

TOURNEUR.

Une affaire sérieuse?

SIMONE.

Un de mes amis à vous recommander.

TOURNEUR.

Eh bien! vous ne savez pas ce que vous allez faire? Vous allez en parler à Bréard : les affaires sérieuses, ça regarde Bréard. Moi, j'ai juré de ne plus m'en occuper!

SIMONE, *se tournant en souriant vers Julien.*

Dans ce cas, cher monsieur...

JULIEN.

Je suis à vos ordres, madame.

TOURNEUR.

On vous laisse, les enfants... Allons nous occuper de l'éclairage du jardin. *(A Joséphine.)* Viens, gamine!

CHARLOTTE, *à Julien, bas.*

Tu remarqueras que je m'en vais sans faire le plus petit geste de jalousie, tu le remarqueras, n'est-ce pas?

JULIEN.

Je le remarque avec plaisir.

(*Tous sortent, laissant Julien et Simone.*)

SCÈNE VI

JULIEN, SIMONE.

SIMONE.

Voici mon affaire...

JULIEN, *vivement, regardant si tout le monde est parti.*

Oh! non, n'en parlons pas! Tout ce que vous me demanderez est accordé d'avance, alors ce n'est pas la peine... Mais, si vous croyez que je vais causer d'affaires avec vous, pour une fois que nous sommes seuls... Avez-vous reçu ma lettre, cette après-midi?

SIMONE.

Mais oui.

JULIEN.

Vous avez aussi reçu celle d'hier?

SIMONE.

Aussi.

JULIEN.

Et celle d'avant-hier?

SIMONE.

Également.

JULIEN.

Et dans toutes ces lettres je vous dis que je vous aime... Quand me répondrez-vous?

SIMONE.

Quand je serai sûre que vous m'aimez vraiment.

JULIEN.

Qu'est-ce qu'il vous faut?

SIMONE.

Il me faut un peu moins de plaisanterie, un peu moins d'ironie et un peu plus de sincérité.

JULIEN.

L'ironie est une des formes de la sincérité.

SIMONE.

Trouvez autre chose.

JULIEN.

Alors, jusqu'à présent?...

SIMONE.

Non, mon ami, non, ce n'était pas ça du tout!

JULIEN.

Dame! nous ne sommes jamais restés ensemble plus de trente ou quarante secondes.

SIMONE.

Vous avez compté?

JULIEN.

Il y a toujours vingt personnes autour de nous!

SIMONE.

La foule est aussi une solitude. Qui a dit cela?

JULIEN.

C'est un homme qui n'est jamais allé à un rendez-vous... Serez-vous chez vous demain dans l'après-midi?

SIMONE.

Non.

JULIEN.

Serez-vous ailleurs?

SIMONE.

Non plus.

JULIEN.

Vous ne voudrez donc jamais... jamais?

SIMONE.

Ça dépendra... J'allais vous dire que mon ami Pétrel...

JULIEN.

Eh! je me moque bien de Pétrel!... Pétrel le député?

SIMONE.

Oui.

JULIEN.

Qu'est-ce qu'il veut?

SIMONE.

Il veut la succession de Bérain, qui vient de mourir.

JULIEN.

Ah! oui.

SIMONE.

Bérain, le directeur de la Compagnie des Eaux du Centre : une affaire de Tourneur... Et, puisque c'est vous qui vous occupez des affaires de Tourneur?...

JULIEN.

Il veut la succession de Bérain? Il l'a... Mais maintenant, qu'il nous laisse tranquille!... Simone... je vous en prie...

SIMONE.

Je peux m'engager?

JULIEN.

Oui... oui... Ah! diable! j'oubliais?... Mais Pétrel est député! les deux fonctions sont incompatibles!

SIMONE.

Il donnera sa démission. Il a de la politique par-dessus la tête.

JULIEN.

Comment! il donnerait sa démission?

SIMONE.

Tout de suite.

JULIEN.

Vous êtes sûre ?

SIMONE.

Absolument.

JULIEN.

Mais alors, je me présente à sa place !... Je devais me présenter contre lui aux élections générales ; je préfère cette combinaison !

SIMONE.

En effet, vous êtes compatriotes. J'avais oublié... Vous avez des chances ?

JULIEN.

C'est-à-dire que je n'aurai aucun concurrent.

SIMONE.

Je vous félicite. La carrière politique est la meilleure, aujourd'hui, pour un homme de votre âge et de votre caractère. Nous en recauserons. Je ne suis pas tout à fait sans influence... Aurez-vous l'appui du Gouvernement ?

JULIEN.

Je n'en ai pas besoin... Si j'étais aussi sûr de votre amour que de mon élection...

SIMONE.

Soyez donc sérieux. Je ne suis pas une associée à dédaigner.

JULIEN.

Écoutez, Simone, il ne s'agit plus de politique. Pétrel a la place de Bérain, il démissionne, je suis nommé, c'est entendu, il n'y a aucun doute. Ne parlons plus de ça !... Je vous adore, Simone ! Je vous l'ai assez écrit ; laissez-moi au moins vous le répéter dans des conditions qui me permettent d'être éloquent !

SIMONE.

Nous verrons... plus tard.

JULIEN.

Vous n'êtes pas gentille!

SIMONE.

Mais... c'est vous qui êtes étonnant! Vous n'avez pas l'air de vous rappeler que vous avez emmené une maîtresse à Trouville, et vous me proposez... Au fait, qu'est-ce que vous me proposez?

JULIEN.

J'espérais m'être fait comprendre.

SIMONE.

Oui... oui... je vous embarrasse... Alors...

JULIEN.

Pas du tout, vous ne m'embarrassez pas.

SIMONE.

Vous n'allez pas nier que vous ayez une maîtresse?

JULIEN.

Je ne le nie pas.

SIMONE.

Et que vous l'aimez?

JULIEN.

J'ai beaucoup d'affection pour elle.

SIMONE.

Et pour moi, qu'est-ce que vous avez?

JULIEN.

J'ai d'autres sentiments. J'ai le désir continuel, la pensée toujours avec vous; votre image, vos lèvres toujours devant les yeux. J'ai la jalousie. J'ai l'amour, enfin!

(*Entre Charlotte.*)

CHARLOTTE.

Tu n'as pas vu mon boa?

JULIEN.

Tiens! *(Il le lui donne.)*
(Sort Charlotte.)

SIMONE.

Voulez-vous me passer aussi mon manteau?...
(Pendant que Julien lui met le manteau sur les épaules.)
Et Charlotte?... Vous ne la désirez pas? ou vous ne la désirez plus?

JULIEN, *hésitant.*

Non.

SIMONE.

Alors, vous allez la quitter?

JULIEN.

Charlotte?... Mais non... je ne vais pas la quitter...

SIMONE.

Vous n'allez pas la quitter?

JULIEN.

Non...

SIMONE.

Ah! très bien!... Je vois ce que vous me proposez, maintenant, je le vois à merveille! Vous me proposez de vous divertir quelques instants avec moi. Merci, trop aimable!... Ah çà! pour qui me prenez-vous? Comment! vous supposez que moi je consentirai jamais à être la seconde maîtresse d'un monsieur! Pourquoi pas entrer dans un harem? Mais, mon cher, jamais je n'accepterai une situation pareille! jamais! Vous entendez : jamais! serais-je amoureuse à en perdre la tête!

JULIEN.

Vous m'aimez donc un peu?... C'est vrai, dites, Simone?

SIMONE.

Peut-être.

JULIEN.

Et moi, je t'adore, je suis fou!

SIMONE.

Je vous aime aussi... oui, je vous aime, Julien. Mais quant à vous aimer clandestinement, comme un homme marié, non! Je ne veux pas de fiacres, ni d'hôtels meublés, et, s'il me plait d'aller chez mon amant, je veux pouvoir y aller. Je n'exige pas des choses extraordinaires: il ne s'agit pas d'abandonner, pour me suivre, votre femme et vos enfants. Il s'agit de choisir entre une maîtresse que vous n'aimez plus et moi que vous aimez... Vous n'avez aucun engagement avec cette femme, n'est-ce pas? Vous ne lui avez fait perdre aucune situation? Vous n'êtes pas son premier amant?... Pourquoi ne la quittez-vous pas?

JULIEN.

Pourquoi je ne quitte pas Charlotte?... Parce que je n'ai pas ce que vous avez, et qui vous rend, d'ailleurs, plus ardente et plus désirable.

SIMONE.

Quoi?

JULIEN.

La cruauté.

SIMONE.

Soyez donc tranquille. Vous ne lui feriez pas tant de peine que ça!

JULIEN.

Qu'en savez-vous?

SIMONE.

C'est excessivement curieux!... Vous allez donc rester toute votre vie avec une femme qui n'est pas de votre monde, qui n'a pas d'éducation ni de distinction véritable et qui est incapable de vous comprendre?... C'est de l'héroïsme, mon cher! Tous mes compliments!

JULIEN.

Je ne vous ai pas dit que ma liaison avec Charlotte serait éternelle... Et puis, vous vous trompez tout à fait sur son compte. Elle est très intelligente, d'une intelligence très originale... C'est une créature charmante!

SIMONE.

Vous avez de l'aplomb, de me dire ça en face!

JULIEN.

Mais c'est un hommage que je vous rends, et pour un rien vous me diriez que je vous insulte! Comme c'est drôle de ne pas comprendre ça!... Vous seriez contente de m'entendre parler de Charlotte avec mépris... vous souririez, vous approuveriez... Eh bien! alors, qui serais-je, moi qui depuis près d'un an vis avec elle de mon plein gré?... Tenez, Simone, vous m'avez pris entièrement, et, si je ne vous possédais pas un jour, je serais très malheureux! Mais quant à dire plus ou moins brutalement à Charlotte: « Je ne t'aime plus, séparons-nous... » non, il ne faut pas me demander ça! Oh! ce n'est pas pour me faire meilleur que je ne suis! Je suis très capable, comme tout le monde, de lâcheté, d'un farouche égoïsme; mais il y a une certaine catégorie d'actions que, pour arriver à un but, quel qu'il soit, je ne pense pas que je commette jamais Ce sont celles qu'on n'ose pas discuter avec soi-même, dont on ne peut pas se tirer avec de la blague, et qui pourrissent au fond de nous en nous laissant toute la vie une sale odeur. Et en vous disant cela, Simone, non seulement je ne vous insulte pas, mais je vous donne une preuve définitive d'amour, dont vous devriez me récompenser immédiatement en me faisant un de ces sourires devant lesquels il ne reste plus qu'à s'incliner.

SIMONE.

Oui, mon ami, oui, tout cela est très touchant ! Vous avez des raisons très nobles de ne vous décider à rien. Mais, moi, je suis pour le féroce « Chacun pour soi », quand il s'agit de mon cœur et de mon amour. Vous voulez que je sois à vous ?...

JULIEN.

Oui, je t'en supplie... je t'en supplie... Quand ?...

SIMONE.

Chez toi... quand tu seras seul, quand tu seras libre ! Ailleurs ou autrement, jamais ! *(Ricanant en voyant Charlotte qui entre.)* Tenez, voici cette femme admirable à qui vous avez consacré votre existence !

SCÈNE VII
JULIEN, CHARLOTTE, SIMONE.

JULIEN, à *Charlotte*.

Viens... viens... Nous avons fini.

SIMONE, à *Julien*.

Alors, merci pour mon protégé, cher monsieur. *(A Charlotte.)* Vous avez une jolie robe, ce soir, mademoiselle Charlotte.

CHARLOTTE.

Trop aimable !

SIMONE.

Qui est votre couturière ?

CHARLOTTE.

Désirez-vous son adresse ? Mais c'est une petite couturière de rien du tout.

SIMONE.

Merci. J'ai la mienne, je ne tiens pas à changer.

CHARLOTTE, *avec la plus grande amabilité.*
Ce serait dommage.

SIMONE, *s'éloignant.*
Ces messieurs sont dans le jardin ?

CHARLOTTE.
Et ils vous attendent avec impatience.

SCÈNE VIII

JULIEN, CHARLOTTE.

CHARLOTTE.
Je vois que tu lui as accordé tout ce qu'elle te demandait.

JULIEN.
Et comme conséquence, c'est assez curieux, figure-toi... Je me présente à la députation dans mon pays, à la place de Pétrel, qui démissionne. Et je suis nommé naturellement. Oh ! pour ça, il n'y a pas d'erreur ! J'ai des renseignements : c'est fait !

CHARLOTTE.
Te voilà bientôt un grand personnage.

JULIEN, *riant.*
Député ?... Mais ce n'est rien du tout !

CHARLOTTE.
Ce n'est peut-être rien pour un homme comme Pétrel, mais c'est beaucoup pour un homme comme toi. Enfin ! c'était une de tes ambitions ! Si tu l'as eue, c'est qu'elle n'était pas si puérile.

JULIEN.
Oh ! je l'ai eue sans trop savoir pourquoi... Une fois élu, je me connais, je ne songerai qu'à démissionner.

CHARLOTTE.
N'importe ! c'est un grand changement dans ta vie.

JULIEN.

Mais non...

CHARLOTTE.

Si. Je m'en rends compte, quoique je ne sois pas très au courant de ces choses-là. Tu vas entrer dans un milieu différent, faire des relations nouvelles. Il n'est pas possible que ton avenir ne commence pas à te préoccuper.

JULIEN.

Il ne me préoccupe pas du tout. Notre avenir se prépare en dehors de nous, et il n'y a qu'à l'accepter quand on nous le signifie. C'est parce que la petite Joséphine aura rencontré un jour Tourneur, avenue de l'Opéra, que je serai nommé député, et, en supposant que je rende plus tard des services à mon pays, c'est à Joséphine que mon pays le devra, et ils ne s'en douteront ni l'un ni l'autre!

CHARLOTTE.

Ça me navre toujours de t'entendre parler ainsi... Oui... oui... parce que tu raisonnes de la même façon pour nous, pour notre liaison, pour notre amour. Pour toi, il n'y a dans la vie que des hasards. C'est par hasard que tu m'as prise, et tu me gardes parce que ça se trouve comme ça! Mais tu ne t'es jamais demandé si tu m'aimerais encore demain; tu n'as jamais vu au delà de la nuit que tu passais avec moi; et, quand tu aimeras une autre femme, tu te diras encore : « C'est le hasard! » et tu ne résisteras pas.

JULIEN.

Mais voilà la question : je n'aime pas une autre femme.

CHARLOTTE.

Si!

JULIEN.

Moi, j'aime une autre femme?...

CHARLOTTE.

Oui... oui !...

JULIEN.

Laquelle ?

CHARLOTTE.

Simone !

JULIEN.

Mais non, je n'aime pas Simone ; je ne l'aime pas. Nous avons déjà eu tout à l'heure une conversation à son sujet, ici même. Il n'y a rien eu de changé depuis.

CHARLOTTE.

Tout à l'heure j'étais plus calme, parce que je ne vous avais pas vus ensemble depuis hier ; je ne pensais plus à la manière dont tu lui souris, dont tu lui parles... Tiens ! quand je suis entrée ici il y a cinq minutes, j'ai surpris vos yeux en flagrant délit !

JULIEN.

Ma petite Charlotte, c'est absurde, absurde ! Nous causions politique, je lui disais des banalités.

CHARLOTTE.

Ce que tu lui disais, je l'ignore. Mais tu devais lui dire des choses qui m'auraient tordu le cœur, probablement, si je les avais entendues ! Ces choses-là, d'ailleurs, il n'y a pas besoin de les entendre. On peut même en douter encore quand on les entend ; mais quand on ne les entend pas, on en est sûr ! Et puis, j'en avais le pressentiment depuis longtemps, depuis le premier jour que Tourneur est venu à la maison. Elle nous a rejoints au café-concert. Oh ! tu te rappelles... Eh bien ! ce soir-là, quand elle s'est tournée vers toi, j'en ai eu la gorge sèche !... Enfin tu es son amant, ou tu vas l'être, je ne peux pas y échapper !...

JULIEN.

Tu ne sais pas ce que nous allons faire, Charlotte?... Nous allons garder cette petite querelle-là pour tout à l'heure, quand nous serons chez nous, dans notre chambre.

CHARLOTTE.

Et alors, au premier mot, tu me prendras dans tes bras, je perdrai la tête, et ce sera à recommencer le lendemain... Non! je ne veux pas!

JULIEN.

Tu tiens à ce que nous nous fassions une scène devant cinquante personnes!... Si tu y tiens, dis-le tout de suite!

CHARLOTTE.

Ils s'occupent bien de nous, tous ces gens-là! Ils jouent, ils rient, ils s'amusent! Ça leur est bien égal ce que nous disons!... Julien! Julien!.. ayons une minute de franchise, de profonde franchise! Une union comme la nôtre ne peut pas durer dans le mensonge. Nous nous sommes donnés trop librement, sans arrière-pensée, sans hypocrisie, et ce serait insensé, vois-tu, maintenant, de nous duper et de nous tricher... Je suis prête à tout! je préfère tout à la situation équivoque où nous sommes, où je devine que nous sommes avec cette femme entre nous!...

JULIEN.

Que veux-tu que je réponde à des enfantillages pareils? Je suis désarmé! Tu me reproches des coups d'œil, des sourires, des pressentiments! Il n'y a pas de défense possible! nous sommes dans le vague! Pense ce que tu voudras...

CHARLOTTE.

Je t'en supplie, ne t'en tire pas avec de l'adresse, avec des détours! Tu dois comprendre ce que je souffre pour te parler comme je le fais!... Réponds-moi quelque chose de précis, et net, quelque chose de digne de nous !

JULIEN.

Charlotte, j'ai pour toi une tendresse, une affection infinies ; tu le sais, tu n'as pas le droit d'en douter ; je t'en ai donné des preuves, tandis que tu n'as aucune preuve contre-moi, aucune de sérieuse... Mais je suis obligé, entends-tu, et je profite de cette occasion pour te le dire une fois pour toutes, je suis absolument obligé, sous peine de renoncer à toute ambition, de rester dans ce monde des amis de Tourneur où nous avons été conduits par hasard, qui ne me plaît pas plus qu'à toi, mais qui représente une influence et des relations dont j'ai besoin. Et si j'y reste, je suis obligé aussi de m'y conduire avec intelligence, avec souplesse, de m'y faire des amis, hommes et femmes... mais oui, hommes et femmes... Ce n'est pas parce que tu me verras causer avec l'une dans un coin, sourire à l'autre, que tu pourras m'accuser de trahison, de déloyauté, de mensonge ! C'est comme ça... c'est comme ça !

CHARLOTTE.

Ce que je vois de plus clair, c'est que je vais te gêner horriblement, moi, dans toutes ces opérations !

JULIEN.

Non, parce que tu as du bon sens. Parce que tu comprendras que nous ne sommes plus, aujourd'hui, dans la même situation que lorsque nous nous sommes rencontrés. Mais tu viens de me le dire toi-même... Je suis chargé de toutes les affaires de Tourneur, qui sont très compliquées, et voilà encore cette histoire de députation ! Tout cela, il ne faut pas nous le dissimuler, va retentir fatalement sur notre manière de vivre... Tiens !

je vais te parler franchement ; en effet, ça vaudra mieux... Eh bien ! oui, par la force des choses, nous allons être amenés à modifier un peu nos habitudes et, par exemple... peut-être, ça dépendra... à ne plus vivre aussi complètement ensemble que par le passé... Laisse-moi continuer... Est-ce que notre amour, qui est éprouvé maintenant, qui est solide, qui est durable, est-ce que notre amour en sera touché ? Est-ce que nous nous aimerons moins, parce que nous n'habiterons plus... je suppose... la même maison ?... Voyons, voyons, ne soyons pas des êtres de préjugés et de routine. Raisonnons avec la vie, avec la vie véritable et réelle en face de nous !

CHARLOTTE.

Oh ! comme tu te tortures l'esprit pour empêcher de sortir ta pensée, ta vraie pensée !... Tu veux être libre, c'est évident, tu veux être libre. Tu ne m'aimes plus, et tu n'oses pas me le dire ; et tu n'oseras jamais, parce que tu as des scrupules. Alors, tu as trouvé cette combinaison... Qu'est-ce que tu me proposes ? De m'entretenir, comme Joséphine avec Tourneur. Et tu seras généreux, c'est certain ; tu me donneras beaucoup d'argent !... Ah ! mon pauvre ami ! je ne t'ai jamais demandé cela. Je ne t'ai jamais demandé que d'être ta maîtresse tant que la vie ne nous séparerait pas ! Comme femme entretenue, vois-tu, je serais déplorable ! je ne te ferais pas assez d'honneur !... Tiens ! je sens que nous en sommes juste au point où notre liaison va te devenir insupportable. Je t'ai souvent promis que, ce jour-là, je saurai m'en aller. Le moment est venu de tenir parole : je m'en irai !

JULIEN.

Voilà l'éternel malentendu ! voilà l'éternel

« Tout ou rien » que la femme finit toujours par vous jeter à la figure !... Parce que je te demande une concession, parce que je ne suis plus exactement aujourd'hui ce que j'étais hier, tu dis que je ne t'aime plus ! Te voilà sûre que je veux une séparation, que je la cherche !... Mais non, mais non, Charlotte, je ne veux pas me séparer de toi, je te le jure ! Je t'aime, je t'aime profondément ; mais je t'aime comme je le peux, comme la nature m'a organisé pour aimer : je ne peux pas t'aimer autrement !... Et je ne suis pas non plus maître absolu de mes actions ; personne ne l'est. Les circonstances nous imposent une situation nouvelle : il faut la subir, toi comme moi !

CHARLOTTE.

Oh ! je comprends maintenant !.. Tiens ! tout ce que tu viens de me dire, ça peut se résumer en un mot : tu nous veux toutes les deux, Simone et moi !

JULIEN.

Nous y revenons.

CHARLOTTE.

Mais il n'est question que d'elle ! tu ne penses qu'à elle ! Ne dis pas le contraire : elle t'a affolé ! affolé !...

JULIEN.

Je ne suis ni fou, ni affolé... Simone m'est indifférente.

CHARLOTTE.

Oh !

JULIEN.

Oui... parfaitement... indifférente... Et puis, quand même, tu entends, quand même, un jour, je serais pris, pour une femme quelconque, d'un désir violent, d'un coup de passion dont je ne serais pas responsable, que je n'aurais pas cherché, ce ne serait pas encore une raison pour que je ne t'aime plus, pour que je ne veuille plus te garder.

CHARLOTTE.

Et moi, alors? et moi?...

JULIEN.

Il n'est pas question de toi ; il est question de moi. Et je te dis que ce ne serait pas encore une raison pour que, moi, je veuille me séparer de toi, parce que tu es pour moi quelque chose de plus et de mieux que ma maîtresse, parce que tu es quelque chose de différent, dont j'ai besoin et dont je ne veux pas me passer. C'est bien simple !

CHARLOTTE.

Mais c'est effrayant, d'être égoïste comme ça ! Dis tout de suite que, chaque fois que tu auras envie d'une femme, je devrai me retirer discrètement et revenir ensuite pour te sourire, pour te consoler, pour t'aimer d'une autre façon ! C'est monstrueux l'égoïsme à ce degré-là !... Alors, moi, je n'ai donc pas de nerfs, je n'ai donc pas de sang, pas de jalousie?... Je ne suis donc pas une femme comme les autres? Mais je la déteste, tu entends, ta Simone ! je la déteste ! Je ne veux plus la voir ! D'ailleurs, je ne pourrais plus ! Il y a des moments où, en la regardant, je me sens redevenir une fille du peuple, j'ai envie de la prendre par le bras et de la traîner à la porte !... Hein ! qu'est-ce que tu dirais, si je faisais ça?... Enfin, tu vois où nous allons et que cette situation ne peut plus se prolonger... N'est-ce pas? Tu le comprends?... Va, Julien, notre liaison est finie ! elle est bien finie ! Si j'étais assez faible, assez lâche pour rester après ce que nous venons de nous dire, notre existence serait vite abominable, pleine d'amertumes et de colères. Je deviendrais pour toi l'ennemie ; tu en arriverais à me haïr ; et nous perdrions peut-être jusqu'au souvenir des belles heures! Non, Julien ! Séparons-nous simplement, tout de suite, ici... Quand on s'est aimé, on devrait toujours s'arranger de manière à se séparer dans une fête, au milieu de la lumière et du bruit. On éviterait peut-être ainsi, non la douleur, mais ce qu'il y a de pas beau dans la douleur !

JULIEN.

Eh bien! moi, je ne te laisserai pas partir... Mais quel besoin ont donc les femmes de compliquer les choses les plus simples!... Je ne te laisserai pas partir, tu entends?

CHARLOTTE.

Tu ne me retiendras pas de force, n'est-ce pas? Si je ne pars pas ce soir, je partirai demain.

JULIEN.

Tu partiras demain si tu veux, je ne peux pas m'y opposer. Mais tu le feras de sang-froid, après avoir réfléchi. Je ne te laisserai pas partir dans la colère. Je ne te laisserai pas gâcher ta vie et la mienne dans une minute d'énervement!... Voici les invités de Tourneur: allons, viens, dépêchons-nous !

CHARLOTTE.

Je ne peux pas me montrer avec cette figure... J'ai les bras qui me tremblent...

JULIEN.

Mais viens donc ! *(Il l'entraîne.)* Nous avons dit des choses absurdes ! *(Pendant que le rideau tombe.)* Il ne s'est rien passé ! Voilà ce qu'il faut toujours se dire : il ne s'est rien passé !

(On entend à peine ces derniers mots, et le rideau tombe pendant qu'il l'entraîne à gauche.)

ACTE IV

Chez Julien.

Le cabinet de travail, dans un appartement autre que celui du deuxième acte, beaucoup plus vaste, beaucoup plus luxueux. Bureau et bibliothèque anglais. Mobilier très moderne.

SCÈNE PREMIÈRE

JULIEN, Le Domestique.

(Au lever du rideau, Julien est étendu sur le canapé.)

LE DOMESTIQUE, *s'approchant avec un plateau.*

Des lettres pour monsieur... les journaux du soir.

JULIEN.

Mettez le tout sur le bureau.

LE DOMESTIQUE, *présentant deux cartes.*

Deux électeurs de monsieur demandent à quelle heure monsieur le député pourra les recevoir.

JULIEN.

Déjà !

LE DOMESTIQUE.

Que dois-je répondre ?

JULIEN.

Faites entrer dans mon bureau ; j'irai un instant tout à l'heure. Ah ! s'il venait, par hasard, une dame, vous l'introduiriez directement ici.

LE DOMESTIQUE.

Bien, monsieur.

(Il sort.)

JULIEN, *seul.*

Oui, mais elle ne viendra pas... Elle ne viendra pas plus cette fois-ci que les autres, pas plus qu'elle n'est venue me retrouver à Nevers, pendant la campagne électorale... *(Il va à la fenêtre.)* Une voiture qui ressemble à la sienne... *(Il ouvre vivement la fenêtre.)* Mais ce n'est pas la sienne... Une dame en descend... mais ce n'est pas elle... et d'ailleurs, elle ne vient pas ici, elle va en face... C'est charmant ! Quatre heures et demie !... Une heure de retard !... Je crois que je peux me risquer à allumer une cigarette... *(Ce qu'il fait.)* Bigre ! me voilà fâcheusement désorienté !·Si·je ne prends pas une résolution énergique, c'est la neurasthénie ! Que diable allais-je faire dans cette... Simone, qui est visiblement une femme pour vieux diplomates ?... *(Il s'assied à son bureau.)* Et à mon âge, encore ! Quelle gaffe !... Amoureux et député de la Nièvre ! Il faut choisir : il n'y a pas moyen d'être les deux à la fois... J'ai stupidement désorganisé ma vie... J'ai laissé partir la maîtresse idéale !... *(Après avoir décacheté machinalement quelques lettres, il ouvre un journal.)* Que dit *la Boussole ?*... « On annonce le prochain mariage de M. Julien Bréard, le jeune et brillant avocat, depuis hier député, avec madame B... » *(Cherchant.)* madame B... *(Il continue sa lecture à voix basse.)* « Madame B... ? qui... *(Haut.)* Mais c'est... Comment ! le bruit court que je vais épouser Simone ?... Non ! ça, chère madame, c'est trop ! Beaucoup trop ! Je commence à voir dans votre jeu !... C'est à cela que vous vouliez m'amener, tout doucement... C'est très drôle !... Mais ces manières étaient bonnes du temps de

Louis-Philippe ! Nous en recauserons !... *(Ouvrant un autre journal et le parcourant.)* Ah ! ah ! dans celui-ci je ne suis plus le jeune et brillant avocat... *(Lisant.)* « Un des fruits secs du barreau parisien... » Parfaitement ! c'est ma carrière qui commence... *(Prêtant l'oreille.)* On a sonné. . *(Il se lève.)* C'est peut-être elle !... *(Il va à la porte.)* Oui ?... Non !...

(Entre le domestique.)

SCÈNE II

JULIEN, Le Domestique, puis ROSALIE.

LE DOMESTIQUE.

Ce n'est pas la dame, monsieur ; c'est la femme de chambre de la dame.

JULIEN.

Faites entrer. *(Le domestique introduit Rosalie et sort.)* Bonjour, Rosalie.

ROSALIE.

Bonjour, monsieur Julien... Une lettre de madame.

JULIEN.

Donnez ! *(Il décachète et lit en faisant des gestes de colère.)* « Ne m'attendez pas aujourd'hui, mon ami. Encore cette maudite migraine ! Venez donc me voir un de ces jours, j'ai à vous parler. » *(A lui-même.)* Ah ! la mâtine !

(Il remue une chaise violemment.)

ROSALIE.

Y a-t-il une réponse, monsieur ?

JULIEN.

Oui, Rosalie. *(Il va à son bureau.)* Rosalie ?

ROSALIE.

Monsieur ?

JULIEN.

Je désirerais avoir votre opinion personnelle sur un point très délicat.

ROSALIE.

Lequel, monsieur ?

JULIEN.

Vous connaissez bien votre maîtresse ?

ROSALIE.

Très bien.

JULIEN.

Qu'est-ce qu'elle veut faire de moi ?

ROSALIE.

Oh ! c'est très délicat, en effet, monsieur. Je suis femme de chambre !

JULIEN.

Mais vous êtes femme.

ROSALIE.

C'est vrai.

JULIEN.

Alors, dites ?... elle ne viendra jamais ?

ROSALIE.

Ce n'est pas le mot.

JULIEN.

Ah !

ROSALIE.

Mais elle viendra difficilement. Madame a les idées les plus sérieuses, aujourd'hui.

JULIEN.

Quelles idées ?

ROSALIE.

Dame... je vous le répète ! des idées extrêmement sérieuses.

JULIEN.

Eh bien! elle est folle!

ROSALIE.

Vous êtes pourtant joli garçon!

JULIEN.

Elle est encore plus joli garçon que moi... Je vais vous donner la réponse.

ROSALIE.

Bien, monsieur.

(Elle s'assied.)

JULIEN, *va à son bureau et écrit.*

« Chère madame et amie, il me serait impossible de passer chez vous prendre de vos nouvelles avant quelque temps. Je pars pour un voyage électoral. J'espère qu'à mon retour j'aurai le plaisir de vous retrouver en bonne santé. Pour les migraines, on m'a beaucoup recommandé la Névralgine, que vous trouverez dans toutes les pharmacies. » *(Parlé, à part.)* Je sais bien que ça n'est pas très drôle, mais ça me calme... *(Haut.)* Tenez, Rosalie.

ROSALIE.

Au revoir, monsieur.

JULIEN.

Au revoir, Rosalie, et merci.

(Paraît le domestique.)

LE DOMESTIQUE.

Monsieur Tourneur et madame... Et puis, toujours, les électeurs de monsieur.

JULIEN.

Bon... bon... j'y vais.

(Entrent Tourneur et Joséphine. — Rosalie sort, accompagnée par le domestique.)

SCÈNE III

JULIEN, TOURNEUR, JOSÉPHINE.

TOURNEUR.

Bonjour, vieux.
(Poignées de mains.)

JULIEN.

Bonjour, Joséphine. Votre santé est bonne?

JOSÉPHINE, *sèchement*.

Excellente.

JULIEN.

Dites donc, vous ne savez pas ce que vous feriez, si vous étiez bien gentils? Vous m'attendriez un instant, pendant que j'expédierais deux de mes électeurs.

TOURNEUR.

Va. Ne t'occupe pas de nous.

JULIEN.

Tu as le temps?

TOURNEUR.

Rien à faire.

JULIEN.

Et vous, Joséphine, vous m'excusez?

JOSÉPHINE.

Comment donc!
(Sort Julien par la gauche.)

SCÈNE IV

TOURNEUR, JOSÉPHINE.

JOSÉPHINE.

Je comprends qu'il ne soit pas pressé de me regarder en face.

TOURNEUR.

Qu'est-ce que tu vas lui dire?

JOSÉPHINE.

Tu verras.

TOURNEUR.

Mais...

JOSÉPHINE.

Si tu ne veux pas l'entendre, tu n'as qu'à t'en aller.

TOURNEUR.

Joséphine, ton caractère est en train de changer du tout au tout. Voilà quelques jours déjà que je fais cette observation.

JOSÉPHINE.

Tu m'embêtes!

TOURNEUR.

Et toi, tu me fais énormément de chagrin.

JOSÉPHINE.

Oh! là! là!...

TOURNEUR.

Tu deviens boudeuse, agressive, et tu es continuellement de mauvaise humeur... Est-ce que tu me trompes?

JOSÉPHINE.

Vous tromper!... Ah! mon cher! les hommes me dégoûtent trop pour ça!

TOURNEUR.

Bien! très bien!

JOSÉPHINE.

Même vous!

TOURNEUR.

Tu vas trop loin!

JOSÉPHINE.

Mais celui qui me répugne le plus, c'est certainement votre ami Bréard, monsieur le député, chez qui nous sommes en ce moment.

TOURNEUR.

Tu n'es pas juste.

JOSÉPHINE.

Epouser Simone! c'est le comble des combles!... Quand j'ai lu ça dans le journal, mon sang n'a fait qu'un tour.

TOURNEUR.

C'est une blague, c'est certainement une blague. Julien me l'aurait dit.

JOSÉPHINE.

Nous allons le savoir... En tout cas, quitter une femme comme Charlotte pour courir après une pareille créature, non, il faut être un peu trop bête!

TOURNEUR.

Tu ne connais pas le cœur humain.

JOSÉPHINE.

Il est propre!

TOURNEUR.

Et puis, Simone n'est pas ce que tu crois. C'est une femme charmante.

JOSÉPHINE.

Laisse-moi rire!

TOURNEUR.

Ce que je dis n'est pas pour diminuer les qualités de Charlotte, d'ailleurs.

JOSÉPHINE.

Il ne manquerait plus que ça!

TOURNEUR.

Moi aussi, cette rupture m'a fait beaucoup de peine! Je suis sûr que Julien s'est bien conduit avec elle.

JOSÉPHINE.

Vous voulez dire qu'il lui a donné de l'argent? C'est ça que vous appelez se bien conduire?

TOURNEUR.

C'est l'expression usitée.

JOSÉPHINE.

Eh bien! mon cher, vous vous trompez.

TOURNEUR.

Oh!

JOSÉPHINE.

Julien lui a offert de l'argent, c'est vrai, mais elle a refusé.

TOURNEUR.

Ah bah!

JOSÉPHINE.

Cela vous étonne de rencontrer de la dignité chez une femme, vous qui jusqu'à présent n'avez eu affaire qu'à des drôlesses, mais c'est comme ça!

TOURNEUR.

Es-tu sûre?

JOSÉPHINE.

Oui, monsieur!

TOURNEUR.

Cette pauvre Charlotte, tout de même!... J'espère que tu lui as fait comprendre que si elle avait besoin de n'importe quoi?...

JOSÉPHINE.

Elle n'a besoin de rien... ou, du moins, elle me l'a dit. Quoi qu'il en soit, elle n'a rien voulu accepter.

TOURNEUR.

Est-ce ennuyeux, cette histoire! On allait si bien, tous les quatre!...

JOSÉPHINE, *lui caressant le menton.*

Tu es un bon gros, au fond.

TOURNEUR, *soupirant.*

Enfin! la vie est la vie!... *(La porte de gauche s'ouvre.)* Ne sois pas trop méchante avec Julien.

SCÈNE V

Les Mêmes, JULIEN.

JULIEN.

Je suis à vous.

JOSÉPHINE, *aigre-douce*.

Nous venons nous réjouir avec vous de la grande nouvelle.

JULIEN.

Quelle nouvelle?

JOSÉPHINE.

Nous avons lu *la Boussole*.

JULIEN.

Moi aussi.

JOSÉPHINE.

On y annonce votre mariage.

JULIEN.

Avec une madame B...

JOSÉPHINE.

Madame Baudrin... Mes compliments, mon cher.

JULIEN.

Trop aimable!

JOSÉPHINE, *indignée*.

C'est donc vrai?

JULIEN.

Non.

TOURNEUR.

Je le savais bien!

JOSÉPHINE.

Vous n'épousez pas Simone?

JULIEN.

Il est impossible de moins épouser une femme que je n'épouse madame Baudrin.

TOURNEUR.

Tu vois!

JULIEN.

Vous me supposiez donc bien idiot, petite Joséphine?

JOSÉPHINE.

Je vous demande pardon... Alors, non?... Bien sûr?

JULIEN.

Bien sûr!

JOSÉPHINE, à *Tourneur*.

Tu permets que je l'embrasse?

TOURNEUR.

J'allais te l'ordonner.

JOSÉPHINE, *sautant au cou de Julien*.

Vous aussi, vous avez du bon! Mais je vous en veux tout de même beaucoup!

JULIEN.

Vraiment?

JOSÉPHINE.

Et pendant que j'y suis, je vais vous dire tout ce que j'ai sur le cœur.

JULIEN.

Allez!

JOSÉPHINE.

Vous vous êtes conduit avec Charlotte d'une façon ignoble!

TOURNEUR, *avec reproche*.

Joséphine!

JULIEN.

Ignoble est exagéré, je vous assure.

JOSÉPHINE.

A peine.

JULIEN.

Vous ne savez pas ce qui s'est passé entre Charlotte et moi.

JOSÉPHINE.

Je le sais !

JULIEN.

Elle est partie de son plein gré.

JOSÉPHINE, ironiquement.

Malgré tous les efforts que vous avez faits pour la retenir ?

JULIEN.

Parfaitement.

JOSÉPHINE.

Vous avez un aplomb !

JULIEN.

Je lui ai écrit plusieurs fois.

JOSÉPHINE.

Je sais encore cela.

JULIEN.

Et elle m'a à peine répondu.

JOSÉPHINE.

Elle n'avait probablement rien à vous dire.

JULIEN, un temps.

Vous l'avez vue, ces temps derniers ?

JOSÉPHINE.

Souvent.

JULIEN.

Elle vit avec Geneviève et sa mère ?

JOSÉPHINE.

Oui.

JULIEN.

Elle n'a pas d'ennuis ?

JOSÉPHINE.

Je ne crois pas.

JULIEN.

Elle n'a pas eu de chagrin ?

JOSÉPHINE.

Je l'ignore.

JULIEN, *après un silence.*

Joséphine, vous allez me faire un plaisir.

JOSÉPHINE.

Ça dépend... De quoi s'agit-il ?

JULIEN.

Il s'agit d'aller la trouver... de lui parler... de lui faire comprendre.

JOSÉPHINE.

Vraiment!... Et vous croyez que Charlotte est une femme à qui on peut dire : « J'ai fini avec l'autre, je ne serais pas fâché de recommencer avec toi! »

JULIEN.

Ce n'est pas cela que je lui dirai.

TOURNEUR.

Évidemment.

JOSÉPHINE.

Vous ne la connaissez pas, mon cher, avec toute votre intelligence. Vous avez vécu avec elle sans comprendre son caractère, et, avant que vous rencontriez une femme comme ça, vous avez le temps d'en essayer pas mal.

JULIEN.

Voyons! soyez gentille, ma petite Joséphine!... Allez chez Charlotte et invitez-la à dîner.

TOURNEUR.

Très bien!

JULIEN.

Et invitez-moi le même soir.

JOSÉPHINE.

Ce que les hommes sont fats, c'est inouï!... Mais d'abord, mon cher, je ne peux pas inviter Charlotte, pour une raison très simple : c'est qu'elle a quitté Paris.

JULIEN.

Elle n'habite plus Paris!...

JOSÉPHINE.

Depuis quinze jours. Geneviève a été nommée institutrice de première classe en province; elle est allée s'y installer avec sa mère, et Charlotte les a suivies.

JULIEN, *avec douleur.*

Oh!... Elle est partie! sans me prévenir! sans venir me voir!... Ecoutez, Joséphine, je suis navré!

JOSÉPHINE.

Dame!

JULIEN, *tombant sur un fauteuil.*

Ah! si j'avais su!... Partie, Charlotte!... Est-ce possible?...

JOSÉPHINE, *s'approchant.*

Bêta, ce n'est pas vrai! Je voulais voir si vous l'aimiez encore.

JULIEN, *se levant.*

Vous m'avez fait une peur!

JOSÉPHINE.

Vous n'aimez donc plus Simone?

JULIEN.

Je ne l'ai jamais aimée.

TOURNEUR, *à Joséphine.*

Tu vois que tu ne le connais pas, le cœur humain.

JULIEN, *à Joséphine.*

Alors, dites... je vous en prie!...

JOSÉPHINE.

Je tâcherai d'arranger ça.

JULIEN.

Il le faut! vous l'entendez, petite Joséphine, il le faut!... Trouvez une combinaison, n'importe laquelle, ça m'est égal ; mais je veux revoir Charlotte !... Joséphine, je vous en supplie !... Soyez adroite !... soyez...

JOSÉPHINE, *réfléchissant.*

J'ai une idée...

JULIEN.

Laquelle ?

JOSÉPHINE.

Vous verrez... A tout à l'heure.

TOURNEUR.

Est-ce que je t'accompagne ?

JOSÉPHINE.

Je n'ai pas besoin de toi... Reste ici, je te retrouverai.

(*Elle sort.*)

SCÈNE VI

JULIEN, TOURNEUR.

TOURNEUR.

Tu as raison. Je ne me serais pas permis de te donner un conseil dans une circonstance aussi délicate, mais Simone... peuh !

JULIEN.

Je n'y ai pas songé une seconde.

TOURNEUR.

Certes, ce doit être une maîtresse charmante !

JULIEN.

On le dit.

TOURNEUR.

Comment !... Non ?

JULIEN.

Non.

TOURNEUR.

Ça, je le regrette pour toi !

JULIEN.

Moi, je ne le regrette plus. J'ai subi la forte crise ; mais j'en suis sorti tout à mon avantage.

TOURNEUR.

Tant mieux !

JULIEN.

Quel effet ça te fait-il, quand tu t'aperçois qu'une femme se moque de toi?

TOURNEUR.

Je n'ai jamais réfléchi beaucoup à ça, je t'avoue... Et toi?

JULIEN.

Moi, quand je m'aperçois de ce détail, quand je reconnais à des signes infaillibles que je vais devenir le simple polichinelle entre les mains de la coquette, cette découverte me refroidit instantanément. Je me représente aussitôt l'état d'abrutissement auquel nous réduit la femme aimée, lorsqu'elle veut s'en donner la peine ; je me remémore des exemples historiques, et de toutes ces réflexions il me vient une grande énergie. Je m'éloigne alors en faisant la révérence le plus poliment du monde, et quelques jours après il n'y paraît plus.

TOURNEUR.

Tu n'es pas un passionné, au fond.

JULIEN.

Je suis un intermittent... Mais j'ai passé de sales journées !

TOURNEUR.

Les femmes ne te rendront jamais très malheureux... moi non plus, du reste.

JULIEN.

J'ai eu ma part.

TOURNEUR.

Et puis, nous n'avons plus l'âge d'aimer à tort et à travers.

JULIEN.

C'est ce que je me disais tout à l'heure. Nous avons l'âge d'être aimés.

TOURNEUR.

Et de mener une vie agréable.

JULIEN.

Pour commencer, je suis un peu insulté par les gazettes.

TOURNEUR.

Rappelle-toi ce que tu m'as dit à propos de Vermoulin.

JULIEN.

Sois tranquille.

TOURNEUR.

Ce n'est pas ça qui t'empêchera d'être ministre, mon vieux !

JULIEN, *riant.*

Au contraire !

TOURNEUR.

Cette brave Charlotte ! Tu ne t'imagines pas quel plaisir ça me ferait de vous voir réconciliés !

JULIEN.

C'est bizarre ! Dans le genre de tendresse, dans le genre d'amour que j'ai pour elle, il entre un peu de superstition. Car je crois qu'il y a, dans la vie comme au jeu, certains gestes, certains mouvements, enfin des choses indéfinissables qui interrompent la veine tout d'un coup. Eh bien ! je suis sûr que si Charlotte ne voulait plus, ce serait désastreux pour moi !

TOURNEUR.

Oui, mais elle voudra.

JULIEN.

Est-ce qu'on sait jamais, avec les femmes !

TOURNEUR.

Evidemment. Mais je compte sur Joséphine... Quelle bonne fille, cette petite !

JULIEN.

Elle est délicieuse.

TOURNEUR.

Je l'adore !

JULIEN.

Ça se voit.

TOURNEUR.

Plaisanterie à part. Je fais le malin, mais, si elle me quittait maintenant, j'en pleurerais !... C'est comme toi si Charlotte ne voulait plus. Avoue que tu en es là aussi?

JULIEN.

Je l'avoue bêtement.

TOURNEUR.

Tout cela est à la fois très triste et très gai.

JULIEN.

Joséphine doit te retrouver ici?

TOURNEUR.

Tu as entendu : elle m'a dit de rester.

JULIEN.

Elle est allée chez Charlotte, probablement.

TOURNEUR, *regardant sa montre.*

Probablement.

JULIEN.

Combien y a-t-il de temps qu'elle est sortie?

TOURNEUR, *regardant également sa montre.*

Elle ne peut pas tarder.

JULIEN, *allant à la porte.*

Ah ! la voici !... Que lui aura dit Charlotte ?
(*La porte s'ouvre. Entre Charlotte.*)

SCÈNE VII

Les Mêmes, CHARLOTTE.

JULIEN, *étonné.*

Mais c'est Charlotte elle-même ! Quelle chance !

CHARLOTTE, *lui serrant la main.*

Bonjour, Julien... Ah! Tourneur! je ne vous voyais pas.

TOURNEUR.

Comment ça va-t-il, Charlotte?

CHARLOTTE.

Bien. Et vous? (*A Julien.*) Joséphine vient de me dire que tu avais absolument besoin de me voir; que tu avais un grand service à me demander... Je ne vois pas quel service je peux te rendre; elle a dû se tromper; mais enfin, je suis venue tout de suite.

JULIEN.

Non, non, elle ne s'est pas trompée.

TOURNEUR.

Je vous laisse, moi.

JULIEN.

On te reverra tout à l'heure ?

TOURNEUR.

Je vais repasser. A tantôt.
(*Il sort.*)

SCÈNE VIII

JULIEN, CHARLOTTE.

JULIEN.
Assieds-toi.

CHARLOTTE, s'asseyant.
Voyons un peu ce grand service?

JULIEN.
Il n'y en a pas. C'est un petit piège de Joséphine pour t'attirer ici, parce que j'ai à te parler.

CHARLOTTE.
Qu'est-ce que tu as à me dire?

JULIEN, lui prenant les mains.
Que je t'aime, Charlotte! que je t'aime toujours!... Cette séparation est absurde!

CHARLOTTE.
Tais-toi, Julien, je t'en prie!... Tiens! je regrette d'être venue, au risque de me rencontrer avec ta maîtresse d'à présent et d'avoir l'air de courir après toi..

JULIEN.
Ma maîtresse?.. D'abord, je n'ai pas de maîtresse.

CHARLOTTE.
Oh! Julien...

JULIEN.
Tu crois que je suis l'amant de madame Baudrin?... Je parie que tu le crois?

CHARLOTTE.
Je ne te demande pas de détails.

JULIEN.
Veux-tu que je te raconte une histoire qui te fera plaisir?

CHARLOTTE.
Je sais que tu racontes très bien.

JULIEN.
Ce n'est pas pour ça qu'elle te fera plaisir.

CHARLOTTE.
Eh bien! quelle est cette histoire?

JULIEN, *gravement*.
Je ne suis pas l'amant de madame Baudrin.

CHARLOTTE.
Si c'est ça l'histoire, tu peux...

JULIEN, *scandant les mots*.
Je ne suis pas l'amant de madame Baudrin... Elle n'a pas voulu; elle s'est fichue de moi.

CHARLOTTE.
C'est bien extraordinaire!

JULIEN.
Lis cette lettre qu'elle vient de m'écrire à l'instant même.

CHARLOTTE, *jetant un coup d'œil*.
C'est drôle!...

JULIEN.
Je te l'avais bien dit que tu rirais!

CHARLOTTE.
Comment ça s'est-il fait?

JULIEN.
Elle m'a donné des rendez-vous à diverses reprises...

CHARLOTTE.
Et elle n'est jamais venue?

JULIEN.

Ou bien, quand elle est venue, ça été exactement comme si elle ne venait pas.

CHARLOTTE, avec indignation.

Elle t'a fait poser?...

JULIEN.

Oui.

CHARLOTTE.

Toi !

JULIEN.

Oui, moi...

CHARLOTTE.

Quelle grue !

JULIEN.

Voilà !

CHARLOTTE.

Ces femmes-là sont bien fortes, pourtant !

JULIEN.

Elles se l'imaginent.

CHARLOTTE.

Le jour où elle voudra...

JULIEN.

Je l'en défie !

CHARLOTTE.

Au fond, c'est excellent pour toi. Ce n'était pas la maîtresse qu'il te fallait.

JULIEN.

Non... non...

CHARLOTTE.

Vous ne vous seriez pas entendus.

JULIEN.

Pas du tout... La maîtresse qu'il me faut, c'est une femme dans ton genre... oui, parfaitement. Et la meilleure femme dans ton genre que je puisse trouver, c'est encore toi...

(Il veut l'embrasser.)

CHARLOTTE, *sérieuse.*

Éloigne-toi, Julien.

(*Elle se lève.*)

JULIEN.

Reste, dis...

CHARLOTTE.

Non.

JULIEN.

Je t'en supplie!...

CHARLOTTE.

Crois-tu que si je refuse, c'est pour faire la coquette avec toi? et profiter de ton désir d'un instant pour t'imposer des conditions?... Non, va... Et la preuve, c'est que, si tu le veux, si tu t'approches, je vais t'appartenir encore, je le sais bien!... Mais après, mon pauvre ami, réfléchis... Nous serions dans la même situation qu'il y a six mois, avec les mêmes sujets de discussions, de colères, d'inquiétudes...

JULIEN.

Mais non! mais non!

CHARLOTTE.

Nous aurions des liaisons de huit jours, d'un jour, d'une heure, et des séparations de plus en plus pénibles, de plus en plus vilaines! Et moi qui ne cesserais pas de t'aimer, je resouffrirais en détail tout ce que j'ai souffert d'un coup!... Mais je deviendrais enragée!

JULIEN.

Je te jure... je te jure...

CHARLOTTE.

Tu n'as peut-être pas été l'amant de madame Baudrin, mais tu as été le mien, nous nous sommes appartenu entièrement, et, si nous avons pu nous quitter, c'est que notre liaison n'avait plus de force.

JULIEN.

Tu dis que j'ai été ton amant... Mais je te regarde, et je m'aperçois que j'ai été l'amant d'une Charlotte qui n'est pas celle que j'ai devant moi... Oui, tu es une femme nouvelle, changée à mon insu, transformée. Tu n'as plus la même voix, les mêmes gestes qu'autrefois, les mêmes pensées peut-être, et je n'ai jamais été l'amant de la femme que tu es aujourd'hui.

CHARLOTTE.

Ce sont des mots, cela, Julien, et nous serions punis cruellement si nous nous laissions duper par eux... Tu es encore plus changé que moi. Quand je t'ai connu, tu n'étais rien ; te voilà un homme arrivé et riche. Qui sait ce que tu seras demain?... Ta vraie destinée, à présent, c'est d'épouser une jeune fille, de te créer une famille, et non d'avoir des maîtresses jalouses et encombrantes qui s'accrocheront à toi toute la vie.

JULIEN.

C'est facile à dire : épouser une jeune fille... Mais je n'en connais pas, de jeunes filles! Et toi ?

CHARLOTTE.

Tu finiras par en rencontrer une.

JULIEN.

Je finirai aussi par avoir cinquante ans.

CHARLOTTE.

Tu as le temps ; un homme de ton âge est encore jeune.

JULIEN.

Pas si jeune qu'une jeune fille... Et puis, les jeunes filles, sous prétexte qu'on les a épousées, deviennent tout de suite des jeunes femmes, héroïnes de romans sur l'adultère. Et alors, nous sommes dans l'inconnu, dans les ténèbres du mariage, avec des précipices de tous les côtés. Un homme qui touche à la quarantaine n'a plus le droit de s'exposer à ces émotions, qui sont le privilège des tout jeunes gens... Non, Charlotte, nous n'avons qu'une chose à faire, à moins d'être de pauvres niais qui se refusent au bonheur : c'est de recommencer à nous aimer. *(Il la prend dans ses bras.)* Comment veux-tu que je laisse échapper une maîtresse, une amie comme toi? Car enfin, je suis tout seul; je n'ai ni amis véritables, ni famille ; je n'ai que des camarades. Tu n'as pas l'air de t'en douter... Sans compter qu'en ma qualité d'homme politique, je ne vais pas tarder à être traîné dans la boue... Je te parle comme un affreux égoïste, mais c'est la preuve que je suis sincère.

CHARLOTTE.

Ah ! je suis folle de t'écouter !

JULIEN.

Une plus longue séparation serait un désastre pour tous les deux. Nous l'avons échappée belle... Je t'adore, Charlotte ! je t'adore !... Tiens ! je me rappelle en ce moment la manière dont nous nous sommes connus, les visites que je venais te faire au magasin et notre voyage au Havre. Dans le désir ardent que tu m'inspirais, il y avait de la curiosité. Je devinais que tu n'étais pas la première venue et que la vie t'avait appris beaucoup de choses... Je t'assure, tu es une femme très, très bien.

CHARLOTTE.

Je suis, hélas, une femme qui t'aime, et que tu vas faire souffrir encore à la première occasion.

JULIEN.

Non, je te le promets! *(Il lui prend les deux mains. Après un temps:)* Si on se mariait?

CHARLOTTE.

Ne dis pas de pareilles choses en plaisantant!

JULIEN.

Je ne plaisante pas. On se mariera un jour, bientôt même... Ils diront ce qu'ils voudront; notre mariage en vaudra bien d'autres! Il ne sera peut-être pas très solennel, mais au moins il ne sera pas vilain.

CHARLOTTE.

Tu ne te moques pas de moi?

JULIEN.

Ni de moi non plus... Parfaitement, on se mariera! Nous ne nous en doutions guère, il y a une heure. Mais le hasard, le divin hasard, nous poussait en secret l'un vers l'autre. Il réalisait juste la chose que nous pouvions le moins prévoir, et c'est ce qu'il y a de charmant dans l'existence!

CHARLOTTE.

Si je fais un rêve, il est merveilleux!

JULIEN.

Tu ne rêves pas... Veux-tu que je te pince?

CHARLOTTE.

Oui... Tu sais que je ne fais plus de fautes d'orthographe.

JULIEN.

Moi, j'en fais toujours... Devine où nous nous marierons?

CHARLOTTE.

Chez toi, dans ton village?

JULIEN.

Oui. Il y a là un vieux maire et un vieux curé à qui je réserve cette petite surprise.

CHARLOTTE.

Qu'est-ce qu'il nous dira, le curé ?

JULIEN.

Il nous dira de continuer.

CHARLOTTE.

Ce sera idéal !

JULIEN.

On n'emmènera pas d'autres Parisiens que Tourneur et Joséphine. Les autres témoins, on les prendra dans le pays.

CHARLOTTE.

Et on n'invitera personne, personne !

JULIEN.

Nous partirons, pour nous rendre à la mairie, dans la vieille carriole de famille. Marchera-t-elle encore ? Je me le demande.

CHARLOTTE.

Elle marchera ce jour-là !

JULIEN.

Par exemple, il ne faut pas nous dissimuler que nous entrons aujourd'hui dans la zone des potins. Je frémis en pensant à ce que Poussier va faire avec cette histoire-là !

CHARLOTTE.

Et comme ça nous sera égal !

JULIEN.

Ça nous sera délicieusement égal ! Quant aux innombrables insultes que je recevrai bientôt...

CHARLOTTE.

On en rira le soir ensemble.

JULIEN.

Jurons de n'attacher désormais aucune importance à l'opinion d'autrui !

CHARLOTTE.

Je le jure !

(Entrent Tourneur et Joséphine.)

SCÈNE IX

Les Mêmes, TOURNEUR, JOSÉPHINE.

JOSÉPHINE, les voyant dans les bras l'un de l'autre.

Oh ! j'en étais sûre !

TOURNEUR.

Mes enfants, je ne vous ferai pas de discours : mais je suis content, je suis très content !

TABLE

	Pages
PETITES FOLLES	5
LA BOURSE OU LA VIE	143
LA VEINE	287

PARIS — IMPRIMERIE MICHELS FILS
6, 8 et 10, Rue d'Alexandrie.